단돈 5만원으로 AI홍보영상 달인되기

공저 최재용 유미경 이대윤 김수진 전영신
김재연 이도혜 양진향 신진주
감수 김진선

단돈 5만원으로 AI홍보영상 달인되기

초 판 발 행 2024년 11월 01일
초판5쇄발행 2025년 03월 11일

공 저 자 최재용 유미경 이대윤 김수진 전영신
김재연 이도혜 양진향 신진주

감 수 김진선

발 행 인 정상훈
디 자 인 신아름
펴 낸 곳 미디어북

서울특별시 관악구 봉천로 472
코업레지던스 B1층 102호 고시계사

대 표 02-817-2400 팩 스 02-817-8998
考試界 · 고시계사 · 미디어북 02-817-0419
www.gosi-law.com
E-mail : goshigye@chollian.net

판 매 처 미디어북 · 고시계사
주 문 전 화 817-2400
주 문 팩 스 817-8998

정가 20,000원 ISBN 979-11-89888-95-4 13560

미디어북은 고시계사 자매회사입니다

단돈 5만원으로
AI홍보영상 달인되기

Preface

오늘날 우리는 역사적인 변곡점에 서 있다. 인공지능이 창작의 영역에 깊숙이 들어와 기존의 제작 방식과 워크플로우를 근본적으로 변화시키고 있다. 특히 영상 제작 분야에서 이러한 변화는 더욱 극적으로 나타나고 있다. 한때 전문가들의 전유물로 여겨졌던 고품질 영상 제작이 이제는 누구나 도전할 수 있는 영역이 되었다.

본서는 AI 기술이 영상 제작의 지형도를 어떻게 변화시키고 있는지, 그리고 이러한 변화의 물결을 어떻게 효과적으로 활용할 수 있는지에 대한 종합적인 안내서이다. 광고 산업의 변화부터 실무적인 도구 활용법까지, 9명의 전문가들이 각자의 전문 분야에서 축적한 노하우와 통찰을 공유한다.

최재용의 생성형 AI가 광고산업에 미치는 영향에 대한 분석을 시작으로, 유미경의 Vrew 활용법, 이대윤의 미드저니 고급 테크닉, 김수진의 캡컷 실전 가이드, 전영신의 체계적인 사전 준비 방법론, 김재연의 Gen-3 Alpha 활용법, 이도혜의 InVideo AI 최적화 전략, 그리고 양진향의 AI 사운드 디자인, 신진주의 AI 다큐멘터리 감독으로서 미래를 기록하는 시선까지 이 모든 내용이 유기적으로 연결되어 현대 영상 제작의 완성된 그림을 그려냈다.

이 책은 단순한 기술 설명서가 아니다. AI 시대를 맞아 콘텐츠 제작자들이 갖추어야 할 새로운 관점과 철학을 제시한다. 동시에 실무에서 즉시 활용할 수 있는 구체적인 노하우를 빠짐없이 담았다. 영상 제작의 민주화가 가속화되는 이 시점에서, 본서는 전문가와 입문자 모두에게 필수적인 나침반이 되어줄 것이다.

기술은 끊임없이 진화하고 있다. 어제의 혁신이 오늘의 표준이 되고, 오늘의 실험이 내일의 필수가 된다. 이러한 변화의 시대에 본서가 여러분의 창의적인 여정에 든든한 동반자가 되기를 희망한다.

끝으로 이 책의 감수를 맡아 수고하신 파이낸스투데이 전문위원, 이사이며 (사)한국AINFT협회 이사장인 김진선 교수님께 감사를 드리며 미디어북 임직원 여러분께도 감사의 말씀을 전한다.

2024년 11월

디지털융합교육원 원장 **최 재 용**

공저자 소개

최 재 용

과학기술정보통신부 인가 사단법인 4차산업혁명연구원 이사장과 디지털융합교육원 원 AI영상제작연구소 소장으로 전국을 누비며 생성형AI활용 영상제작 강의를 하고 있다. 또한 한성대학교 지식서비스&컨설팅대학원 스마트융합컨설팅학과 겸임교수로 근무하고 있다.

(mdkorea@naver.com)

유 미 경

소셜미디어교육연구소 대표이자 한국교육협회 교육 이사를 역임하며 대학, 기업, 공공기관, 은행 등에서 유튜브와 SNS 마케팅, 디지털 융합, 챗GPT 및 생성형 AI 활용 강의를 진행하고 있다. (helenami@naver.com)

이 대 윤

이대윤은 ChatGPT 전문 강사로, AI 활용 업무 효율화와 콘텐츠 제작 분야에서 다년간의 경험을 보유한 전문가입니다. AI 마케팅, AI 크리에이터, 캔바 카드뉴스 만들기 등 다양한 AI 도구 활용에 대한 강의 경력을 갖고 있습니다. 'MS365 코파일럿 사용설명서' 등 다수의 저서를 집필하며 AI와 관련된 다양한 분야에서 활동 중이다. (oiso79@naver.com)

김 수 진

부산 모전초등학교에서 영어전담 교사로 근무하고 있다. 인공지능을 활용한 영어 학습법, 챗GPT, 생성형 AI 활용 등 강의를 하고 있다. 저서로는 'AI로 쉽게 배우는 영어', '초등영어 마스터', 교사들을 위한 '실전 책쓰기 전략' 등이 있다. (h28841@gmail.com)

전 영 신

영화와 영상시나리오를 전공했다. 방송작가로 활동하며 다양한 이야기를 풀어내고, 다수의 시나리오 공모전에서 수상하며 작품성을 인정받았다. 꾸준히 단편영화를 연출하고, 소설을 집필하며 활발한 저술 활동을 이어가고 있다. 현재는 AI 기술을 활용한 혁신적인 영상제작에 집중하고 있다.

(5o5o5o5o5o5@naver.com)

김 재 연

넥스AI 솔루션스 대표이자, (사)한국AINFT 협회 이사이다. 챗GPT, 미드저니, Runway 등 생성형 AI를 활용한 업무 효율화와 AI 콘텐츠 제작, SNS 등 다양한 강의를 하고 있다. (lifeyes100@gmail.com)

공저자 소개

이 도 혜

한국AI콘텐츠연구소 대표, 디지털융합교육원 지도교수, AI영상제작연구소 선임연구원, 국제컨설턴트협회 부회장, 파이낸스투데이 서초지국장, 틱톡 103K, 현재 공공기관·지자체·공기업·대학 등에서 챗GPT를 활용한 업무효율화, 인공지능으로 영상 제작, AI아트, 보고서·기사쓰기 등 다양한 종류의 글쓰기 강의도 활발하게 하고 있다. (dohye.edu@gmail.com)

양 진 향

AI 크리에이터연구소 대표, 인공지능 콘텐츠 강사, 생성형 AI 프롬프트 엔지니어, AI 크리에이터, AI 마케팅지도사 등 디지털 융합교육원의 선임 연구원·지도교수로서 AI 활용 분야의 교육을 담당하고 있다. 최근 AI 국제영화제에 작품을 출품하는 등 AI 기반 영상 제작을 하면서 교육하고 있다.

(yangjinhyang@gmail.com)

신 진 주

미래학자, ESG전문 컬럼니스트, AI다큐멘터리 감독, 스마트기술경영전공자로서 4차 산업, 기술리더십과 인공지능에 대한 객관적 시각을 제시한다. 디지털 교과서를 다루는 교육부 디지털튜터에 선정됐다.

(pinkpearl100@naver.com)

감 수 자

김 진 선

'i-MBC 하나더 TV 매거진' 발행인, 세종 대학교 세종 CEO 문학포럼 지도교수를 거쳐 현재 (사)한국AINFT협회 이사장, 파이낸스투데이 전문위원/이사, SNS스토리저널 대표로서 활동 중이다. 30여 년간 기자로서의 활동을 바탕으로 출판 및 뉴스크리에이터 과정을 진행하고 있다.

(hisns1004@naver.com)

Contents

CHAPTER 1 생성형AI 기술이 광고산업에 미치는 영향

CHAPTER 2 이제 AI시대 영상편집은 '브루(VREW)'로

CHAPTER 3

기업 AI.CF 영상제작을 위한 미드저니 활용 고급 이미지 제작기법

Contents

CHAPTER 4

캡컷과 AI로 10분 만에 유튜브 영상 뽀개기

Contents

Contents

CHAPTER 7

시간과 비용을 절약하는 영상 제작의 비결 'InVideo AI'

Contents

Contents

1

생성형AI 기술이 광고산업에 미치는 영향

최 재 용

001010011001010

제1장
생성형AI 기술이 광고산업에 미치는 영향

Prologue

광고 산업은 끊임없이 변화하고 있으며 새로운 기술의 도입은 광고의 형식과 효과를 지속적으로 재정립하고 있다. 특히 생성형 AI 기술의 발전은 광고 산업에 큰 혁신을 가져왔다. AI는 이제 단순한 데이터 분석 도구를 넘어 창의적인 광고 콘텐츠를 직접 제작하는 단계에 이르고 있으며 이를 통해 광고의 생산 과정과 그 결과물에 깊은 영향을 미치고 있다. 본 장에서는 생성형 AI 기술이 광고 산업에 미치는 영향을 분석하고 AI CF 영상 제작의 최신 트렌드를 살펴보며 국내외 AI 활용 광고의 성공적인 사례들을 탐구하고자 한다.

1. 생성형 AI 기술이 광고 산업에 미치는 영향

생성형 AI 기술은 광고 산업의 모든 단계에서 혁신을 일으키며 급격한 변화를 주도하고 있다. 광고의 기획, 제작, 배포 전반에 걸쳐 AI는 큰 영향을 미치고 있으며 그중에서도 특히 개인화된 광고와 크리에이티브 콘텐츠 생성의 혁신에 기여하고 있다. AI는 빅데이터를 활용해 소비자 행동을 예측하고 이에 기반해 타깃팅을 최적화하며 소비자가 원하는 콘텐츠를 보다 정교하게 전달하는 역할을 하고 있다. 이를 통해 광고주는 단순히 대중에게 메시지를 전달하는 것을 넘어, 각 소비자에게 맞춤화된 경험을 제공할 수 있다.

AI가 광고 산업에서 중요한 역할을 하게 된 주요 이유 중 하나는 광고 제작 과정에서의 비용 절감과 효율성 향상이다. 기존의 광고 제작은 많은 자원과 시간이 소요되는 과정이었지만 생성형 AI는 이를 획기적으로 줄여준다. 텍스트를 자동으로 생성하거나 이미지를 합성하고 영상 편집까지 수행하는 AI 도구들은 인간 크리에이티브 팀의 역할을 보완하며 생산성을 극대화한다. 이렇게 절감된 비용과 시간은 광고의 품질 향상에 재투자될 수 있으며 더 창의적이고 효과적인 광고 콘텐츠가 만들어지게 된다.

이뿐만 아니라 AI는 광고의 개인화를 더욱 진전시킨다. 소비자 데이터 분석을 통해 특정 집단뿐만 아니라 개인 단위의 특성과 선호도를 반영한 맞춤형 광고를 제작할 수 있다. 이러한 맞춤형 광고는 소비자가 광고를 더 친밀하고 의미 있게 느끼게 만들며 브랜드와 소비자 간의 연결을 강화한다. 예를 들어, 특정 소비자의 구매 이력이나 관심사 데이터를 분석해 그에 맞는 제품 광고를 보여주는 방식은 매우 높은 전환율을 가져오며 이는 곧 기업의 수익성 향상으로 이어질 것이다.

2. AI CF 영상 제작 트렌드 분석

AI를 활용한 CF(Commercial Film) 영상 제작은 광고 산업에 혁명적인 변화를 가져오고 있다. 딥러닝 기반의 생성형 AI 모델들이 영상 제작 과정을 자동화하고 최적화함으로써 광고 제작의 새로운 패러다임을 열어가고 있다.

최근 등장한 런웨이의 '젠-3알파'와 같은 고급 AI 모델들은 10초 길이의 고품질 영상을 90초 만에 생성할 수 있는 수준에 이르렀다. 이러한 기술적 진보는 광고 제작 시간과 비용을 크게 절감시키고 있다.

예를 들어, 이번에 '아리조나 AI영화제'에 작품이 선정된 홍건표 AI 영화감독이 하루도 안 되는 시간 안에 '포르쉐 광고'를 제작해 화제가 되기도 했다.

[그림1] 런웨이 AI로 포르쉐 영상 제작 홍건표 AI영화감독

1) KRUSH의 '크러시캔' 광고

AI 기술은 실사와 애니메이션을 자유롭게 넘나드는 혁신적인 광고 영상을 가능케 한다. 예를 들어, 'KRUSH의 크러시캔' 광고는 실제 제품 이미지와 AI 생성 그래픽을 이질감 없이 결합해 시원하고 청량한 비주얼을 효과적으로 표현했다.

[그림2] 크러쉬 AI 활용 맥주 광고

2) ABC마트 '블루 ABC데이' 프로모션 영상

또한 AI는 방대한 소비자 데이터를 분석해 개인화된 맞춤형 광고를 제작할 수 있다. 이를 통해 브랜드는 타겟 고객층에게 더욱 효과적으로 메시지를 전달할 수 있게 됐다.

AI는 단순히 데이터 분석에 그치지 않고 이를 바탕으로 감성적 요소를 광고에 가미할 수 있다. 예를 들어, ABC마트의 '블루 ABC데이' 프로모션 영상은 AI 기술로 제작됐지만 파릇파릇한 여름 분위기를 애니메이션으로 담아내 색다른 접근으로 호평을 받았다.

[그림3] ABC 마트 애니메이션 광고

3) '소라(Sora)', 텍스트 투 비디오(TTV) 모델

오픈AI의 '소라(Sora)'와 같은 텍스트 투 비디오(TTV) 모델은 텍스트 설명만으로 1분 길이의 실사와 같은 고화질 비디오를 제작할 수 있다. 이 기술은 복잡한 장면, 다수의 캐릭터, 동적인 카메라 앵글, 사실적인 얼굴 감정 및 움직임 등의 연출을 가능케 한다.

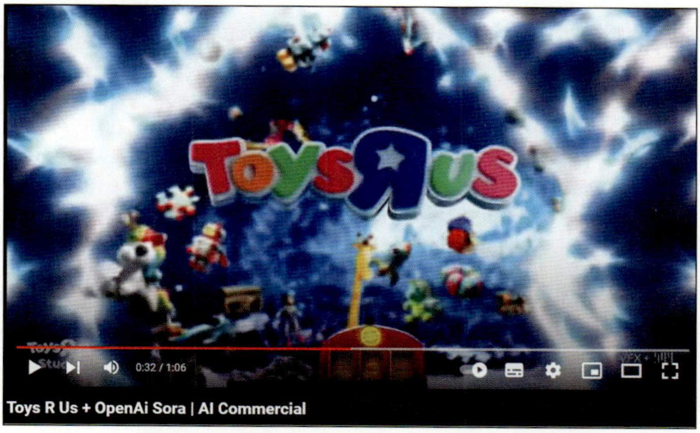

[그림4] Sora로 만든 토이저러스 AI 광고

4) 롯데그룹

롯데그룹의 '24년 당신의 태양은 새롭게, 경이롭게' 광고는 국내 최초로 이미지, 비디오 편집, 음악 및 보이스까지 모두 AI 스튜디오에서 제작되었다. 이는 AI 기술이 광고 제작의 전 과정을 아우를 수 있음을 보여주는 사례이다.

[그림5] 롯데그룹 AI 광고

AI를 활용한 CF 제작은 '시간과 비용 절감, 다양한 크리에이티브 가능성' 등의 장점이 있다. 그러나 데이터의 편향성으로 인한 광고의 편향 가능성, 저작권 문제 등의 단점도 존재한다.

AI를 활용한 CF 영상 제작은 광고 산업에 혁신적인 변화를 가져오고 있다. 기술의 발전으로 더욱 창의적이고 효과적인 광고 제작이 가능해지고 있으며, 이는 브랜드와 소비자 간의 커뮤니케이션 방식을 근본적으로 변화시키고 있다. 앞으로 AI 기술이 더욱 발전함에 따라, 광고 업계는 이를 적극적으로 활용하면서도 윤리적 문제와 창의성의 균형을 잡는 과제에 직면할 것으로 보인다.

3. AI 활용 광고 사례 연구

국내외 광고 산업에서 AI 기술을 창의적으로 활용한 다양한 성공 사례들이 등장하고 있다. 이러한 사례들은 소비자와의 소통 방식을 혁신하고 브랜드의 정체성과 스토리를 효율적으로 전달하는 데 기여하고 있다.

1) AI 기반 얼굴 합성 기술 활용 사례

(1) KB라이프생명

AI 기반 얼굴 합성 기술을 활용한 사례로 'KB라이프생명'의 광고를 들 수 있다. 이 광고는 국내 최초로 딥러닝과 디에이징 기술을 도입해 배우 윤여정의 20대 모습을 구현했다.

[그림6] KB라이프생명 AI 활용 광고

(2) 서울우유

'서울우유' 광고에서도 배우 박은빈을 닮은 아역 모델 3명을 'AI 딥페이크 기술'로 만들어냈다. 이러한 기술은 시간과 비용을 절감하면서도 시청자들의 관심을 끌 수 있는 효과적인 방법이 되고 있다.

[그림7] 서울우유 AI 광고

2) 개인화된 맞춤형 메시지 제공 사례

(1) 쉐이크쉑

개인화된 맞춤형 메시지 제공 사례로는 '쉐이크쉑'의 AI 광고 캠페인을 들 수 있다. 쉐이크쉑은 레딧 내 사용자 대화를 AI로 분석해 전략적 타깃 광고를 집행했다. 이 캠페인은 평균 31% 초과 성과를 달성했으며 매출 증대에도 기여했다. 이는 AI가 소비자의 개념적, 문맥적 의도를 이해하고 이를 바탕으로 정교한 타깃팅을 수행할 수 있음을 보여준다.

(2) LG유플러스

AI를 활용한 광고 제작 전반에 걸친 혁신 사례도 있다. LG유플러스는 시나리오 작성부터 제작까지 모든 과정에서 텍스트, 이미지, 음성 등 다양한 영역의 생성형 AI를 종합적으로 활용한 캠페인을 선보였다. 이 광고는 공개 한 달 만에 1263만 조회수를 기록하며 큰 성공을 거두었다.

[그림8] LG유플러스 AI 광고

(3) 현대자동차

이러한 AI 활용 광고들은 제작 비용과 시간을 크게 절감하면서도 창의적이고 효과적인 메시지 전달을 가능케 한다. 예를 들어, '현대자동차'의 'AI 숏 필름 광고'는 기존 방식으로 1편 정도 만들 수 있는 비용으로 3편의 에피소드를 제작했다.

[그림9] 현대자동차

Epilogue

앞서 본문을 통해 다양한 최근 AI 활용 광고들을 살펴보았다. AI 활용 광고에는 몇 가지 과제도 존재한다. '데이터의 편향성'으로 인한 '광고의 편향 가능성', '저작권 문제' 등이 그것이다. 또한 AI 결과물의 일관성 유지 어려움, 길이 제한, 세밀한 조작 불가 등의 한계도 있다.

그럼에도 불구하고 AI 기술은 광고 산업의 미래를 밝게 하고 있다. AI는 광고주와 마케터들에게 더 많은 창의적 실험의 기회를 제공하고 개인화된 맞춤형 광고를 가능케 하며 제작 효율성을 크게 향상시킨다. 이는 결과적으로 더 다양하고 풍성한 광고 시장을 만들어낼 것으로 전망된다.

앞으로 광고 산업은 AI 기술을 더욱 적극적으로 활용해 소비자와의 소통을 혁신하고 브랜드의 메시지를 더욱 효과적으로 전달할 것이다. 동시에 AI의 한계를 보완하고 윤리적 문제를 해결하기 위한 노력도 계속될 것이다. 광고주와 마케터들은 이러한 변화의 흐름을 잘 이해하고 활용하는 것이 중요한 과제가 될 것이다.

[참고문헌]

- https://magazine.cheil.com/55355
- https://blog.socialmkt.co.kr/1299
- https://www.dbpia.co.kr/journal/articleDetail?nodeId=NODE11750969
- https://media.fastcampus.co.kr/knowledge/aiad1/
- https://www.brandbrief.co.kr/news/articleView.html?idxno=7102
- https://www.yna.co.kr/view/AKR20220926032100017
- https://www.openads.co.kr/content/contentDetail?contsId=11768
- https://news.skhynix.co.kr/post/ai-and-movie

2

이제 AI시대 영상편집은 '브루(VREW)'로

유 미 경

001010011001010

제2장

이제 AI시대 영상편집은 '브루(VREW)'로

Prologue

AI 시대의 도래와 함께 영상 편집의 세계도 빠르게 변화하고 있다. 이 변화의 중심에 있는 도구 중 하나가 바로 브루(Vrew)다. 브루는 텍스트 기반 영상 편집을 통해 누구나 쉽고 빠르게 영상을 제작할 수 있는 혁신적인 솔루션을 제공한다. 음성 인식 기능으로 자막을 자동 생성하고 AI 목소리와 상업적으로 활용 가능한 이미지와 배경음악도 지원한다.

이 책은 브루를 처음 접하는 이들을 위해 설치 방법부터 다양한 활용법까지 상세히 다룬다. AI를 활용한 텍스트 기반 영상 제작과 효율적인 편집 기법을 안내해 창의적인 콘텐츠를 쉽게 제작할 수 있도록 돕는다. 이 책을 통해 누구나 브루의 강력한 잠재력을 경험할 수 있다.

1. AI 영상 편집 '브루(Vrew)'는?

'브루(Vrew)'는 음성 인식 기능을 통한 자막 자동 생성이 가능하다. 직접 녹음하지 않아도 되는 500여 개의 AI 목소리를 활용할 수 있으며 무료 이미지, 비디오, 배경음악 등은 상업적으로 사용이 가능하다. AI가 대본과 영상을 한 번에, 텍스트로 비디오 만들기, 텍스트 기반 영상 편집을 할 수 있다.

2. 프로그램 설치 및 시작하기

1) 설치하기

구글에서 '브루'를 검색한다.

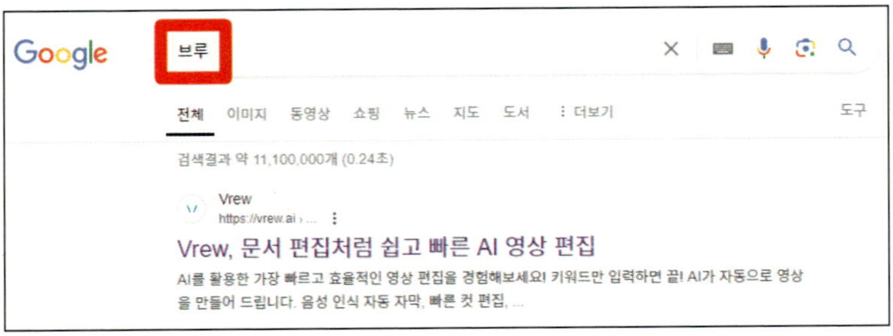

[그림1] 브루 검색

[그림2]의 'Vrew'를 클릭한다.

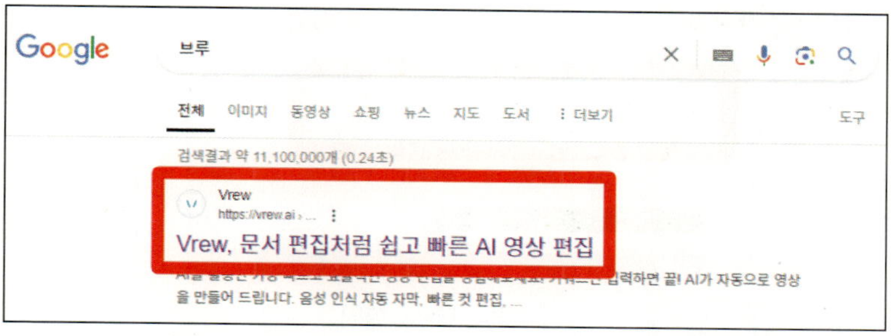

[그림2] Vrew, 문서 편집처럼 쉽고 빠른 AI 영상 편집

'무료 다운로드'를 클릭한다.

[그림3] 무료 다운로드

다운로드 한 파일을 클릭해 프로그램을 설치한다.

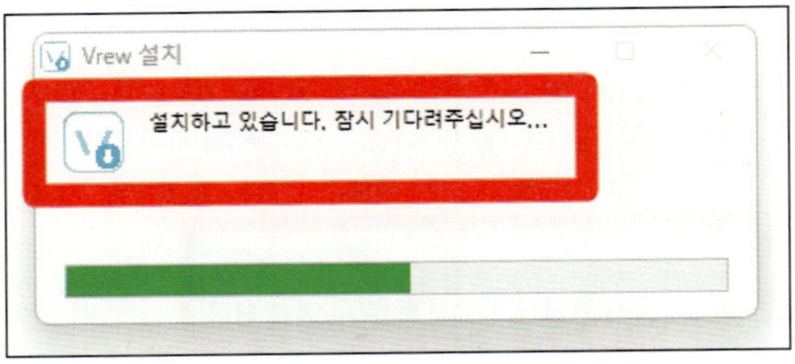

[그림4] Vrew 설치

2) 시작하기

'이용약관 및 개인정보처리방침' 화면에서 '동의하고 시작'을 클릭한다.

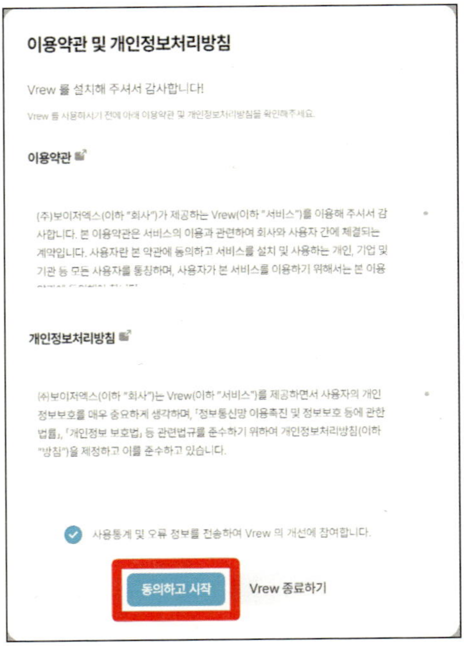

[그림5] 동의하고 시작

'시작하기'를 클릭한다.

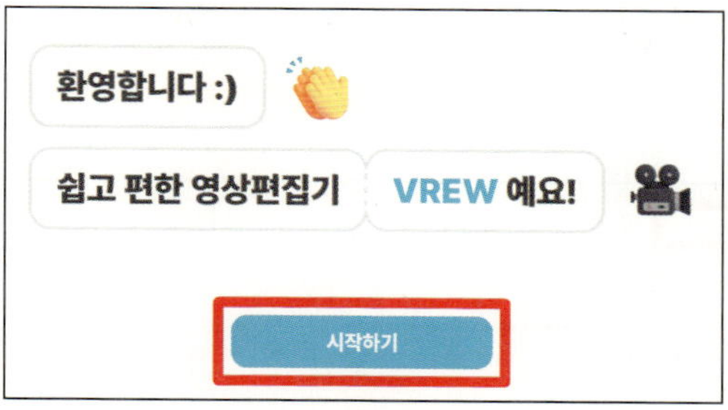

[그림6] 시작하기

3) 예시 영상 보기

'아래의 예시 영상을 편집하기 전에 함께 시청해볼까요?' 화면에서 '다음'을 클릭한다.

[그림7] 다음

4) 브루(Vrew) 회원가입

(1) 회원가입 시작

'내 브루'를 클릭한다.

[그림8] 내 브루

(2) 회원가입 완료하기

'Vrew에 오신 걸 환영해요' 화면에서 '회원가입'을 클릭한다.

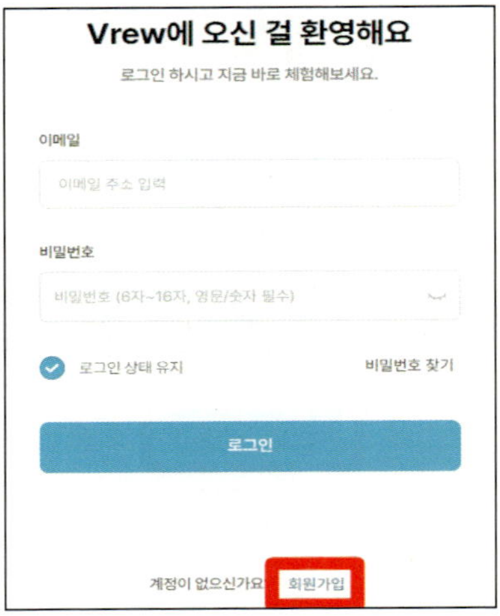

[그림9] 회원가입

이름, 이메일, 비밀번호, 비밀번호(확인용), 연령을 체크 후 '회원가입'을 클릭한다.

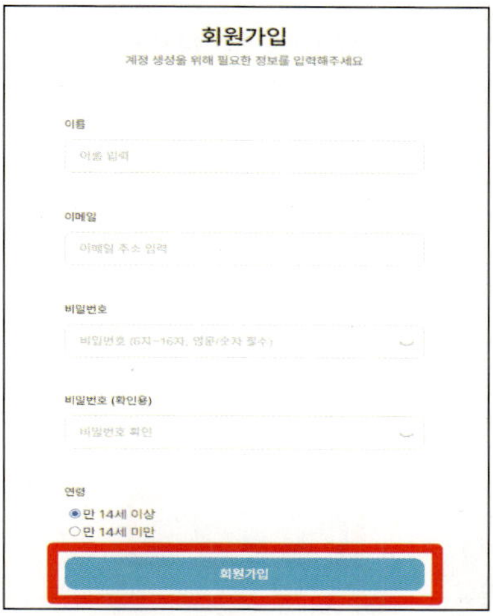

[그림10] 계정 생성 회원가입

이메일에서 인증 메일을 확인하고 '메일 주소 인증하기'를 클릭한다.

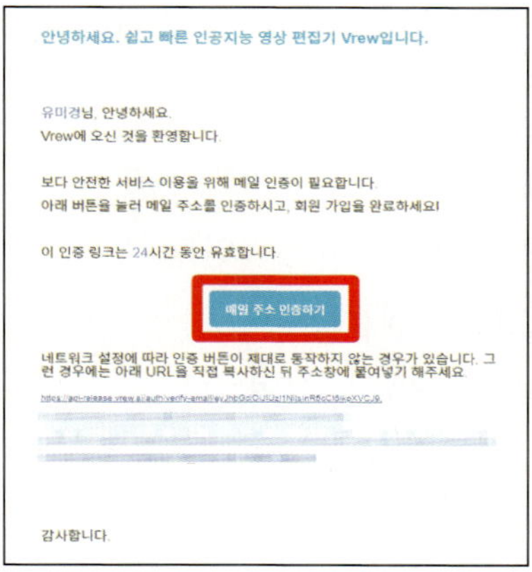

[그림11] 메일 주소 인증하기

'가입 완료'를 클릭한다.

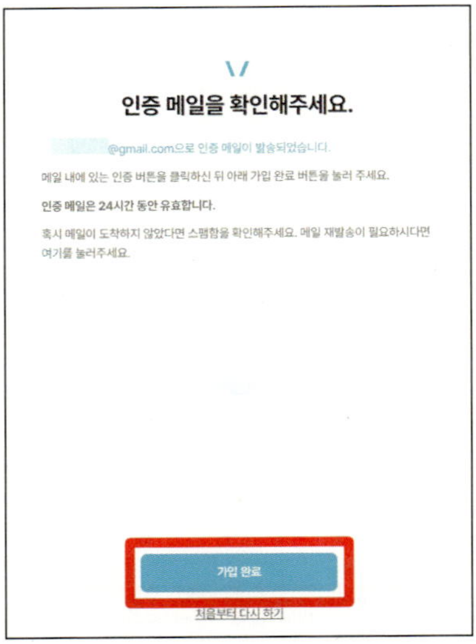

[그림12] 가입 완료

3. 브루(Vrew) 화면 구성

① 툴바: 파일, 홈, 편집, 자막, 서식, 삽입, AI 목소리, 템플릿 등 여러 가지 도구들이 있는 영역이다.

② 프리뷰: 편집 중인 영상을 볼 수 있는 화면이다.

③ 재생바: 재생 및 영상의 길이를 확인 할 수 있다.

④ 에셋: 에셋 리스트 영역이다.

⑤ 편집 영역: 영상을 편집하는 영역이다.

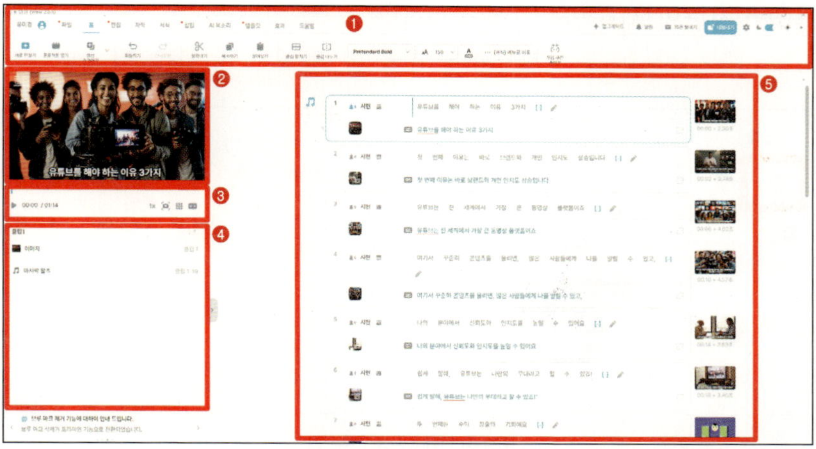

[그림13] 브루 화면 구성

4. 브루(Vrew) 텍스트로 비디오 만들기

1) 시작하기

상단의 '파일'을 클릭한다.

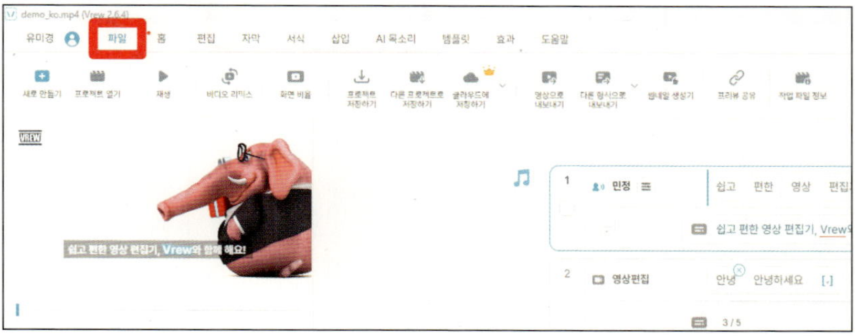

[그림14] 파일

좌측 상단의 '새로 만들기'를 클릭한다.

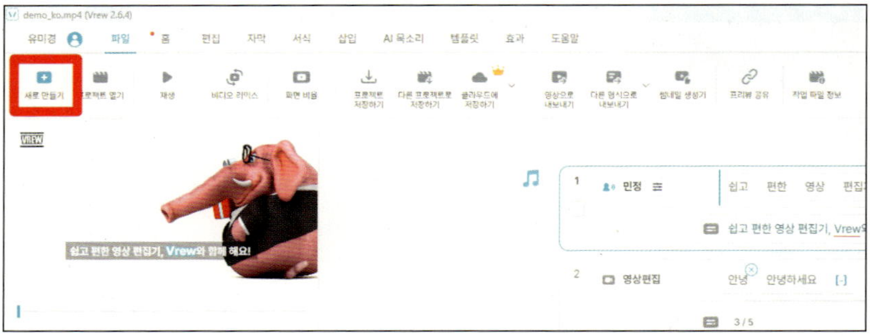

[그림15] 새로 만들기

'텍스트로 비디오 만들기'를 클릭한다.

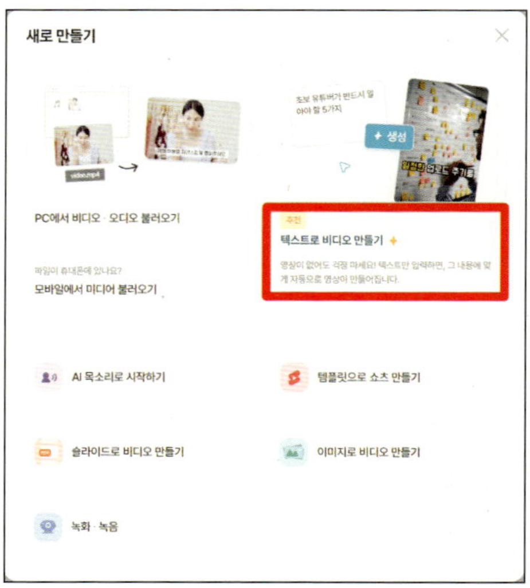

[그림16] 텍스트로 비디오 만들기

'비디오를 삽입하기 위해 FFmpeg 다운로드가 필요합니다. 진행하시겠습니까?' 화면에서 '예'를 클릭한다.

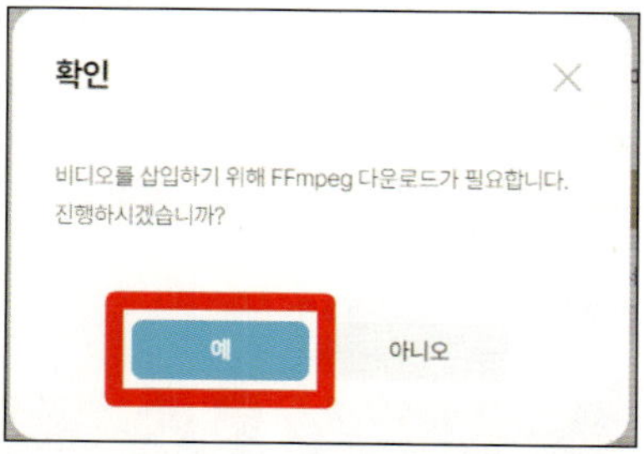

[그림17] FFmpeg 다운로드

2) 화면 비율 선택하기

'유튜브 16:9'을 선택 후 '다음'을 클릭한다. 일반 유튜브 영상은 16:9 비율, 쇼츠나 릴스는 9:16 비율을 선택한다.

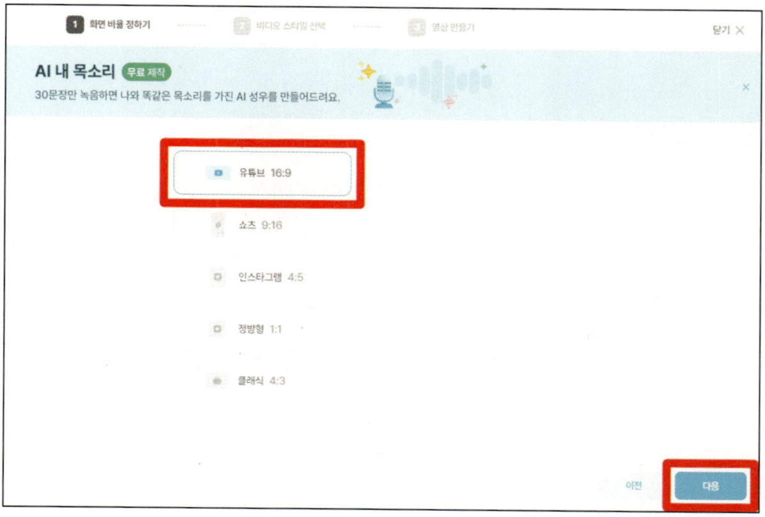

[그림18] 유튜브 16:9

3) 비디오 만들기 시작하기

(1) 스타일 없이 시작하기

'어떤 비디오 스타일로 시작해 볼까요?' 화면에서 '스타일 없이 시작하기'를 선택한다. '다음'을 클릭한다.

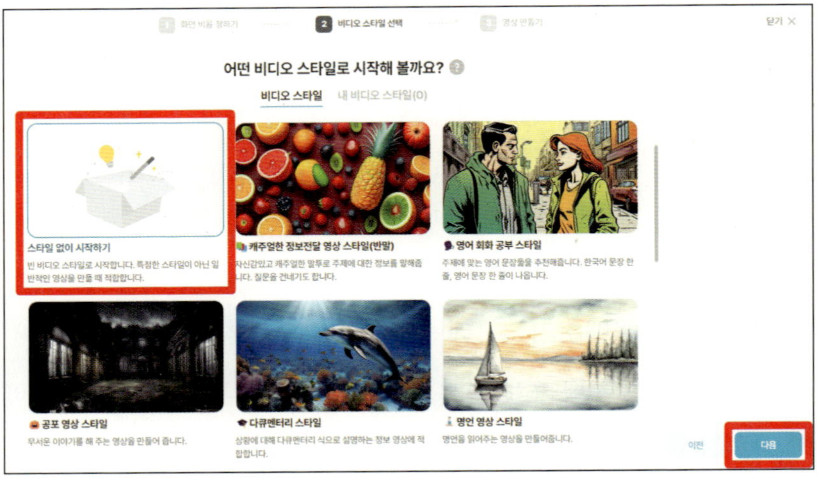

[그림19] 스타일 없이 시작하기

(2) AI 글쓰기

'주제'를 입력 후 'AI 글쓰기'를 클릭한다. '대본'은 챗GPT, 뤼튼에서 생성한 내용을 복사해서 붙여넣기를 해도 된다. 대본을 확인한 후 마음에 들지 않으면 수정하면 된다.

[그림20] AI 글쓰기

(3) 영상 요소 구성하기

영상 요소에서 'AI 목소리', '이미지&비디오', '배경음악'이 있다. AI 목소리를 들어 보고 다른 목소리로 바꾸고 싶을 경우 '변경'을 클릭한다.

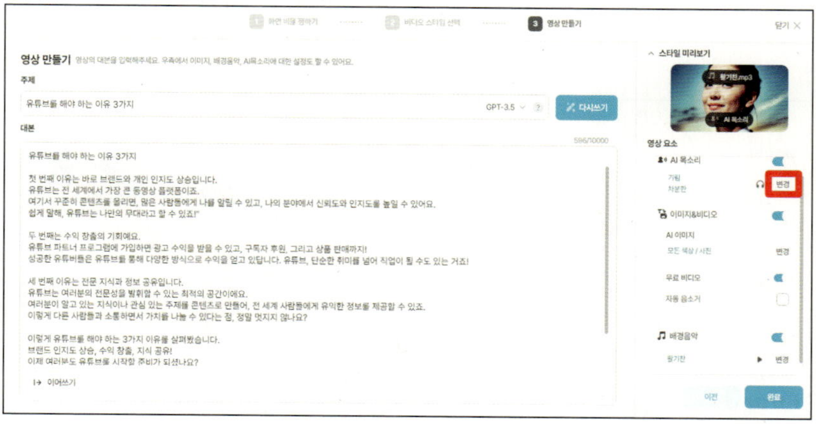

[그림21] AI 목소리 변경

목소리를 선택하면 목소리를 들어 볼 수 있다. '확인'을 클릭한다.

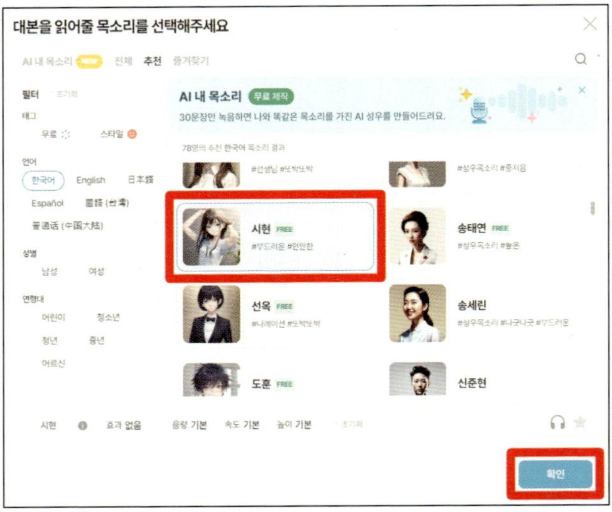

[그림22] AI 목소리 선택 확인

'배경음악'을 들어 보고 다른 것으로 변경할 경우 '변경'을 클릭한다.

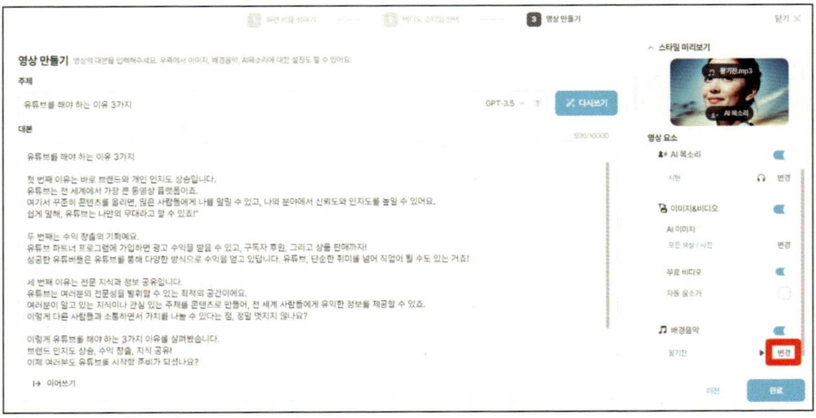

[그림23] 배경음악 변경

배경음악을 선택 후 '닫기(×)'를 클릭한다.

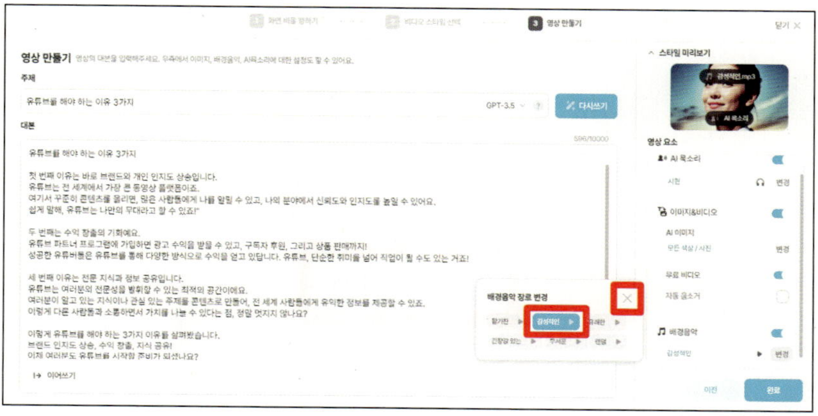

[그림24] 배경음악 선택

'완료'를 클릭한다.

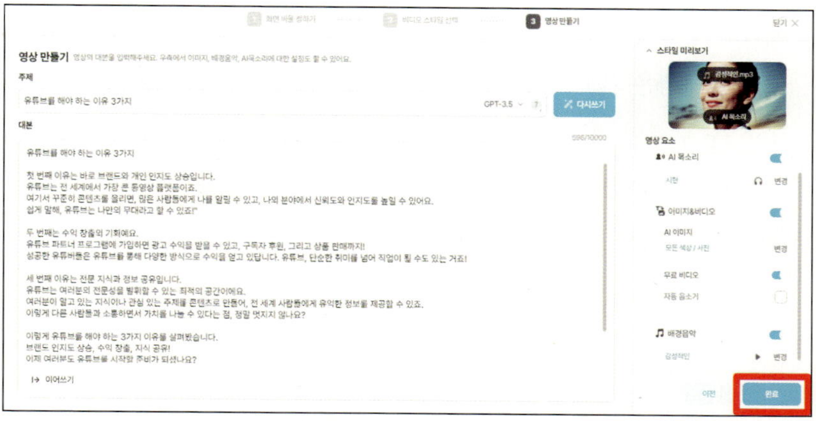

[그림25] 영상 만들기 완료

(4) 생성하기

'작성한 대본으로 영상을 생성하시겠어요?' 화면에서 '완료'를 클릭한다.

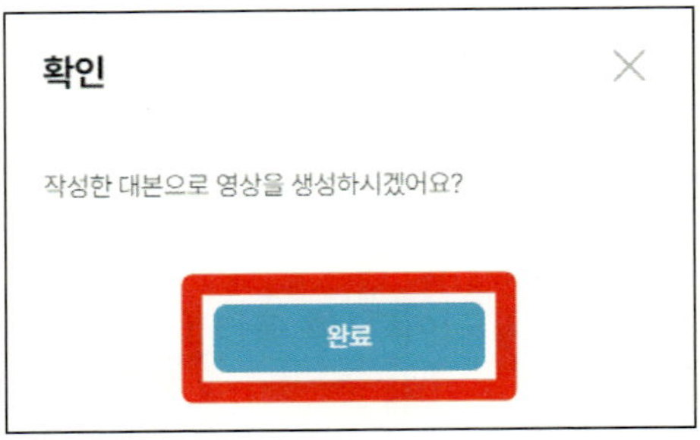

[그림26] 작성한 대본 영상 생성 완료

5. 브루(Vrew) 영상 편집

1) 재생하기

제작된 영상을 재생해 본다.

영상의 재생은 키보드에서 '스페이스바'를 누르거나 'Tab'을 눌러 준다.

'Tab'을 누르면 해당 클립을 재생할 수 있다. '스페이스바(Spacebar)'를 누르면 영상 전체를 재생할 수 있고 정지하고 싶으면 스페이스바(Spacebar)를 한 번 더 눌러 준다.

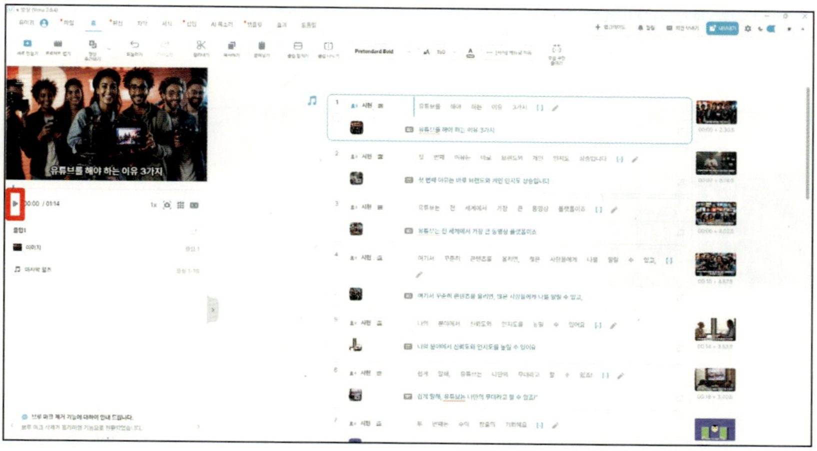

[그림27] 영상 재생

2) 수정하기

클립에서 '첫 번째 줄'이 'AI 음성'을 의미하고, '두 번째 줄'이 '자막'이다. 이곳에서 클립의 자막을 수정할 수 있다.

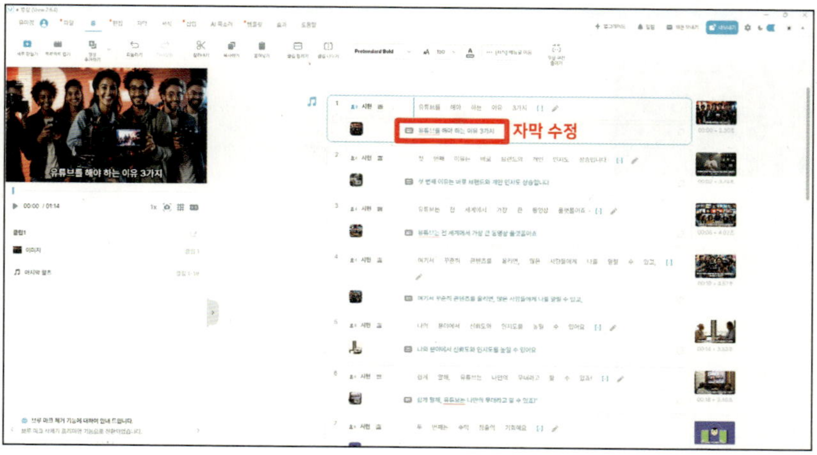

[그림28] 자막 수정

영상을 컷 편집하고 싶으면 커서가 있는 위치에서 '엔터'를 눌러 준다.

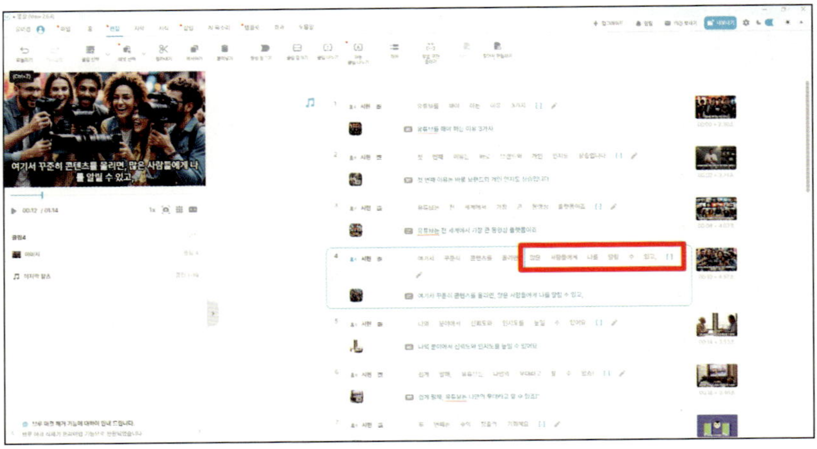

[그림29] 영상 컷 편집

하나의 클립이 두 개의 클립으로 나뉜 걸 확인할 수 있다.

[그림30] 클립이 두 개로 나뉨

3) 서식에서 요소 변경하기

'서식'에서 폰트, 글자 크기, 글자 색깔, 테두리 색깔, 배경 색깔 등을 변경할 수 있다.

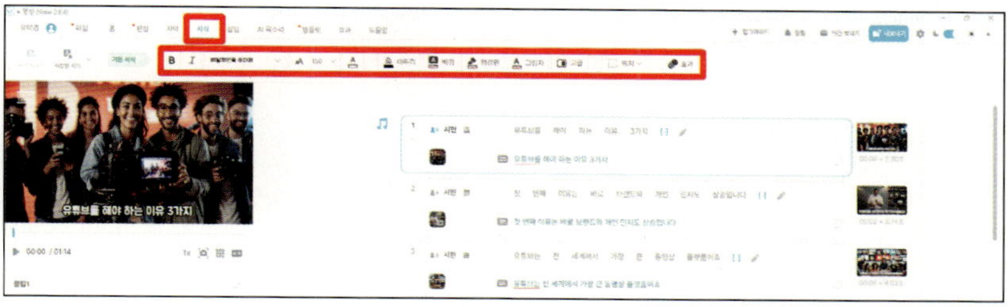

[그림31] 서식

4) 이미지 교체하기

이미지를 변경할 경우에는 '이미지'를 클릭 후 '교체'를 클릭한다.

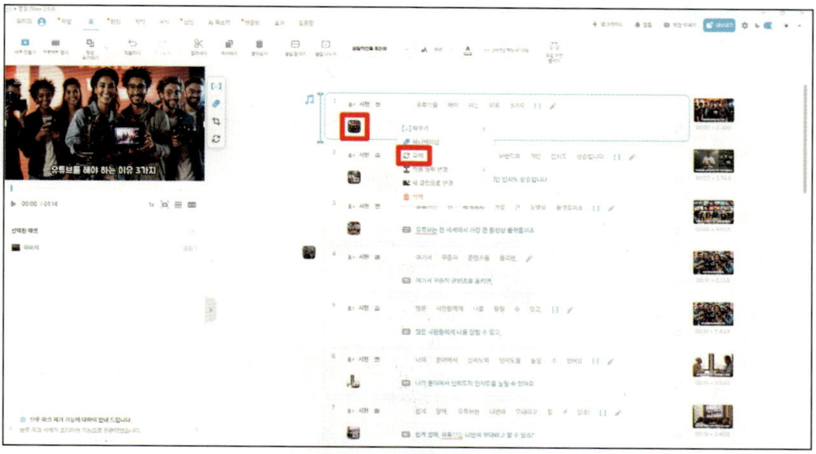

[그림32] 이미지 교체

'다른 이미지 또는 비디오로 교체하기' 화면에서 '이미지 1장 생성'을 클릭한다.

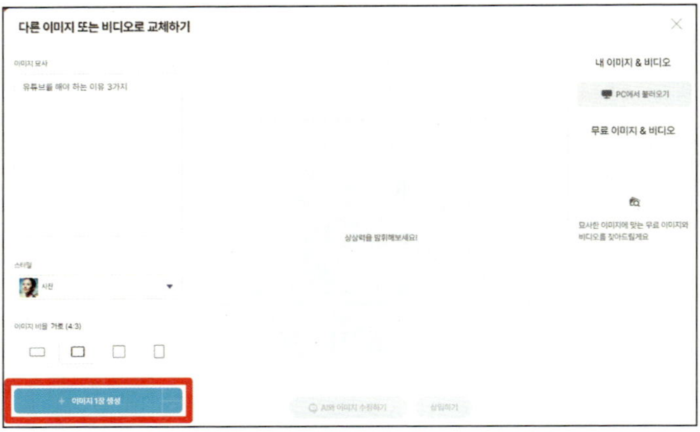

[그림33] 이미지 생성

생성된 이미지가 마음에 들지 않으면 '무료 이미지 & 비디오'에서 선택한다.

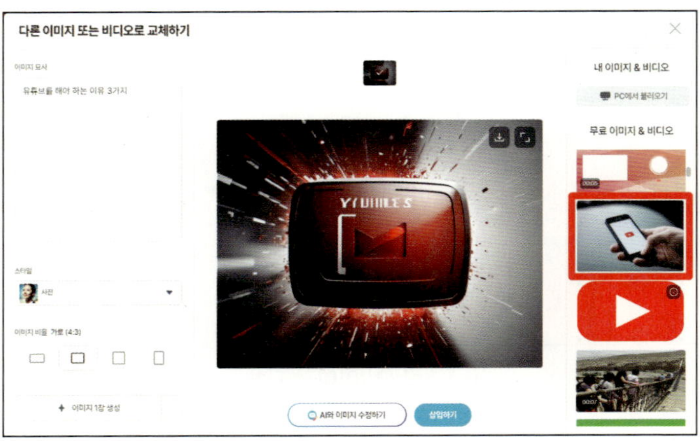

[그림34] 이미지 선택

5) 내보내기

편집이 완료되면 오른쪽 상단에 '내보내기'를 클릭한다.

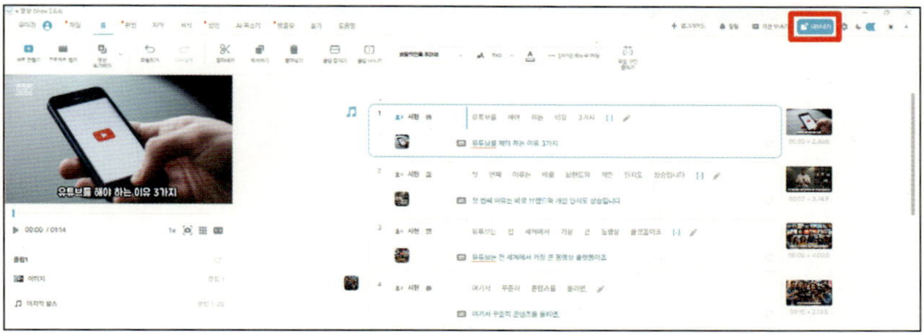

[그림35] 영상 내보내기

내보기 형식에서 '영상 파일(mp4)'을 클릭한다.

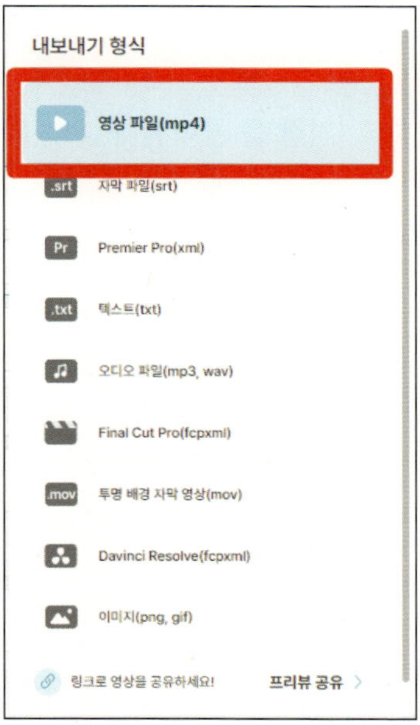

[그림36] 영상 파일

'내보내기'를 클릭한다.

[그림37] 동영상 내보내기

6) 저장하기

파일의 위치를 지정하고 '저장'을 클릭한다. 완성된 영상을 확인한다.

[그림38] 영상 저장

6. 브루(Vrew) 사용량 확인

로그인한 부분에 마우스 커서를 가져가면 '무료 요금제'를 사용할 때 '음성분석, AI 목소리, 번역, AI 이미지의 무료 사용 가능량과 현재 사용량'을 확인할 수 있다.

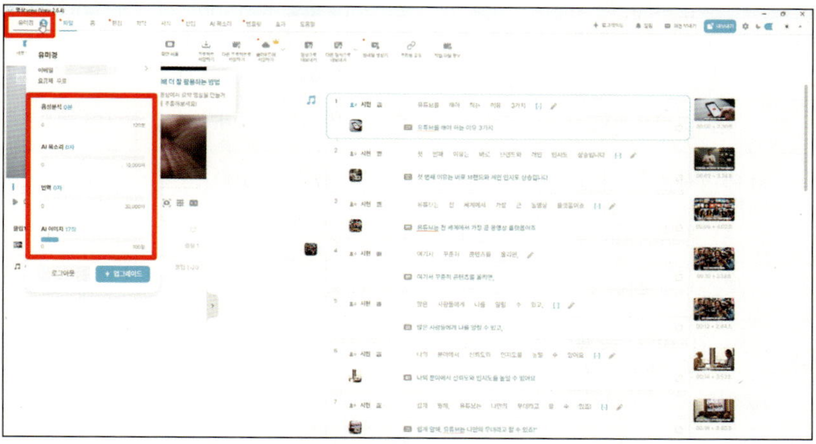

[그림39] 브루 사용량 확인

7. 브루(Vrew) 요금제

	Free 0/평생	Light 95,000/년	Standard 171,000/년	Business 379,500/년
음성 분석	120분	1.2천 분	6천 분	7.2천 분
AI 목소리	1만 자	10만 자	50만 자	60만 자
번역	3만 자	30만 자	150만 자	180만 자
이미지 생성	100 장	1천 장	5천 장	6천 장
텍스트로 비디오 만들기	3천 자/회	1만 자/회	1만 자/회	1만 자/회
AI 이미지 자동 삽입	10 장/회	100 장/회	100 장/회	100 장/회
AI 내 목소리	1개	1개	5개	6개
클라우드 백업	–	10 GB	50 GB	60 GB
Vrew 워터마크 삭제	–	○	○	○
AI 이미지 다운로드	–	○	○	○
프로젝트 간 복사 붙여넣기	–	–	○	○
템플릿 만들기	–	–	○	○
향상된 AI 글쓰기 (GPT-4 옵션 제공)	–	–	○	○
나만의 캐릭터 입모양 움직이기	–	–	○	○
사용 기록 지우개 구매	–	–	○	○

[표1] 브루 요금제

Epilogue

디지털 시대의 변화 속에서 AI는 우리의 사고방식과 작업방식을 근본적으로 변화시키고 있다. 그중에서도 브루(Vrew)는 영상 편집의 패러다임을 새롭게 정의하며 누구나 쉽게 창작에 도전할 수 있는 환경을 제공한다.

이 책을 통해 복잡한 기술 없이도 쉽게 접근할 수 있는 AI 기반 영상 편집의 매력을 발견할 수 있다. 브루는 음성 인식으로 자막을 자동 생성하고, AI 목소리와 텍스트 기반 영상 제작 기능을 통해 창의적 가능성을 확장하는 든든한 파트너로 자리 잡고 있다.

이제 영상 편집은 더 이상 전문가들만의 영역이 아니다. 브루와 함께 누구나 자신의 아이디어를 영상으로 구현하며 더 많은 사람과 소통할 수 있다.

이 책이 여러분의 첫걸음을 돕는 디딤돌이 되길 바란다. AI 영상 편집의 문을 열고 이제 여러분의 상상이 현실로 피어날 시간이다.

3

기업 AI.CF 영상제작을 위한 미드저니 활용 고급 이미지 제작기법

이 대 윤

001010011001010

제3장
기업 AI.CF 영상제작을 위한 미드저니 활용 고급 이미지 제작기법

Prologue

AI 기술은 디지털 혁신의 중심에서 기업의 영상 제작 분야에 새로운 가능성을 열어가고 있다. 그중에서도 미드저니(MidJourney)와 같은 AI 기반 이미지 생성 도구는 기업 CF(Commercial Film) 제작에 있어 창의성과 효율성을 극대화하며 광고 및 홍보 영상 제작의 혁신을 이끌고 있다.

이 책은 미드저니의 활용 방법을 중심으로 기업 CF 영상 제작에 필요한 고급 이미지 제작 기법을 다룬다. AI 기술은 단순히 자동화된 도구로 머무르지 않고 창의적인 아이디어 구현을 도와주며 브랜드 정체성을 반영한 맞춤형 이미지를 제작할 수 있는 가능성을 열어준다. 광고 마케팅, 디자인 등 다양한 분야에서 AI 도구는 비용과 시간을 절감하고 이전에 불가능했던 방식으로 콘텐츠를 제작할 수 있게 한다.

특히 미드저니는 기업의 마케팅 목표를 효과적으로 달성하는 데 중요한 역할을 하고 있으며 고객 맞춤형 광고 제작에 있어 그 가치가 점점 더 커지고 있다. 이 책에서는 미드저니의 기본적인 사용법부터 고급 기능 그리고 실전 프로젝트에 이르기까지 단계별로 그 활용 방법을 상세히 설명하고자 한다.

AI 도구와의 협업을 통해 작업의 효율성을 높이고 브랜드의 핵심 메시지를 시각적으로 전달하는 방법을 탐구하며 독자들이 실질적으로 미드저니를 활용해 광고와 CF 영상을 제작하는 데 필요한 모든 과정을 안내할 것이다.

미래의 광고와 콘텐츠 제작에서 AI가 가져올 변화는 매우 클 것이다. 미드저니와 같은 AI 도구를 통해 독자들이 이러한 변화를 주도하며 새로운 창작의 길을 열 수 있기를 기대한다.

1. 광고와 홍보 영상 제작의 혁신을 주도하고 있는 '미드저니(MidJourney)'

디지털 혁신의 물결 속에서 AI는 단순한 도구를 넘어 기업의 영상 제작과 마케팅 분야에서 새로운 가능성을 제시하고 있다. 특히 '미드저니(MidJourney)'와 같은 AI 기반 이미지 생성 도구는 광고와 홍보 영상 제작의 혁신을 주도하고 있으며 이를 통해 기업들은 더욱 창의적이고 효율적인 'CF(Commercial Film)' 제작을 실현할 수 있게 됐다. 이 책은 미드저니의 활용 방법을 심도 있게 다루며 기업 CF 제작을 위한 고급 이미지 제작 기법을 제공하는 데 목적을 두고 있다.

AI는 이미 다양한 산업에서 혁신의 중심축으로 자리 잡고 있다. 광고 마케팅, 디자인 등에서 AI 도구는 인간의 창의성을 보완하고 그동안 많은 시간과 비용이 소모되던 작업을 신속하고 효율적으로 처리하는 데 기여하고 있다. 특히 광고 영상 제작에서는 AI가 기존의 고정관념을 깨고 새로운 스타일과 형식을 실험할 수 있는 자유를 제공하고 있다. 미드저니는 이러한 AI 도구 중 하나로 기업의 브랜딩과 마케팅 목표를 달성하는 데 중요한 도구로 부상하고 있다.

미드저니를 통해 광고 제작자는 단순한 이미지 생성 이상의 창의적이고 독창적인 결과물을 빠르고 쉽게 만들어낼 수 있으며 이를 통해 브랜드의 핵심 메시지를 더 효과적으로 전달할 수 있다. 또한 미드저니는 다양한 스타일 옵션과 세밀한 조정 기능을 제공해 기업의 브랜드 정체성을 유지하면서도 각기 다른 광고 목적에 맞는 맞춤형 이미지를 생성할 수 있다. 실험적 광고에서부터 정통 브랜드 광고에 이르기까지 미드저니의 활용 가능성은 무궁무진하다.

이 책은 미드저니의 기본 사용법을 설명하는 데 그치지 않고 AI 도구가 기업 CF 제작에 어떻게 적용될 수 있는지, AI를 활용해 기업의 브랜드 가치를 극대화하는 방법을 체계적으로 제시하고자 한다. 독자들은 이 책을 통해 AI 영상 제작의 흐름을 이해하고 미드저니의 기본 및 고급 기능을 실습하며 이를 실제 프로젝트에 적용할 수 있는 능력을 배양하게 될 것이다.

책의 구성은 총 10장으로 이뤄져 있으며 AI를 활용한 기업 CF 제작의 기초부터 고급 이미지 제작 기법 그리고 미드저니의 향후 발전 가능성까지 다룬다. 실전 프로젝트를 통해 미드저니를 활용한 이미지 생성과 편집, 영상 제작 통합 과정을 구체적으로 소개하고 AI 도구와의 협업을 통해 작업 효율성을 높이는 방법도 함께 제시한다. 이 과정을 통해 독자들은 미드저니를 활용한 실전 광고 제작을 경험하고 AI 도구가 제공하는 창의적 기회를 최대한 활용할 수 있을 것이다.

미드저니와 같은 AI 도구의 발전은 단순한 기술적 혁신을 넘어 기업의 마케팅과 브랜딩 전략에 깊은 변화를 가져오고 있다. 과거에 복잡하고 긴 시간이 소요됐던 작업들이 이제는 AI 덕분에 빠르고 정교하게 처리되고 있으며 이는 더 많은 창의적 가능성을 열어준다. AI를 통해 창의적이고 독창적인 광고 영상을 제작하는 것은 더 이상 먼 미래의 일이 아니다. 이 책을 통해 독자들이 이러한 변화를 선도할 수 있는 능력과 도구를 갖추길 바란다.

마지막으로, AI 기술이 발전할수록 광고 제작 과정에서 인간의 창의적 역할이 더욱 중요해질 것이다. AI는 복잡하고 반복적인 작업을 대신 처리해 줌으로써 인간은 보다 창의적이고 전략적인 부분에 집중할 수 있게 된다. 기업의 광고 혁신을 이끌어갈 여러분이 AI 도구를 활용해 더 나은 결과를 만들어내는 창의적인 리더가 되기를 기대하며 이 책이 그 여정에서 귀중한 가이드가 되기를 바란다.

1) 책의 목적 및 구성

(1) 책의 목적

이 책은 급변하는 디지털 시대에서 AI 기술이 '기업 CF(Commercial Film)' 제작에 미치는 혁신적 영향을 심도 있게 다루며, AI 기반 이미지 생성 도구인 '미드저니(MidJourney)'를 통해 고급 이미지를 제작하는 방법을 구체적으로 설명하는 실질적인 가이드를 제공하고자 한다. 특히 디지털 마케팅과 광고 제작 현장에서 AI 도구의 필요성과 그 활용 가능성은 날로 커지고 있으며, 광고 및 홍보 영상 제작을 효과적으로 수행하기 위해서는 AI 기술의 이해와 활용이 필수적이다.

기업들이 더 효율적으로 더 창의적인 광고를 제작하기 위해선 AI가 제공하는 도구를 잘 활용하는 것이 중요한 과제가 됐다. 전통적인 영상 제작 방식은 많은 시간과 자원을 소모했지만 AI 도구는 이런 제작 과정을 혁신적으로 변화시키고 있다. 이 책의 목적은 독자들이 미드저니를 활용해 브랜드에 맞는 이미지를 효과적으로 제작하고 AI 도구를 전략적으로 사용해 기업의 마케팅 목표를 달성하는 방법을 익힐 수 있도록 돕는 것이다.

또한 이 책은 AI 기술이 어떻게 기업의 CF 제작을 혁신하는지에 대한 실질적 사례와 고급 이미지 제작 기법을 소개함으로써 실무에서 바로 활용할 수 있는 구체적인 방법을 제공하는 것을 목표로 한다. 독자들은 이 책을 통해 AI 도구를 단순히 사용법을 익히는 것에 그치지 않고 이를 통해 더 나은 비주얼 콘텐츠를 만들어낼 수 있는 능력을 배양할 것이다.

(2) 책의 구성

이 책은 AI를 활용한 영상 제작과 CF 제작의 전반적인 흐름을 이해할 수 있도록 체계적으로 구성돼 있다. 각 장은 독자들이 단계별로 AI 도구의 기능과 그 응용 방법을 배울 수 있도록 설계됐다.

① AI 영상 제작의 기초 및 흐름

기업 CF 제작의 기초와 디지털 마케팅 트렌드에 대해 설명하며 AI 도구가 영상 제작에 미치는 영향을 분석한다. 이 장에서는 광고 영상 제작의 전통적인 방식과 AI 도구의 도입으로 인한 변화를 비교하고 기업 홍보 영상이 어떻게 제작되는지의 기본적인 흐름을 다룬다. AI가 기업 CF 제작에서 어떤 핵심적인 역할을 하는지 이해하게 될 것이다.

② 미드저니의 기본 개념 및 고급 기능

미드저니의 핵심 개념과 기본적인 기능을 상세히 소개한다. 미드저니를 처음 사용하는 독자들이 쉽게 따라 할 수 있도록 텍스트 기반 이미지 생성의 기초부터 시작해, 점차적으로 고급 기능으로 확장하는 방식으로 설명이 진행된다. 이 장에서는 이미지 생성 원리, 미드저니의 딥러닝 알고리즘에 대한 이해를 돕고 사용자가 직접 이미지 생성 실습을 통해 미드저니의 잠재력을 체험할 수 있도록 돕는다.

이후 고급 이미지 제작 기능에 대한 설명으로 이어지며 커스텀 스타일 제작, 템플릿 활용, 고해상도 이미지 생성 등의 기능을 다룬다. 이 과정에서, 기업 CF 제작에 필요한 브랜드 이미지 강화 전략과 같은 실질적인 응용 방법도 설명된다. 다양한 산업 분야에서 미드저니가 어떻게 맞춤형 이미지를 제공할 수 있는지에 대한 적용 사례도 함께 제시한다.

③ 실전 프로젝트 및 효율적 관리법

미드저니를 활용한 실전 프로젝트를 통해 AI 도구를 실제 광고 및 홍보 영상 제작에서 효율적으로 적용할 수 있는 방법을 단계별로 안내한다. 이 장에서는 미드저니를 통한 이미지 생성 및 편집 과정을 실습하며 프로젝트의 기획, 목표 설정, 스토리보드 제작, 이미지 통합, 최종 영상 완성까지의 모든 과정을 체계적으로 설명한다.

특히 AI 도구와의 협업을 통해 작업의 효율성을 극대화하는 방법을 강조하며, 시간 절약과 비용 절감 측면에서 AI가 어떻게 광고 제작 과정에서 핵심적인 역할을 할 수 있는지 구체적으로 다룬다. 또한 미드저니의 고급 기능을 활용한 프로젝트 관리법을 설명함으로써 작업 속도와 품질을 동시에 향상시키는 노하우를 제공한다.

④ 미드저니와 AI의 미래

마지막으로, 미드저니와 AI 도구의 미래 발전 가능성에 대해 논의한다. AI 기술의 발전이 이미지 제작 분야에서 앞으로 어떤 변화를 가져올 수 있을지 예측하고 기업 CF 제작뿐만 아니라 다양한 산업에서의 AI 도구가 어떻게 적용될 수 있을지에 대해 분석한다. AI와의 협업이 창의적 작업에 미치는 긍정적인 영향을 소개하며 미래 광고 제작 환경에서 AI 도구의 중요성을 강조한다.

이 책은 장마다 구체적인 실습과 적용 사례를 포함하고 있으며 독자들이 실질적으로 AI 도구를 활용해 광고 영상 제작 능력을 높일 수 있는 전략적 지침서로 활용될 수 있도록 구성됐다. 이를 통해 독자들은 창의성과 효율성을 동시에 증진시키며 기업 마케팅 목표를 달성할 수 있는 고급 이미지 제작 기술을 습득하게 될 것이다.

2) 기업 영상 제작에서 AI의 역할

AI는 오늘날 기업 영상 제작에서 단순한 기술적 도구를 넘어 창의성과 효율성을 동시에 극대화하는 중요한 요소로 자리 잡고 있다. 특히 광고와 CF(Commercial Film) 제작에서 AI는 기존의 전통적인 제작 방식과 달리 이미지 생성, 영상 편집, 콘텐츠 최적화 등의 다양한 역할을 수행하며 마케팅 효과를 극대화하는 데 기여하고 있다.

[그림1] AI가 기업 영상 제작에서 창의성과 효율성을 극대화

① AI 기반 이미지 생성과 커스터마이징

기업 CF 제작에서 가장 중요한 단계 중 하나는 브랜드를 시각적으로 표현하는 '이미지'를 생성하는 과정이다. 과거에는 이러한 이미지 제작을 위해 많은 시간과 자원이 투입됐으며 이를 위해 전문 디자이너와 제작 팀이 필수적이었다. 그러나 AI 이미지 생성 도구는 이를 혁신적으로 변화시키고 있다. 미드저니(MidJourney)와 같은 AI 도구는 사용자의 텍스트 입력을 바탕으로 맞춤형 이미지를 자동으로 생성할 수 있으며, 이를 통해 기업의 브랜드 정체성을 강화하고 마케팅 메시지를 보다 명확하게 전달할 수 있다.

또한 AI는 이미지 생성 과정에서 다양한 스타일 옵션과 세밀한 조정 기능을 제공해 브랜드 고유의 이미지 스타일을 유지하면서도 고품질의 비주얼 콘텐츠를 제작할 수 있게 한다. 예를 들어, 친환경적 브랜드의 경우 AI는 자연을 상징하는 색감과 유기적인 디자인 요소를 반영한 이미지를 자동으로 생성해 브랜드의 가치를 시각적으로 표현할 수 있다. 반대로, 첨단 기술 기업이라면 미래지향적이고 세련된 디자인을 강조한 이미지를 만들어 혁신적인 브랜드 이미지를 효과적으로 전달할 수 있다. 이를 통해 기업은 소비자에게 강력한 인상을 남길 수 있으며 마케팅 효과를 극대화할 수 있다.

② AI 기반 편집 및 자동화

광고와 CF 영상 제작은 많은 단계와 복잡한 작업이 요구되는 과정이다. 전통적인 제작 방식에서는 기획, 촬영, 편집 그리고 최종 영상 완성까지 수많은 시간이 필요했으며 이는 비용적인 부담으로 작용하기도 했다. 하지만 AI 도구는 이러한 복잡한 과정을 간소화하고 특히 영상 편집 과정에서 자동화된 기능을 제공해 작업 속도를 획기적으로 향상시켰다.

AI 기반 편집 도구는 반복적이거나 수동으로 처리해야 했던 작업을 자동화함으로써 편집자의 작업량을 줄이고 더 높은 퀄리티의 영상을 빠르게 완성할 수 있도록 돕는다. 예를 들어, AI는 영상 클립의 자동 분류, 이미지와 영상의 자연스러운 전환 효과, 색상 보정 등을 자동으로 처리할 수 있다. 또한 영상에 추가적인 '애니메이션 효과'나 '텍스트 오버레이'를 적용하는 기능도 제공해 CF 영상의 시각적 매력을 더욱 강화할 수 있다.

③ AI를 통한 콘텐츠 최적화와 맞춤형 마케팅

AI는 단순한 영상 제작 도구에 그치지 않고 기업의 마케팅 목표를 달성하는 데 필요한 콘텐츠 최적화에도 중요한 역할을 한다. AI는 소비자 데이터를 분석하고 타깃 고객층의 성향을 기반으로 맞춤형 콘텐츠를 제작할 수 있는 강력한 기능을 제공한다. 예를 들어, AI는 광고 영상의 시청 패턴을 분석해 특정 소비자 그룹에 맞는 개인화된 영상을 자동으로 생성할 수 있으며 이를 통해 더 효과적인 마케팅을 구현할 수 있다.

또한 AI는 소셜 미디어 플랫폼과 디지털 광고 채널에 맞춘 최적화된 영상을 제공해 각 채널의 요구 사항에 맞는 형식과 해상도로 자동으로 변환된 영상을 만들어 낼 수 있다. 이는 마케팅 담당자들이 다채널 전략을 펼칠 때 일관성 있는 콘텐츠를 여러 플랫폼에 효율적으로 배포할 수 있게 한다.

④ 실시간 피드백과 수정 기능

AI 도구는 실시간 피드백을 반영해 영상 제작 과정에서 수정할 수 있는 기능도 제공한다. 이를 통해 클라이언트나 팀의 피드백을 빠르게 적용하고 즉각적으로 결과물을 수정할 수 있다. AI 기반 편집 도구는 반복적인 수정 작업을 자동화해 클라이언트의 요구에 맞춘 다양한 버전의 영상을 빠르게 생성하고 조정할 수 있도록 돕는다. 이를 통해 작업 효율성이 극대화되며 더 짧은 시간 안에 최종 결과물을 완성할 수 있게 된다.

⑤ AI 도구와 협업을 통한 창의성 증진

AI 도구는 기업 CF 제작 과정에서 단순히 시간과 비용을 절감하는 도구로서의 역할을 넘어 창의적 과정에 있어서도 핵심적인 역할을 수행한다. AI는 반복적이고 기술적인 작업을 대신 처리해줌으로써 광고 제작자는 더 창의적이고 전략적인 작업에 집중할 수 있는 환경을 제공한다.

예를 들어, AI를 통해 여러 가지 시각적 시도를 빠르게 테스트하고 다양한 스타일과 색감을 실험해볼 수 있는 기회를 제공함으로써 창의적인 자유를 더 넓혀 준다. 이를 통해 더 차별화된 광고를 제작할 수 있으며 새로운 스타일을 도입하거나 혁신적인 비주얼을 구현할 수 있는 무한한 가능성을 열어준다. AI 도구는 제작자의 상상력과 아이디어를 구체화할 수 있는 강력한 도구로 자리 잡고 있으며 이를 통해 기업의 브랜드 가치를 더욱 강화하고 광고 효과를 극대화할 수 있는 기회를 제공한다.

이 책에서는 이러한 AI 기술이 기업 영상 제작에 미치는 실질적 영향을 심도 있게 분석하고 AI를 활용해 기업의 브랜드 이미지와 마케팅 목표를 효과적으로 달성하는 방법을 체계적으로 탐구할 것이다. AI 기술은 이제 광고 제작의 필수적인 도구로 자리 잡고 있으며 미래 광고 환경에서 기업들이 성공적으로 브랜딩 전략을 실행하는 데 있어 중추적인 역할을 할 것이다.

[그림2] AI 도구가 기업 CF 제작에서 창의성을 증진시키는 과정

3) 미드저니의 소개 및 중요성

미드저니(MidJourney)는 AI 기반 이미지 생성 도구로 광고 제작자, 디자이너, 마케터 등에게 혁신적인 비주얼 콘텐츠 제작의 가능성을 열어주는 강력한 도구다. 전통적으로 광고나 홍보 영상을 제작할 때는 디자이너가 직접 이미지를 제작하거나, 외주를 통해 고품질의 이미지를 의뢰해야 했지만, 미드저니는 사용자의 텍스트 입력만으로 맞춤형 이미지를 빠르고 효율적으로 생성할 수 있다. 이러한 자동화된 이미지 생성 방식은 시간과

비용을 절감할 수 있을 뿐만 아니라 다양한 시각적 스타일을 유연하게 적용할 수 있어 광고 제작의 새로운 가능성을 제시하고 있다.

① 미드저니의 핵심 기능

미드저니는 텍스트 입력을 바탕으로 이미지를 생성하는 도구로 사용자가 특정한 문장을 입력하면 AI가 이를 분석해 가장 적합한 이미지를 자동으로 생성해준다. 예를 들어, 광고 제작자가 '바닷가에서 일출을 배경으로 한 청량한 음료 이미지'와 같은 구체적인 요청을 입력하면, AI는 그에 맞춰 바닷가, 일출, 음료라는 시각적 요소를 조합해 고품질 이미지를 신속하게 제작한다. 이러한 기능은 사용자가 그래픽 디자인 기술이 없어도 직관적으로 이미지를 제작할 수 있게 하며 광고 제작의 속도와 효율성을 극대화한다.

미드저니의 딥러닝 알고리즘은 방대한 이미지 데이터를 기반으로 학습됐으며 이를 통해 사용자가 원하는 스타일에 맞춘 이미지를 생성할 수 있다. 또한 고급 스타일링 옵션을 제공해 사용자가 특정 색상, 질감, 톤 등을 세밀하게 조정할 수 있다. 이를 통해 기업은 브랜드의 고유한 정체성을 반영하는 이미지를 더욱 쉽게 제작할 수 있으며 광고의 시각적 일관성을 유지할 수 있다.

[그림3] 미드저니의 핵심 기능인 텍스트 입력을 통해 이미지를 생성하는 과정

② 미드저니의 중요성: 작업 효율성과 창의성의 극대화

미드저니의 도입은 광고 영상 제작과 이미지 제작 프로세스에 혁신적 변화를 가져왔다. 전통적으로 이미지를 제작하는 과정은 많은 시간과 자원이 소요됐고, 반복적인 수정 작업과 다양한 스타일 시도는 제작 기간을 더욱 늘리는 요인이었다. 그러나 미드저니는 이러한 과정을 자동화하고 즉각적인 이미지 생성을 가능하게 함으로써 작업 효율성을 크게 향상시킨다.

예를 들어, 광고 제작자는 여러 가지 스타일과 아이디어를 실시간으로 테스트할 수 있으며, 다양한 옵션을 미리 시각화해 최종 선택을 빠르게 결정할 수 있다. 이는 광고 제작 과정에서 다양한 아이디어를 시도하고 창의적인 실험을 할 수 있는 기회를 제공한다. 또한 미드저니는 생성된 이미지를 간단한 수정을 통해 재생성할 수 있어 클라이언트 피드백에 맞춘 즉각적인 변경이 가능하다. 이를 통해 신속한 피드백 반영과 최종 결과물의 완성도 향상을 동시에 이룰 수 있다.

이처럼 미드저니는 단순한 이미지 생성 도구 이상의 역할을 하며 광고 제작자가 더 창의적인 작업에 집중할 수 있는 환경을 제공한다. 반복적이고 기술적인 작업은 AI가 처리하고 창의적이고 전략적인 작업은 광고 제작자가 수행하는 완벽한 협업 체계를 구축할 수 있다. 결과적으로, 미드저니는 효율성과 창의성의 균형을 이루는 도구로 자리 잡고 있다.

③ 미드저니의 유연성과 맞춤형 이미지 제작

미드저니의 또 다른 강점은 유연성이다. 다양한 스타일 옵션과 디자인 요소를 제공해 사용자가 원하는 이미지를 구체적으로 조정할 수 있으며 각 기업의 브랜드 전략에 맞는 맞춤형 이미지를 제작할 수 있다. 예를 들어, 미래지향적 기술 기업의 경우 미드저니를 통해 세련된 디자인과 미래적 색감을 반영한 이미지를 제작할 수 있으며 반면, 친환경 제품을 홍보하는 기업은 자연을 상징하는 색감과 유기적인 디자인 요소를 강조한 이미지를 생성할 수 있다.

이러한 유연성은 기업의 브랜딩에 있어 매우 중요한 요소로 작용한다. 광고 제작자는 미드저니를 통해 브랜드의 정체성과 마케팅 목표에 맞춘 이미지를 자유롭게 조정할 수 있으며 광고 캠페인의 일관성을 유지할 수 있다. 또한 미드저니는 템플릿 기반 제작이 가능해 반복적으로 사용하는 이미지 스타일을 미리 설정해 두고 빠르게 새 이미지를 생성할 수 있다. 이는 시즌별 프로모션이나 다양한 마케팅 전략에 맞춘 빠른 대응을 가능하게 한다.

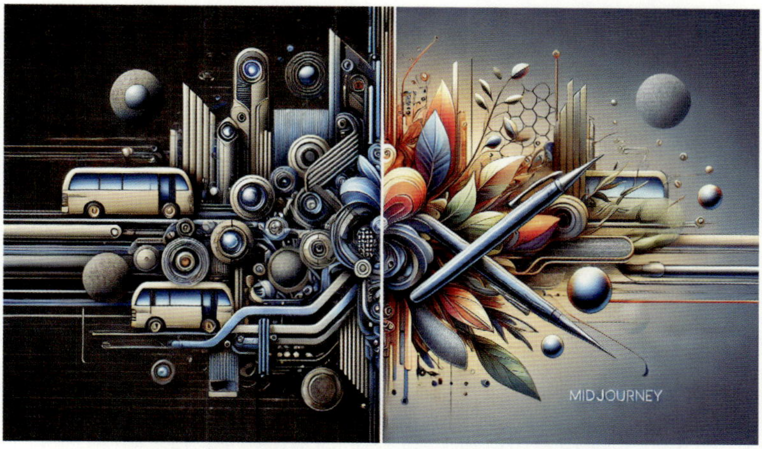

[그림4] 미드저니의 유연성과 맞춤형 이미지 제작을 시각적으로 표현

④ 미드저니의 향후 발전 가능성

미드저니는 현재도 매우 강력한 도구이지만 그 발전 가능성은 더욱 크다. AI 기술이 발전함에 따라 미드저니는 단순한 이미지 생성에서 실시간 수정, 3D 이미지 제작, 증강현실(AR) 및 가상현실(VR) 콘텐츠 제작으로 기능을 확장할 수 있다. 또한 다양한 산업에 특화된 템플릿과 맞춤형 스타일링 옵션을 제공함으로써 패션, 건축, 엔터테인먼트 등 다양한 분야에서 활용될 가능성이 크다. 이를 통해 미드저니는 광고와 마케팅 분야를 넘어 디자인과 예술 전반에 걸쳐 중요한 역할을 할 수 있을 것이다.

미래에는 더 많은 데이터를 학습한 AI가 더욱 정교한 이미지 생성과 실시간 피드백 반영 기능을 제공할 수 있으며, 사용자와 상호작용하는 인터페이스를 통해 더욱 직관적이고 창의적인 작업 환경을 제공할 것이다. 이러한 기능 확장은 광고 제작에서의 창의적 실험을 더욱 자유롭게 만들고 개인화된 비주얼 콘텐츠 제작을 가능하게 할 것이다.

2. AI 영상 제작의 기초

AI는 영상 제작에서 다양한 역할을 수행하며 전통적인 제작 방식에 비해 혁신적인 변화를 가져오고 있다. AI는 이미지와 영상을 자동으로 생성하고 편집할 수 있는 능력을 갖추고 있다. 이를 통해 기업은 마케팅 목표에 맞춘 맞춤형 콘텐츠를 쉽게 제작할 수 있다. 예를 들어, 미드저니(MidJourney)와 같은 AI 도구는 텍스트 입력만으로 고품질의 이미지를 자동으로 생성하며 이를 광고 영상에 삽입할 수 있다. 이러한 자동화된 이미지 생성 과정은 디자이너의 수작업을 대체하며 시간과 비용을 크게 절감시킨다.

[그림5] AI가 영상 제작에서 어떻게 자동화된 이미지 및 영상 클립 생성을 돕고 다양한 스타일을 실험할 수 있게 하는 과정을

또한 AI 기반 영상 편집 도구는 자동으로 영상 클립을 분류하고 가장 적합한 장면을 선택해 편집하는 기능을 제공한다. 이는 전통적인 영상 편집에서 소요되던 많은 시간과 노력을 줄여 주며 더 짧은 시간 안에 완성도 높은 영상을 제작할 수 있게 해 준다.

AI 도구는 단순한 자동화 외에도 창의적인 비주얼 실험을 가능하게 한다. 광고 영상에서는 시각적 표현이 매우 중요한데, AI는 다양한 스타일 옵션과 효과를 제공해 사용자가 다양한 스타일을 실험할 수 있게 해준다. 예를 들어, AI를 통해 미래지향적인 디자인이나 고전적인 빈티지 스타일 등 여러 가지 스타일을 빠르게 적용할 수 있으며 그 결과물을 바로 시각화할 수 있다.

이는 디자이너의 창의적 가능성을 확장시키는 동시에 효과적인 비주얼 스토리텔링을 지원한다. 광고 제작자는 다양한 스타일을 테스트하면서 브랜드에 가장 적합한 시각적 전략을 빠르게 결정할 수 있다. 또한 AI는 사용자가 선호하는 스타일을 학습하고 그에 맞춘 이미지를 자동으로 생성할 수 있어, 브랜드 일관성을 유지하면서도 창의적인 비주얼 콘텐츠를 제작할 수 있다.

AI 도구는 영상 제작 과정에서 작업 속도를 크게 향상시킬 수 있다. 이미지 생성, 편집, 영상 클립 정리 등 많은 시간이 소요되던 작업을 자동화해 빠르게 처리할 수 있다. 이를 통해 광고 제작자는 더 많은 시간과 에너지를 창의적인 작업에 집중할 수 있으며 짧은 시간 안에 고품질의 결과물을 만들어낼 수 있다.

[그림6] AI 도구가 영상 제작에서 속도, 비용 절감, 창의성을 증진시키는 모습

또한 AI 도구는 제작 비용을 절감하는 데도 크게 기여를 한다. 전통적으로 영상 제작은 고비용의 인력과 장비가 필요했지만, AI는 많은 작업을 자동화하고 디지털 방식으로 처리함으로써 비용을 줄일 수 있다. 이는 특히 중소기업이나 스타트업과 같이 제한된 예산으로 광고를 제작해야 하는 경우 매우 유용하다.

AI 도구는 제작자가 다양한 스타일과 비주얼 효과를 실험할 수 있는 창의적 기회를 제공한다. 광고 제작자들은 AI를 통해 다양한 시각적 요소를 빠르게 시도할 수 있으며 이는 기존에 없던 새로운 스타일과 혁신적인 아이디어를 구현하는 데 큰 도움을 준다. AI는 기술적 작업을 대신 처리함으로써 제작자가 창의적인 작업에 더욱 집중할 수 있도록 도와준다.

1) 기업 CF 제작의 흐름과 트렌드

기업 CF(Commercial Film)는 기업의 제품이나 서비스를 홍보하고 브랜드 이미지를 구축하는 중요한 마케팅 수단이다. 전통적으로 CF 제작은 기획, 촬영, 편집 등의 과정을 거쳐 완성되며 많은 시간과 자원이 투입됐다. 그러나 디지털 기술의 발전과 함께 CF 제작의 방식에도 큰 변화가 생겼다.

최근 트렌드 중 하나는 디지털 전환이다. 기업들은 온라인 광고 플랫폼과 소셜 미디어의 급성장에 따라 더 짧고 임팩트 있는 영상을 제작하고 있다. 또한 개인화 된 콘텐츠에 대한 수요가 증가하면서 소비자의 데이터를 기반으로 맞춤형 CF를 제작하는 방식이 주목받고 있다. 이러한 흐름 속에서 AI는 CF 제작을 혁신하는 주요 기술로 자리 잡고 있다. AI를 활용한 영상 제작은 단순한 편집 자동화를 넘어 이미지 생성, 스토리보드 제작, 음성 합성 등 다양한 영역에서 활용되고 있다.

[그림7] 기업 CF 제작의 흐름과 디지털 전환에 따른 최신 트렌드

2) AI를 활용한 영상 제작의 혁신

AI의 도입은 CF 제작 과정에 큰 변화를 가져왔다. 과거에는 수작업으로 진행되던 이미지와 영상 편집, 색 보정 등의 작업을 AI가 자동으로 처리함으로써 시간과 비용을 절감하고 있다. 특히 AI 기반 이미지 생성 도구인 미드저니(MidJourney)와 같은 기술은 광고 제작자들에게 창의적이고 독창적인 콘텐츠를 만들 수 있는 기회를 제공하고 있다.

AI는 단순한 자동화 도구를 넘어 영상 제작의 초기 단계에서부터 중요한 역할을 하고 있다. 예를 들어, AI를 통해 타겟 고객 분석을 기반으로 한 스토리보드 생성이 가능하며 AI 알고리즘은 고객의 반응 데이터를 분석해 더 효과적인 광고 영상을 제작하는 데 도움을 준다. 이처럼 AI는 기획부터 제작, 편집에 이르는 전 과정에서 CF 제작의 혁신을 주도하고 있다.

3) CF 영상의 목적과 목표 설정

CF 영상은 단순한 정보 전달을 넘어 브랜드 이미지 구축과 제품 홍보라는 중요한 목적을 가진다. 이를 위해서는 명확한 목표 설정이 필수적이다. CF 영상의 목표는 제품을 홍보하거나 소비자에게 감성적으로 접근해 브랜드에 대한 긍정적인 인식을 심어주는 데 있다.

또한 CF 영상은 다양한 마케팅 목표에 맞춰 제작될 수 있다. 예를 들어, 신제품 출시를 홍보하거나 브랜드 충성도를 높이기 위한 영상이 필요할 수 있다. 이러한 목표에 맞춰 CF 영상을 기획하는 과정에서 AI 도구는 소비자 데이터를 분석하고 타깃팅 된 메시지를 생성하는 데 중요한 역할을 한다.

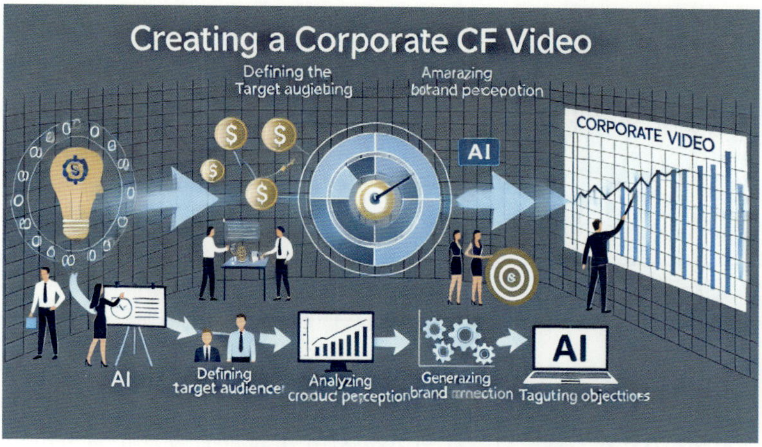

[그림8] CF 영상 제작에서 명확한 목표 설정

4) 미드저니와 같은 AI 도구가 CF 제작에 미치는 영향

미드저니는 AI 기술을 활용해 고품질의 이미지를 신속하게 생성할 수 있는 도구로, CF 제작에 혁신적인 변화를 가져오고 있다. 특히 미드저니는 브랜드 정체성을 반영한 맞춤형 이미지를 제작하는 데 강점을 갖고 있다. 이를 통해 기업은 CF 영상에서 브랜드의 고유한 가치를 시각적으로 전달할 수 있다.

미드저니는 CF 제작 과정에서 창의적인 아이디어 구현을 더 빠르고 정확하게 할 수 있도록 돕는다. 전통적인 방식으로는 시간과 비용이 많이 소요됐던 이미지 작업을 미드저니가 자동화함으로써, 제작 시간 단축과 비용 절감이라는 두 마리 토끼를 잡을 수 있게 한다. 또한 다양한 스타일 옵션을 제공해 특정 타깃층에 맞춘 CF 영상을 더욱 효과적으로 제작할 수 있다.

AI 도구인 미드저니의 도입은 CF 제작의 전반적인 프로세스에 효율성을 더할 뿐만 아니라 창의적이고 독창적인 결과물을 만들어낼 수 있도록 돕는 중요한 요소가 되고 있다.

3. 미드저니의 기본 개념

1) 미드저니란 무엇인가?

미드저니(MidJourney)는 AI 기반의 이미지 생성 도구로 사용자의 텍스트 입력을 바탕으로 다양한 이미지를 자동으로 생성해주는 플랫폼이다. 사용자는 미드저니를 통해 특별한 그래픽 디자인 기술 없이도 고품질의 이미지를 만들 수 있으며 이 도구는 광고 마케팅, 디자인, 예술 등 다양한 분야에서 활용된다. 미드저니는 딥러닝(Deep Learning) 기술을 기반으로 하며 사용자의 입력 데이터와 학습된 데이터를 결합해 가장 적합한 이미지를 제안한다.

특히 미드저니는 사용자가 구체적인 요구 사항을 반영한 이미지나 스타일을 설정할 수 있다는 점에서 차별화된다. 이를 통해 기업 CF 제작에서의 활용도가 높아지고 있으며 브랜드 아이덴티티에 맞는 맞춤형 이미지를 손쉽게 제작할 수 있게 된다.

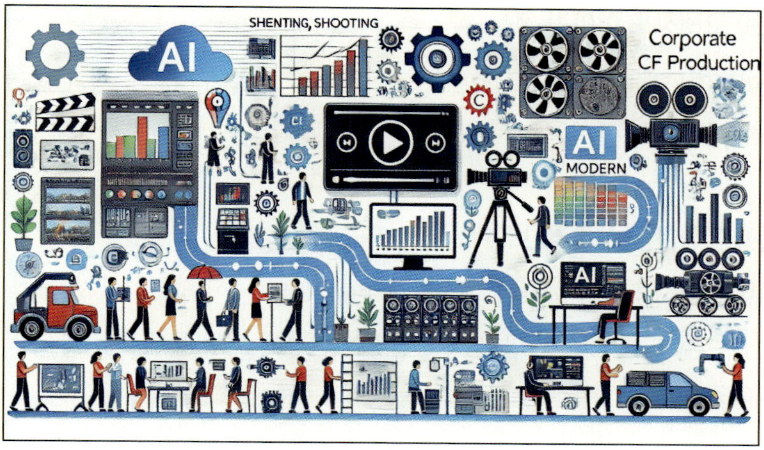

[그림9] 광고 마케팅, 디자인 등의 다양한 분야에서 활용

2) 미드저니의 핵심 기능 개요

미드저니는 다양한 핵심 기능을 제공해 사용자가 원하는 이미지를 효율적으로 생성할 수 있도록 돕는다. 주요 기능으로는 다음과 같다.

(1) 텍스트 기반 이미지 생성

사용자가 입력한 텍스트를 바탕으로 이미지를 생성하는 가장 기본적인 기능이다. 예를 들어, '해 질 녘 해변에서 산책하는 사람'이라는 문장을 입력하면 미드저니는 이를 해석해 관련된 이미지를 생성한다.

(2) 스타일 지정 옵션

사용자는 특정 스타일이나 색상을 미리 지정해 이미지의 분위기와 톤을 조정할 수 있다. 예를 들어, 빈티지 스타일, 모던 스타일 등 다양한 스타일로 이미지를 제작할 수 있다.

(3) 고해상도 이미지 생성

미드저니는 기본적으로 고해상도 이미지를 생성해 광고나 마케팅 콘텐츠로 바로 사용할 수 있을 정도의 품질을 제공한다.

(4) 다양한 해상도 및 비율 설정

사용자는 자신이 필요한 해상도와 비율에 맞는 이미지를 생성할 수 있다. 이는 CF 제작 시 다양한 디스플레이 환경에 맞는 콘텐츠를 제작할 때 유용하다.

3) 이미지 생성 원리와 알고리즘 이해

미드저니의 이미지 생성은 딥러닝 알고리즘에 기반한다. 이 알고리즘은 대규모 데이터셋을 학습해 이미지와 텍스트 간의 관계를 이해하며 입력된 텍스트를 바탕으로 관련 이미지를 생성하는 과정을 수행한다. 이 과정에서 AI는 입력된 단어들을 분석하고 그에 맞는 이미지 패턴을 찾아내어 사용자에게 적합한 이미지를 생성한다.

미드저니의 이미지 생성 과정은 크게 세 가지 단계로 나눌 수 있다.

(1) 텍스트 해석 단계

사용자가 입력한 텍스트를 AI가 분석해, 어떤 이미지를 생성해야 할지 결정하는 단계이다. 이때 AI는 텍스트 내의 키워드와 문맥을 분석해 그 의미를 파악한다.

(2) 데이터 매칭 단계

AI가 학습한 데이터셋에서 텍스트와 관련된 이미지 패턴을 찾아내고 이를 기반으로 이미지의 기본 구조를 형성한다.

(3) 이미지 생성 및 수정 단계

기본 구조가 형성되면 AI는 이를 기반으로 실제 이미지를 생성하며 필요에 따라 사용자가 수정할 수 있는 옵션을 제공한다.

이 알고리즘은 매번 다른 결과를 도출할 수 있으며 사용자의 요구에 따라 반복적으로 이미지를 재생성할 수 있다.

4) 기본 이미지 생성 실습

미드저니의 기본 이미지 생성 실습은 매우 간단하다. 다음은 미드저니에서 이미지를 생성하는 기본적인 절차다

(1) 텍스트 입력

먼저 미드저니 플랫폼에 접속한 후 원하는 이미지와 관련된 텍스트를 입력한다. 예를 들어 '산속에서 아침 햇살을 받는 나무'와 같은 구체적인 문장을 작성한다.

(2) 스타일 선택

텍스트를 입력한 후 원하는 이미지 스타일이나 옵션을 선택할 수 있다. 빈티지 스타일, 자연적인 색감, 따뜻한 톤 등 사용자가 선호하는 스타일을 추가로 설정한다.

(3) 이미지 생성

설정이 완료되면 미드저니는 입력된 텍스트와 스타일을 바탕으로 이미지를 생성한다. 생성된 이미지는 몇 분 내에 완성되며 고해상도로 제공된다.

(4) 수정 및 재생성

결과물이 마음에 들지 않거나 추가적인 변경이 필요하다면 텍스트를 수정하거나 스타일을 바꿔 재생성할 수 있다.

이러한 실습을 통해 사용자는 미드저니의 기본적인 기능을 익힐 수 있으며 이를 CF 제작에 효과적으로 응용할 수 있게 된다.

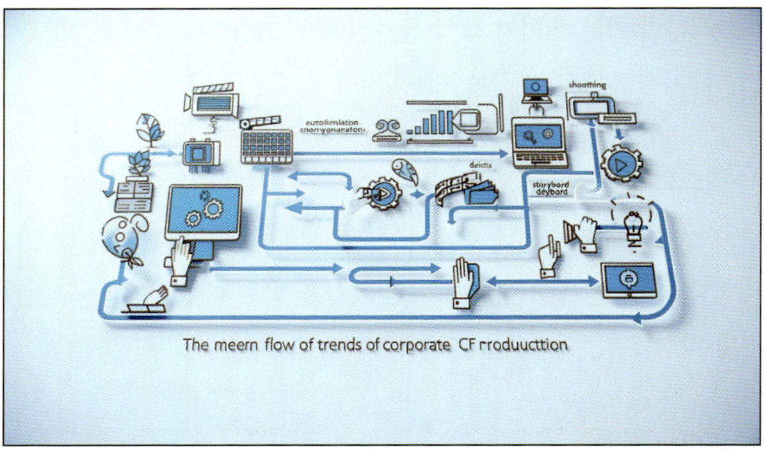

[그림10] 기본 이미지 생성 과정

4. 미드저니 고급 기능 심화

1) 고급 이미지 생성 옵션 활용법

미드저니는 사용자가 보다 정교하고 세부적인 이미지를 생성할 수 있도록 다양한 고급 이미지 생성 옵션을 제공한다. 이러한 옵션들은 기본적인 이미지 생성 기능을 뛰어넘어, 더욱 창의적이고 독창적인 콘텐츠를 제작하는 데 도움을 준다. 주요 고급 이미지 생성 옵션으로는 다음과 같은 것들이 있다

(1) 해상도 조절 옵션

미드저니는 기본적으로 고해상도 이미지를 생성하지만, 고급 옵션을 통해 해상도를 직접 설정하거나 원하는 비율로 이미지를 조정할 수 있다. 이는 다양한 디지털 환경에서 이미지를 사용할 때 유용하다.

(2) 텍스처와 세부 묘사 설정

사용자는 이미지에 추가적인 텍스처를 부여하거나 세부 묘사를 강화할 수 있다. 이를 통해 보다 사실적이거나 예술적인 느낌을 주는 이미지를 만들 수 있다.

(3) 명도 및 대비 조정

명도와 대비를 미세하게 조절할 수 있는 기능을 활용해 이미지의 밝기와 색상 조화를 자유롭게 조정할 수 있다. 이는 특정 분위기를 강조하거나, 브랜드 색상에 맞춘 이미지를 제작할 때 유용하다. 이러한 고급 옵션을 적극 활용하면 사용자들은 자신이 원하는 이미지의 완성도를 높일 수 있으며 기업의 브랜딩 및 광고 요구에 맞춘 정교한 콘텐츠를 제작할 수 있다.

2) 커스텀 스타일과 템플릿 만들기

미드저니의 또 다른 강력한 기능은 커스텀 스타일과 템플릿을 만드는 기능이다. 커스텀 스타일을 통해 사용자는 자신만의 독특한 이미지 스타일을 개발할 수 있으며 이를 템플릿으로 저장해 반복적으로 사용할 수 있다.

(1) 커스텀 스타일 만들기

사용자는 자신만의 스타일을 정의할 수 있다. 예를 들어, 브랜드의 아이덴티티에 맞춰 특정 색상, 질감, 또는 분위기를 반영한 스타일을 만들 수 있으며 이 스타일을 다양한 광고 이미지에 적용할 수 있다. 이는 브랜드 일관성을 유지하는 데 큰 도움이 된다.

(2) 템플릿 활용하기

템플릿 기능은 반복적으로 사용해야 하는 이미지 유형을 미리 설정해 두는 데 유용하다. 예를 들어, 계절별 프로모션에 맞춘 광고 템플릿을 미리 만들어 두면 이후 같은 템플릿을 활용해 빠르게 새로운 이미지를 제작할 수 있다. 템플릿은 CF 제작의 시간을 단축시키고 일정한 품질을 유지하는 데 기여한다.

커스텀 스타일과 템플릿 기능을 잘 활용하면 미드저니는 단순한 이미지 생성 도구를 넘어 브랜드 고유의 스타일을 구축하는 데 필수적인 도구가 될 수 있다.

3) 프로페셔널 이미지 품질 향상을 위한 팁과 트릭

미드저니에서 생성한 이미지를 더 프로페셔널하게 보이게 하는 여러 팁과 트릭이 있다. 고급 사용자는 이러한 팁들을 적용해 이미지의 품질을 더욱 향상시킬 수 있다.

(1) 이미지 후처리

미드저니에서 생성한 이미지는 높은 품질을 제공하지만 후처리 작업을 통해 더욱 완성도를 높일 수 있다. 이미지 편집 소프트웨어를 활용해 색 보정, 그림자 추가, 디테일 강화 등을 진행하면 최종 이미지가 더욱 세련된 느낌을 줄 수 있다.

(2) 레이어 활용

미드저니에서 생성된 이미지를 레이어 방식으로 활용하면 이미지의 각 부분을 개별적으로 편집할 수 있어 더 정교한 작업이 가능하다. 이를 통해 광고의 주제나 메시지를 명확히 강조할 수 있다.

(3) 피드백 기반 수정

미드저니는 생성된 이미지를 피드백에 따라 계속 수정할 수 있는 기능을 제공한다. 이 기능을 적극적으로 활용해 여러 차례의 반복 작업을 거쳐 원하는 완벽한 이미지를 얻을 수 있다.

이러한 팁과 트릭을 활용하면 미드저니에서 생성된 이미지가 보다 완성도 높은 프로페셔널한 결과물로 거듭나게 된다.

4) 다양한 산업 분야에 적용 가능한 이미지 제작 방법

미드저니는 다양한 산업 분야에서 활용될 수 있는 맞춤형 이미지 제작을 지원한다. 각 산업의 특성에 맞는 이미지를 제작하는 방법은 다음과 같다.

(1) 패션 및 뷰티 산업

패션 및 뷰티 브랜드는 미드저니를 활용해 트렌디한 제품 이미지나 광고 이미지를 제작할 수 있다. 예를 들어, 새로운 패션 컬렉션을 홍보하는 이미지를 미드저니로 빠르게 생성하고 세부 텍스처나 색상을 조정해 브랜드 고유의 스타일을 표현할 수 있다.

(2) 자동차 산업

자동차 브랜드는 차량의 특성을 강조하는 광고 이미지를 미드저니로 제작할 수 있다. 고급 텍스처와 광택을 설정해 차량의 디자인과 성능을 시각적으로 강조하는 이미지를 만들어낼 수 있다.

(3) 음식 및 요식업

음식 이미지는 특히 감각적인 요소를 강조해야 한다. 미드저니를 통해 생생한 색감과 디테일을 가진 음식 이미지를 제작하고 레스토랑이나 카페의 브랜딩에 맞춘 스타일을 반영할 수 있다.

이처럼 미드저니는 다양한 산업의 요구를 반영해 맞춤형 이미지를 생성할 수 있으며 이를 통해 각 분야의 광고와 마케팅에 크게 기여할 수 있다.

5. 기업 CF 영상에서의 미드저니 활용 전략

1) 브랜드 정체성을 반영한 이미지 제작

CF 영상에서 가장 중요한 요소 중 하나는 '브랜드 정체성'을 명확하게 전달하는 것이다. 미드저니는 브랜드의 정체성을 시각적으로 표현하는 데 매우 유용한 도구로 활용될 수 있다. 이를 위해 먼저 브랜드의 핵심 가치와 비전을 명확히 파악해야 한다. 예를 들어, 친환경적 브랜드라면 자연을 상징하는 색감과 유기적인 디자인 요소를 강조한 이미지를 생성하는 것이 효과적이다. 반면, 첨단 기술 기업이라면 미래지향적이고 세련된 이미지를 통해 혁신적인 이미지를 강조할 수 있다.

미드저니는 맞춤형 이미지 생성 기능을 통해 브랜드가 원하는 스타일을 반영한 이미지를 제공한다. 브랜드 로고나 주요 색상, 시각적 아이덴티티 등을 일관되게 유지하면서도 창의적이고 독창적인 이미지를 만들어낼 수 있다. 이를 통해 소비자에게 브랜드의 핵심 메시지를 시각적으로 전달할 수 있으며 영상 속에서 브랜드의 이미지가 더욱 강력하게 각인된다.

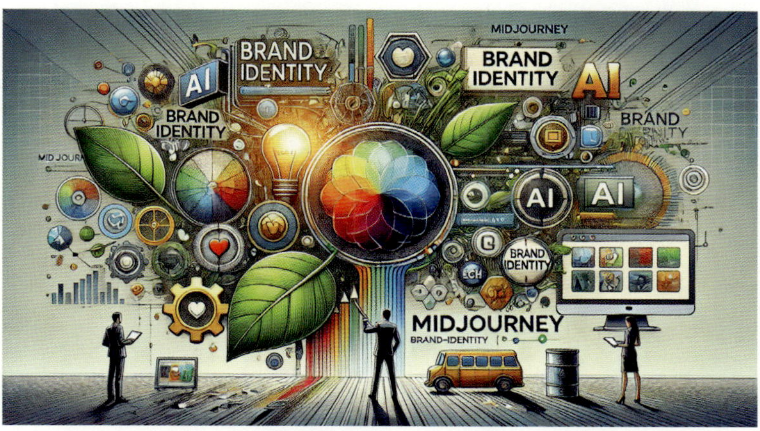

[그림11] 미드저니를 통해 브랜드 정체성을 반영

2) 타겟 고객층 분석을 통한 이미지 스타일링

CF 영상에서 타겟 고객층 분석은 매우 중요한 요소다. 미드저니를 활용해 타겟 고객층의 선호도와 관심사를 반영한 이미지를 제작할 수 있다. 예를 들어, 젊은 세대를 겨냥한 CF 영상에서는 트렌디하고 다이나믹한 이미지 스타일이 적합할 수 있으며 중년층을 대상으로 하는 경우에는 차분하고 고급스러운 이미지 스타일을 선택할 수 있다.

이를 위해 먼저 타겟 고객의 성향을 파악하고 그에 맞는 이미지 스타일링 전략을 세워야 한다. 미드저니는 다양한 스타일 옵션을 제공하며 사용자에게 맞춤형 스타일링이 가능하도록 지원한다. 고객의 취향과 시장 트렌드를 분석해 그에 맞는 이미지 스타일을 선택하고 적합한 시각적 요소를 활용하는 것이 중요하다.

3) 광고 및 홍보 영상에서의 AI 이미지 활용법

AI 기반 이미지 생성 도구인 미드저니는 광고 및 홍보 영상에서 매우 창의적이고 효율적으로 활용될 수 있다. 광고 영상은 짧은 시간 안에 강렬한 인상을 남겨야 하며 미드저니는 이를 가능하게 하는 도구로써 아래와 같은 방식으로 활용될 수 있다.

(1) 비주얼 스토리텔링 강화

미드저니를 통해 광고의 메시지를 강화할 수 있는 비주얼을 빠르게 생성할 수 있다. 예를 들어, 감성적인 광고에서는 미드저니가 감성적인 분위기를 전달할 수 있는 이미지를 생성해준다. 또한 추상적인 개념을 시각적으로 표현하는 데 강점이 있다.

(2) 이미지 수정 및 재생성

미드저니는 생성된 이미지를 쉽게 수정하고 재생성할 수 있기 때문에 광고 영상 제작 시 다양한 시도와 실험이 가능하다. 이는 다양한 아이디어를 빠르게 시각화할 수 있다는 점에서 매우 큰 장점이다.

(3) 브랜드의 고유 메시지 시각화

광고 및 홍보 영상은 브랜드가 전달하고자 하는 메시지를 시각적으로 표현하는 것이 핵심이다. 미드저니를 통해 브랜드의 고유한 가치나 철학을 시각적으로 전달할 수 있으며 그 결과물은 소비자에게 강력한 인상을 남길 수 있다.

[그림12] 광고 및 홍보 영상에서 비주얼 스토리 텔링을 강화

4) 성공적인 CF 영상 사례 분석

성공적인 CF 영상 사례를 분석하는 것은 미드저니를 효과적으로 활용하는 데 큰 도움이 된다. 특히 AI를 활용한 CF 영상 중에서 창의적이고 효

과적인 마케팅 사례를 살펴보면, 미드저니와 같은 도구가 어떻게 광고의 품질을 높이고 효과를 극대화하는지 알 수 있다.

(1) 사례 1

브랜드의 감성을 담은 CF 영상: 한 패션 브랜드는 미드저니를 통해 감성적인 이미지를 생성해 젊은 세대를 겨냥한 CF 영상을 제작했다. 이 영상은 브랜드의 정체성을 시각적으로 잘 표현한 이미지와 현대적인 느낌을 강조해 소비자들에게 깊은 인상을 남겼다.

(2) 사례 2

혁신적인 기술을 강조한 CF 영상: 첨단 기술을 자랑하는 한 IT 기업은 미드저니를 활용해 미래지향적인 이미지를 제작하고 이를 통해 혁신적인 기술력을 강조하는 CF 영상을 제작했다. 결과적으로 소비자들에게 첨단 기술 기업이라는 인식을 심어주고 긍정적인 브랜드 이미지를 구축했다.

(3) 사례 3

고객의 감성을 자극하는 스토리텔링 CF: 한 식품 브랜드는 고객의 감성을 자극하는 스토리텔링을 기반으로 한 CF 영상을 제작했다. 미드저니를 활용해 따뜻한 이미지와 감성적인 분위기를 시각적으로 표현해 고객의 공감을 이끌어냈다. 이는 매출 상승과 함께 브랜드 충성도를 높이는 데 기여했다.

이처럼 성공적인 CF 영상의 사례를 통해 미드저니의 다양한 활용법을 이해하고 이를 기업의 CF 제작에 적용할 수 있다.

6. 미드저니와 AI를 활용한 실전 프로젝트

1) 프로젝트 기획 및 목표 설정

성공적인 CF 영상을 제작하기 위해서는 철저한 기획과 명확한 목표 설정이 필수적이다. 프로젝트 기획 단계에서는 기업의 브랜드 목표와 마케팅 전략을 기반으로 한 구체적인 목표를 수립해야 한다. 이를 위해 다음과 같은 질문들을 고려해야 한다.

- 이 CF 영상의 목적은 무엇인가? (브랜드 이미지 강화, 신제품 홍보 등)
- 타깃 고객은 누구인가? (연령대, 성별, 관심사 등)
- 어떤 메시지를 전달할 것인가? (제품의 강점, 브랜드 스토리 등)
- 어떤 분위기나 감정을 이끌어내고 싶은가? (감성적, 혁신적, 유쾌함 등)

이러한 질문들에 답하면서 프로젝트의 방향성을 설정하고 각 단계에서 목표가 명확하게 잡히도록 해야 한다. 이 과정에서 AI 도구인 미드저니가 어떻게 활용될 수 있을지 미리 고려해두는 것이 중요하다.

2) AI 기반 스토리보드 제작

스토리보드는 영상의 구체적인 장면 구성을 시각적으로 계획하는 과정이다. 미드저니와 같은 AI 도구는 스토리보드 제작에서 강력한 도구로 활용될 수 있다. 사용자는 텍스트 입력만으로 다양한 장면을 시각화할 수 있으며 이를 통해 스토리의 흐름과 분위기를 미리 확인할 수 있다.

(1) 장면 구성

먼저 각 장면에서 전달하고자 하는 메시지를 정리하고 그에 맞는 시각적 요소를 미드저니를 통해 생성한다. 예를 들어, '도시 속에서 혁신적인 제품을 사용하는 장면'이라는 설정을 텍스트로 입력하면, 미드저니는 해당 장면을 빠르게 시각화해 준다.

(2) 시각적 스타일 결정

스토리보드 제작 과정에서 AI는 특정 시각적 스타일이나 분위기를 시각화하는 데 유용하다. 미드저니는 다양한 스타일 옵션을 제공하므로 특정 장면에 맞는 색감과 질감을 선택해 더 구체적이고 생생한 스토리보드를 제작할 수 있다.

AI 기반 스토리보드는 전통적인 방식보다 더 빠르고 효율적으로 제작할 수 있으며 프로젝트의 진행 속도를 크게 높일 수 있다.

3) 미드저니로 이미지 생성 및 편집

프로젝트의 핵심 단계는 미드저니를 활용한 이미지 생성 및 편집이다. 이 단계에서 사용자는 CF 영상에 필요한 주요 이미지를 생성하고 이를 편집해 최종 영상에 맞는 형태로 만들어야 한다.

(1) 이미지 생성

텍스트 입력을 통해 필요한 이미지를 생성한다. 예를 들어, '따뜻한 조명 아래에서 제품을 사용하는 사람의 모습'이라는 문장을 입력하면, 미드저니가 해당 이미지를 빠르게 생성해준다. 필요에 따라 여러 옵션을 조정해 스타일을 세밀하게 조정할 수 있다.

(2) 이미지 편집

생성된 이미지는 미드저니 내에서 또는 추가적인 이미지 편집 소프트웨어를 활용해 수정할 수 있다. 예를 들어, 브랜드 색상에 맞춰 색 보정을 하거나 추가적인 그래픽 요소를 넣어 이미지의 완성도를 높일 수 있다.

이 과정에서 중요한 것은 일관성 유지다. CF 영상은 하나의 스토리로 연결돼야 하므로 각 이미지가 브랜드 정체성과 스타일에 일관되도록 조정하는 것이 중요하다.

4) 최종 영상에 이미지 통합하기

이미지 생성과 편집이 완료되면, 이제 생성된 이미지를 최종 영상에 통합하는 과정이 남는다. 이 단계에서는 미드저니로 생성한 이미지를 영상의 흐름과 맞춰 자연스럽게 연결해야 한다.

(1) 이미지와 영상의 조화

CF 영상은 이미지와 영상이 조화를 이뤄야 한다. 미드저니에서 생성한 이미지가 영상의 흐름을 방해하지 않도록 적절한 타이밍에 배치하고 전환 효과를 부드럽게 처리하는 것이 중요하다. 또한 영상의 톤과 분위기와 이미지가 일치하도록 색상과 명암을 조정해야 한다.

(2) 애니메이션 효과 적용

정적 이미지가 아닌 동적인 요소를 더해 더욱 생동감 있는 영상을 만들 수 있다. 예를 들어, 미드저니에서 생성된 이미지를 기반으로 한 애니메이션 효과를 추가하거나, 텍스트와 결합해 더 강렬한 메시지를 전달할 수 있다.

(3) 음악과 음성

CF 영상에서는 시각적 요소뿐만 아니라 음향도 매우 중요하다. 미드저니에서 생성한 이미지를 배경으로 적절한 음악이나 내레이션을 추가해 영상의 완성도를 높인다.

이렇게 미드저니에서 생성된 이미지를 최종 영상에 통합하면 기업의 브랜드 메시지와 일치하는 강렬한 CF 영상을 완성할 수 있다. 미드저니를 통해 생성된 이미지는 영상의 흐름을 시각적으로 풍부하게 하고 브랜드 이미지를 명확하게 전달하는 데 중요한 역할을 한다.

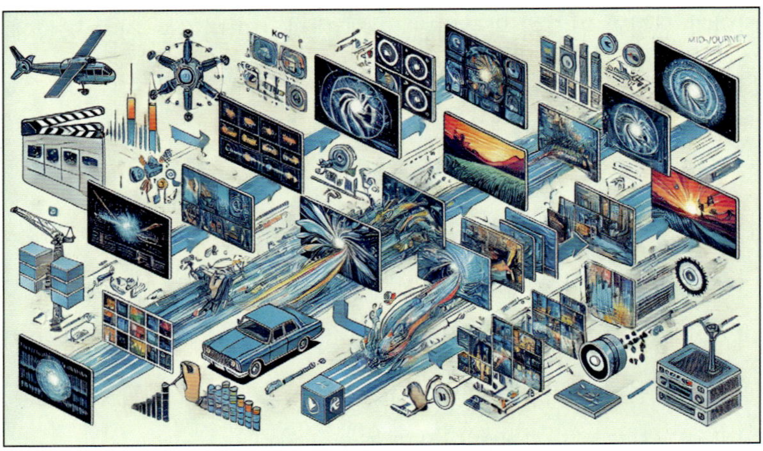

[그림13] 종 영상에 자연스럽게 통합하는 과정

7. AI 도구를 통한 효율적인 영상 제작 관리

1) AI 도구와 협업하는 워크플로우

AI 도구를 활용한 영상 제작 과정에서는 효율적인 '워크플로우' 관리가 핵심이다. 미드저니와 같은 AI 도구를 사용하면 전통적인 영상 제작보다 훨씬 빠르고 효과적으로 작업을 진행할 수 있다. AI 도구와 협업하는 워크플로우는 다음과 같은 단계를 거친다.

(1) 초기 기획 및 아이디어 구상

프로젝트 시작 단계에서 AI는 초기 아이디어 구상에 도움을 줄 수 있다. 예를 들어, 미드저니는 텍스트 기반 입력을 통해 영상의 시각적 콘셉트를 빠르게 구상할 수 있게 해준다. 이 과정에서 팀원들 간의 아이디어 공유도 용이해진다.

(2) 스토리보드 및 시각적 요소 제작

AI 도구를 사용하면 스토리보드 제작 과정에서 시각적 요소를 빠르게 구현할 수 있다. 미드저니로 각 장면에 맞는 이미지를 빠르게 생성하고 이를 스토리보드에 반영함으로써 구체적인 비주얼 플랜을 세울 수 있다.

(3) 이미지 및 영상 생성

AI 도구를 통해 필요한 이미지나 비디오 클립을 생성한다. 이 과정에서 AI는 반복적인 작업을 자동화하고 수작업으로는 시간이 많이 걸릴 작업을 빠르게 해결할 수 있다.

(4) 피드백 및 수정 작업

AI 도구는 피드백을 반영해 이미지를 수정하거나 재생성할 수 있는 기능을 제공한다. 이를 통해 실시간으로 작업 결과를 수정하고 개선할 수 있으며 팀 간의 협업을 강화할 수 있다.

(5) 최종 통합 및 편집

최종적으로 AI가 생성한 이미지와 영상을 편집 도구와 통합해 완성된 CF 영상을 제작한다. 이 과정에서 AI는 영상 편집 속도를 높이고 영상의 품질을 자동으로 개선할 수 있는 기능을 제공한다.

이러한 워크플로우는 팀의 효율성을 극대화하며 AI 도구가 반복적인 작업을 자동화해주므로 창의적인 작업에 더 많은 시간을 할애할 수 있게 된다.

2) 작업 속도와 품질을 높이는 팁

AI 도구를 활용하면 영상 제작의 작업 속도와 품질을 동시에 높일 수 있는 여러 가지 방법이 있다. 다음은 미드저니와 같은 AI 도구를 사용할 때 작업의 효율성을 극대화할 수 있는 팁들이다.

(1) 자동화된 반복 작업 활용

미드저니와 같은 AI 도구는 반복적인 작업을 자동으로 처리해 준다. 예를 들어, 비슷한 스타일의 여러 이미지를 만들어야 할 때 AI 도구를 사용하면 매우 빠르게 작업을 진행할 수 있다. 이를 통해 불필요한 시간을 절약할 수 있다.

(2) 작업 템플릿 사용

앞서 설명한 커스텀 템플릿 기능을 사용하면 동일한 스타일이나 형식을 자주 사용해야 하는 경우 시간을 대폭 절약할 수 있다. AI가 미리 설정된 템플릿을 기반으로 빠르게 이미지를 생성하므로 일관된 품질을 유지하면서도 작업 속도를 높일 수 있다.

(3) 피드백 기반의 신속한 수정

AI 도구는 피드백을 빠르게 반영할 수 있다. 프로젝트 팀원이나 클라이언트의 피드백을 즉각 반영해 수정 작업을 진행할 수 있으며 미드저니는 수정된 요구 사항에 맞는 새로운 이미지를 생성하는 데 걸리는 시간을 크게 단축시킨다.

(4) 이미지와 영상의 일관성 유지

AI 도구를 사용하면 여러 시각적 요소를 동일한 스타일로 생성할 수 있어 영상의 일관성을 유지하기 쉽다. 이는 최종 영상의 품질을 높이는 데 크게 기여하며 시청자에게 전문적이고 통일된 인상을 남긴다.

(5) 고해상도 및 최적화된 파일 생성

미드저니는 기본적으로 고해상도 이미지를 생성하지만 필요에 따라 AI 도구를 활용해 파일 크기나 해상도를 최적화할 수 있다. 이로 인해 다양한 디지털 플랫폼에 맞는 최적화된 콘텐츠를 제작할 수 있으며 고화질을 유지하면서도 로딩 속도를 개선할 수 있다.

이러한 팁들을 활용하면 작업 속도를 획기적으로 높일 수 있으며 동시에 높은 품질의 결과물을 지속적으로 만들어낼 수 있다. 미드저니와 같은 AI 도구는 영상 제작 과정에서 창의성과 생산성을 모두 향상시켜 줄 것이다.

8. 미드저니를 통한 이미지 제작의 미래

1) AI 이미지 제작 기술의 발전 전망

AI 이미지 제작 기술은 빠른 속도로 발전하고 있으며 그 가능성은 무궁무진하다. 현재의 AI 도구들은 텍스트 입력을 통해 이미지를 생성하는 단계를 넘어, 사용자와 더 상호작용하고 창의적인 요구에 맞춘 이미지를 즉시 제공하는 방향으로 발전하고 있다. 미래의 AI 이미지 제작 기술은 더 정교한 생성과 개인화된 스타일링을 가능하게 할 것이다.

(1) 정교한 이미지 생성

앞으로의 AI 도구는 더욱 세밀한 세부 묘사와 현실감 있는 이미지를 제공할 수 있을 것이다. 예를 들어, 현재 AI는 실사와 같은 이미지를 생성하는 데 한계가 있지만, 미래에는 더욱 사실적인 이미지와 자연스러운 질감을 제공하는 기술로 발전할 것으로 예상된다.

(2) 실시간 협업 및 맞춤화

AI 도구는 실시간으로 피드백을 받아 사용자 요구에 맞춰 이미지를 수정하고 개인화된 스타일을 반영하는 기능이 더 강화될 것이다. 또한 여러 사용자와의 동시 협업도 가능해져 팀 작업이 더욱 효율적으로 이뤄질 전망이다.

(3) 3D 이미지 및 AR/VR

2D 이미지를 넘어서 3D 이미지 생성과 증강현실(AR) 및 가상현실(VR) 콘텐츠 제작에 활용될 가능성도 크다. 이는 특히 광고 및 CF 영상 제작 분야에서 실감형 콘텐츠를 만드는 데 중요한 역할을 할 것이다.

AI 이미지 제작 기술의 이러한 발전은 기업 CF 영상 제작뿐만 아니라 다양한 산업에서 창의적이고 혁신적인 콘텐츠를 생산하는 데 크게 기여할 것이다.

[그림14] AI 이미지 제작 기술의 미래 발전

2) AI 영상 제작 기술과 산업의 변화

AI를 활용한 영상 제작 기술은 기존의 제작 방식에 큰 변화를 가져오고 있으며 앞으로 더 급격한 혁신을 이끌어 낼 것이다. 미드저니와 같은 AI 도구는 영상 제작의 전 과정에서 효율성을 극대화할 뿐만 아니라 창의적인 영상 제작의 경계를 넓히고 있다.

(1) 자동화된 영상 편집

AI는 영상 편집 과정에서도 혁신을 일으키고 있다. 기존에는 영상 편집이 많은 시간과 인력이 요구됐지만, AI는 자동으로 편집하고 특정 장면을 선택해 최적화된 결과물을 제공하는 기능을 강화하고 있다. 이는 CF 영상뿐만 아니라 다양한 형태의 광고 영상에서도 큰 장점을 제공할 것이다.

(2) 개인화된 광고 콘텐츠

AI 영상 제작 기술의 발전으로 인해 개별 소비자에게 맞춤형 광고를 제공하는 개인화 광고가 더욱 발전할 전망이다. AI는 소비자 데이터를 분석해 각 타깃층에 맞는 맞춤형 영상 콘텐츠를 자동으로 생성할 수 있다.

(3) AI 기반 실시간 렌더링

고해상도 영상 렌더링을 실시간으로 처리하는 AI 기술이 발전함에 따라 영상 제작에 필요한 시간이 크게 줄어들 것이다. 이는 광고 제작자들이 더 빠르게 결과물을 제공하고 실시간 수정 요청에 신속하게 대응할 수 있는 환경을 만들어 줄 것이다.

이러한 변화는 광고 마케팅, 엔터테인먼트 등 여러 산업 분야에서 새로운 기회를 창출하고 보다 창의적이고 유연한 콘텐츠 제작을 가능하게 할 것이다.

3) 미드저니의 향후 발전 가능성

미드저니는 현재 텍스트 기반 이미지 생성 도구로 큰 인기를 얻고 있지만 앞으로의 발전 가능성은 더욱 크다. 미드저니의 기술은 다음과 같은 방향으로 확장될 수 있다

(1) 다양한 산업에 특화된 도구

미드저니는 앞으로 패션, 건축, 미디어 등 다양한 산업에 특화된 이미지 생성 기능을 제공할 가능성이 크다. 각 산업에 맞춘 특화된 템플릿이나 스타일링 옵션이 제공돼 전문 분야에서 더 깊이 있는 이미지를 생성할 수 있게 될 것이다.

(2) 확장된 사용자 인터페이스

미드저니는 사용자 경험을 더 직관적이고 강력하게 개선할 수 있다. 음성 인식을 통해 이미지를 생성하거나, 더 시각적인 인터페이스를 통해 실시간으로 이미지를 수정하는 등의 기능이 추가될 수 있다.

(3) 크로스 플랫폼 연동

미드저니는 다른 AI 도구나 플랫폼과 더 깊이 연동돼 이미지 생성뿐만 아니라 영상, 애니메이션, 3D 모델링 등 다양한 미디어 콘텐츠 제작에 활용될 가능성이 크다. 이를 통해 더욱 다재다능한 콘텐츠 제작 도구로 발전할 수 있을 것이다.

미드저니의 발전은 단순한 이미지 생성 도구를 넘어서 광고와 CF 영상 제작의 전 과정을 혁신적으로 변화시키는 중요한 역할을 할 것이며, 창의성의 한계를 넘는 도구로 자리 잡을 가능성이 크다.

[그림15] 산업 특화 도구, 확장된 사용자 인터페이스

9. 결론

1) 미드저니와 AI가 가져올 기업 CF 제작의 혁신

미드저니와 같은 AI 도구는 기업 CF 제작에 있어 혁신적인 변화를 불러일으키고 있다. AI 기술을 활용함으로써 기업들은 기존의 한계를 넘어서 더 창의적이고 독창적인 광고 영상을 제작할 수 있게 됐다. 미드저니는 사용자가 입력한 텍스트를 기반으로 맞춤형 이미지를 생성하고 이를 통해 브랜드의 정체성을 반영하는 동시에 타겟 고객층의 선호도에 맞춘 콘텐츠를 제작할 수 있도록 돕는다.

이러한 기술의 도입은 CF 제작의 전반적인 과정에서 시간과 비용을 절감하며 작업의 효율성을 극대화하는 데 큰 기여를 하고 있다. AI는 더 이상 단순한 도구가 아니라 광고 제작의 핵심 파트너로 자리 잡고 있으며, 기업들이 더욱 빠르고 효율적으로 브랜드 메시지를 전달할 수 있게 한다. 이를 통해 브랜드 가치를 극대화하고 고객과의 연결을 강화할 수 있는 혁신적인 CF 제작 방식이 가능하다.

2) AI 기술을 통한 창의성 증진과 효율성 강화

AI 기술의 가장 큰 장점 중 하나는 창의성과 효율성을 동시에 증진시킬 수 있다는 점이다. 과거에는 많은 시간과 자원이 소모됐던 광고 영상 제작 과정에서 AI 도구의 도입으로 인해 작업 속도가 크게 향상됐으며, 동시에 더 창의적인 아이디어를 구현할 수 있는 기회를 제공하고 있다.

미드저니는 광고 제작자들에게 다양한 스타일 옵션과 세밀한 이미지 조정 기능을 제공해 단순한 이미지 생성 이상의 결과물을 만들어낸다. 이를 통해 광고 제작자들은 독창적이고 차별화된 광고를 더 빠르게 제작할 수 있으며, 복잡한 작업을 AI가 자동으로 처리해 줌으로써 창의적인 부분에 더욱 집중할 수 있는 환경을 제공한다.

AI 기술은 앞으로도 지속적으로 발전할 것이며 기업들은 이러한 기술을 효과적으로 활용함으로써 더욱 효율적이고 성공적인 CF 제작을 이룰 수 있을 것이다. 이 책을 통해 독자들이 AI 도구를 활용해 기업 CF 제작에서 창의성과 효율성을 모두 높이는 데 필요한 지식과 기술을 습득했기를 바란다.

[그림16] AI 기술이 광고 제작에서 창의성과 효율성을 동시에 증진

10. 부록

1) 참고 문헌 및 자료

이 책에서 다룬 내용과 관련된 주요 참고 문헌과 자료들을 소개한다. 이 문헌들은 AI 기술과 이미지 제작, CF 영상 제작에 관한 깊이 있는 연구와 실무적 자료들로, 독자들이 더 많은 지식을 쌓는 데 도움이 될 것이다.

① [AI 이미지 생성의 미래], John Smith, 2023. AI 이미지 생성 기술의 발전과 그 미래에 대한 통찰을 제공하며 미드저니와 같은 AI 도구의 원리와 응용 사례를 자세히 다룬다.

② [AI 마케팅과 광고의 혁신], Emily Jones, 2022. 광고 및 마케팅 분야에서 AI가 어떻게 활용되고 있는지 구체적인 사례와 분석을 제공하는 책이다.

③ [미드저니 활용 가이드], Jane Doe, 2023. 미드저니를 처음 사용하는 사람들을 위한 실무 가이드로, 기본 사용법부터 고급 기능까지 자세히 설명한다.

④ [디지털 마케팅에서의 AI 활용], Peter Johnson, 2021. AI가 디지털 마케팅에서 어떻게 적용되고 있는지에 대해 연구한 보고서로, 광고 및 CF 제작과의 연관성을 설명한다.

2) 유용한 미드저니 활용 링크 및 리소스

미드저니와 관련된 다양한 리소스와 참고 링크를 제공해, 독자들이 더 깊이 있게 미드저니를 활용할 수 있도록 돕는다.

① 미드저니 공식 웹사이트: https://www.midjourney.com
② 미드저니 커뮤니티 포럼: 미드저니 사용자들이 서로 정보를 공유하고 질문할 수 있는 포럼이다.
③ 미드저니 튜토리얼 채널: 유튜브에서 미드저니 사용법을 배울 수 있는 다양한 튜토리얼 영상들을 제공한다. https://www.youtube.com/midjourneytutorials
④ AI와 이미지 생성에 관한 최신 연구 논문: AI 이미지 생성 기술의 최신 연구 자료들을 확인할 수 있는 플랫폼이다. https://arxiv.org/list/cs.CV/recent
⑤ 디지털 마케팅에서의 AI 활용 자료: AI 기반 마케팅 도구와 사례들을 설명하는 블로그와 기사들을 모아둔 사이트이다.

3) AI 이미지 제작 관련 자주 묻는 질문

Q1. 미드저니를 처음 사용할 때 가장 중요한 팁은 무엇인가?
A1. 미드저니를 처음 사용할 때는 기본적인 텍스트 입력으로 이미지를 생성하는 방법을 익히는 것이 중요하다. 텍스트 명령어를 구체적으로 작성하고 다양한 스타일 옵션을 실험해 보는 것이 필요하다.

Q2. 미드저니에서 생성된 이미지를 편집할 수 있나?
A2. 미드저니에서 생성된 이미지는 후속 편집이 가능하다. 미드저니 내에서 일부 옵션을 수정하거나, 추가적인 이미지 편집 소프트웨어를 사용해 더 세밀하게 수정할 수 있다.
Q3. 기업 CF 제작에 미드저니를 활용하면 비용이 절감되나?

A3. 미드저니는 고품질 이미지를 빠르게 생성할 수 있어, 전통적인 이미지 제작에 비해 비용과 시간이 절감된다. 특히 브랜드에 맞는 맞춤형 이미지를 자동으로 생성할 수 있어 효율적이다.

Q4. AI로 생성된 이미지의 저작권은 어떻게 되는가?
A4. AI로 생성된 이미지의 저작권 문제는 사용 중인 플랫폼의 정책에 따라 다를 수 있다. 미드저니의 경우, 상업적 사용을 위한 라이선스 옵션을 제공하고 있으므로, 이를 확인하고 사용하는 것이 중요하다.

Q5. 미드저니와 다른 AI 이미지 생성 도구의 차이점은 무엇인가?
A5. 미드저니는 사용자 친화적인 인터페이스와 직관적인 텍스트 입력 방식으로 이미지를 생성할 수 있으며 고품질 이미지 제공에 강점을 가진다. 다양한 스타일과 옵션을 제공해 사용자에게 더 많은 커스터마이징 기회를 제공한다.

Epilogue

AI 기술은 이제 단순한 혁신을 넘어 다양한 산업 분야에서 필수적인 도구로 자리 잡고 있다. 그중에서도 광고와 CF 영상 제작에 있어 AI는 새로운 지평을 열어주고 있다. 이 책을 통해 우리는 미드저니와 같은 AI 이미지 생성 도구가 어떻게 기업의 브랜드 전략에 혁신을 가져올 수 있는지, 그리고 광고 제작 과정에서 어떻게 창의적이고 효율적인 방법을 제공하는지 알아보았다.

미드저니는 단순한 도구를 넘어 창의적인 파트너로 작용하며 사용자의 상상력을 현실로 구현해낼 수 있는 능력을 갖추고 있다. 과거에는 한정된 자원과 시간이 창의력의 한계를 설정하곤 했지만, 이제는 AI 기술이 그 한계를 뛰어넘는 시대가 도래했다. 기업들은 더 이상 방대한 예산과 인력 없이도, 미드저니를 통해 자신들의 브랜드 가치를 담은 독창적이고 고유한 영상을 만들어낼 수 있게 됐다.

AI와의 협업은 광고와 마케팅의 패러다임을 변화시키고 있다. AI는 단순히 사람의 작업을 대신하는 것이 아니라, 인간의 창의성을 증대시키는 도구로써 작용하고 있다. 광고 제작자와 디자이너들은 AI가 제공하는 효율성과 정확성을 활용해 더욱 자유롭게 창의적인 작업에 집중할 수 있게 됐으며, 이를 통해 더 짧은 시간 안에 더 나은 결과물을 창출하고 있다.

앞으로의 미래는 더욱 디지털화된 환경에서 펼쳐질 것이며 AI는 그 중심에서 다양한 방식으로 인간의 창의적인 작업을 지원할 것이다. 특히 광고와 마케팅 분야에서 AI는 맞춤형 광고와 실시간 데이터 분석을 통해 타깃 고객층을 더욱 정확하게 공략할 수 있는 기회를 제공할 것이다. 이는 기업이 고객과의 소통에서 더 깊은 공감을 이끌어내고 효과적인 마케팅 전략을 세울 수 있도록 도울 것이다.

또한 AI 도구들은 계속해서 발전할 것이며 미드저니와 같은 도구의 기능은 점점 더 강력해질 것이다. 오늘날 미드저니는 고품질 이미지를 생성하는 데 주로 사용되고 있지만, 가까운 미래에는 3D 이미지나 AR/VR 콘텐츠를 생성하는 데까지 그 기능이 확장될 가능성이 크다. AI와 미드저니의 미래는 무한한 가능성을 지니고 있으며 기업들은 이를 활용해 더 창의적이고 혁신적인 CF 영상을 제작할 수 있을 것이다.

이 책을 마무리하면서 독자들이 이 책을 통해 미드저니와 같은 AI 도구를 자신들의 프로젝트에 어떻게 적용할 수 있는지에 대한 실질적인 지식과 기술을 얻었기를 바란다. AI 기술은 기업들에게 더 많은 기회를 제공하고 있으며 창의성과 효율성을 동시에 달성할 수 있는 새로운 시대를 열고 있다.

AI와 함께하는 광고 제작의 미래는 이제 시작에 불과하다. 앞으로의 광고 환경에서는 더 많은 도전과 혁신이 필요할 것이며 AI 기술이 그 변화의 중심에서 중요한 역할을 할 것이다. 미래의 광고 제작자와 마케터로서 여러분이 AI 기술을 통해 더 큰 성과를 이루고, 그 과정에서 새로운 창의적 가능성을 발견하게 되기를 진심으로 기원한다.

이 책이 여러분의 여정에 있어 하나의 나침반이 되길 바라며 AI와 함께하는 광고 제작의 미래에서 더욱 혁신적이고 창의적인 결과를 만들어 나가기를 기대한다.

4

캡컷과 AI로 10분 만에 유튜브 영상 뽀개기

김 수 진

001010011001010

제4장
캡컷과 AI로 10분 만에 유튜브 영상 뽀개기

Prologue

필자는 8년 경력의 '유튜버 크리에이터'이다. 8년이라고 하면 뭔가 대단한 계획을 세우고 시작한 것처럼 보일 수도 있겠지만, 사실 처음에는 학생들의 활동한 모습에 관한 녹화 영상을 필자의 개인적인 기록으로 남기기 위해 유튜브에 올렸다. 그러다 교육청 연수를 통해 새로운 유튜브 계정을 만들게 됐고, 키네마스터 같은 편집 프로그램을 배우게 됐다. 이러한 프로그램들을 통해 7년 이상 동영상을 만들어오면서 많은 것들을 배웠다.

그렇게 유튜브 활동을 시작한 지 어느덧 8년이 흘렀다. 처음에는 단순히 취미로 시작했던 것이 이제는 내 삶의 중요한 부분이 됐다. 이러한 유튜버 활동을 하는 과정에서 배운 것들과 경험한 것들을 여러분과 나누고자 한다.

처음 유튜브 영상을 만들기 시작했을 때, 필자는 단순히 카메라를 켜고 녹화 버튼을 누르는 것만으로도 충분하다고 생각했다. 하지만 시간이 지나면서, 더 나은 영상을 만들기 위해서는 단순한 녹화 이상의 것이 필요하다는 것을 깨달았다. 그래서 다양한 강의들을 통해 더 많은 편집 프로그램을 배우게 됐다.

편집 프로그램을 배우면서 필자는 단순히 녹화만 했을 때는 담을 수 없었던 내용을 담을 수 있게 됐다. 예를 들어, 중요한 순간을 강조하거나, 불필요한 부분을 잘라내는 작업들을 통해 영상의 완성도를 높일 수 있었다. 편집 속도도 훨씬 빨라졌고, 더 나은 품질의 영상을 제작할 수 있게 됐다.

이 과정에서 가장 많이 변화된 것은 바로 나 자신이었다. 단순히 영상을 만드는 사람이 아니라, 이야기를 전달하는 사람으로 성장하게 됐다. 영상을 통해 사람들에게 감동을 주고, 정보를 전달하며, 때로는 웃음을 주기도 했다. 이러한 경험들은 나에게 큰 보람을 안겨주었고, 더 나은 콘텐츠를 만들기 위한 동기부여가 됐다.

또한 유튜브를 통해 많은 사람과 소통할 수 있었다. 댓글을 통해 구독자들의 반응을 직접 확인할 수 있었고, 이를 통해 더 나은 콘텐츠를 만들기 위한 피드백을 받을 수 있었다. 구독자들과의 소통은 나에게 큰 힘이 됐고, 그들의 응원과 격려는 나를 더욱 열심히 하게 만들었다.

유튜브를 하면서 가장 기억에 남는 순간은 첫 번째 구독자 1,000명을 달성했을 때이다. 그 순간의 기쁨은 말로 다 표현할 수 없을 정도로 컸다. 그 이후로도 많은 도전과 성취가 있었지만, 첫 번째 1,000명은 나에게 특별한 의미로 남아 있다.

이 책을 통해 필자는 유튜브를 시작하려는 분들, 혹은 이미 유튜브를 하고 있는 분들에게 도움이 되고자 한다. 내가 경험한 것들과 배운 것들을 나누며 여러분의 유튜브 여정에 작은 도움이 되기를 바란다. 유튜브는 단순한 플랫폼이 아니라 자신의 이야기를 전하고 사람들과 소통할 수 있는 강력한 도구이다. 이 도구를 잘 활용해 여러분만의 특별한 이야기를 만들어 나가길 바란다.

이 책은 캡컷과 AI를 활용해 빠르고 효율적으로 유튜브 영상을 제작하는 방법을 소개한다. 초보자부터 전문가까지, 누구나 쉽게 따라 할 수 있는 단계별 가이드를 제공해 여러분이 직접 멋진 영상을 제작할 수 있는 능력을 갖추도록 돕고자 한다. 이 책을 통해 여러분도 나처럼 빠르고 효율적으로 유튜브 영상을 제작할 수 있는 능력을 갖추게 되길 바란다.

1. 왜 '캡컷'과 AI인가?

현대 사회에서 영상 콘텐츠는 그 어느 때보다 중요한 역할을 한다. 유튜브, 인스타그램, 틱톡 등 다양한 플랫폼에서 영상은 사람들의 관심을 끌고, 정보를 전달하며, 감동을 주는 강력한 도구로 자리 잡았다. 그러나 많은 사람이 영상 제작을 어렵고 복잡한 과정으로 생각한다. 캡컷과 AI는 바로 이런 사람들에게 필요하다.

1) 직관적이고 강력한 영상 편집 도구로써의 캡컷

캡컷은 직관적인 인터페이스와 다양한 기능을 제공해 초보자도 쉽게 사용할 수 있는 영상 편집 도구이다. 복잡한 기능을 간단한 터치와 드래그로 사용할 수 있어 누구나 전문가처럼 영상을 편집할 수 있다. 캡컷의 주요 기능 중 하나는 다양한 템플릿과 효과를 제공해 사용자가 손쉽게 창의적인 영상을 제작할 수 있도록 돕는 것이다. 또한 캡컷은 모바일 환경에서도 강력한 성능을 발휘해 언제 어디서나 영상 편집이 가능하다.

2) 영상 제작 혁신의 아이콘, AI

AI는 영상 제작 과정에서 자동화와 품질 향상을 가져오는 혁신적인 기술이다. AI는 자동으로 영상 클립을 분석하고 가장 중요한 장면을 선택해 편집해준다. 또한 AI는 색 보정, 음향 조정, 자막 생성 등 다양한 작업을 자동으로 수행해 사용자가 더 나은 품질의 영상을 제작할 수 있도록 돕는다. AI의 이러한 기능은 특히 시간과 자원이 제한된 상황에서 큰 도움이 된다.

3) 캡컷과 AI의 결합을 통해 10분 만에 유튜브 영상 제작 달인되기

캡컷과 AI를 결합하면 누구나 10분 만에 멋진 유튜브 영상을 만들 수 있다. 캡컷의 직관적인 인터페이스와 AI의 자동화 기능을 활용하면 복잡한 편집 과정을 단순화하고, 더 나은 품질의 영상을 빠르게 제작할 수 있다. 이 두 가지 도구는 영상 제작의 문턱을 낮춰 더 많은 사람이 자신의 창의성을 발휘할 수 있도록 돕는다.

2. 준비 단계

1) 필요한 도구와 소프트웨어

유튜브 영상을 10분 만에 뽀개기 위해서는 몇 가지 필수 도구와 소프트웨어가 필요하다. 이 과정을 위해 필요한 항목들을 소개하고, 각각의 역할과 사용법을 간단히 설명하고자 한다.

(1) 컴퓨터와 스마트폰

① 영상 편집을 위해서는 성능이 좋은 컴퓨터가 필요하다. 최소한의 사양으로는 8GB 이상의 RAM과 i5 이상의 CPU를 권장한다.

② 촬영과 간단한 편집을 위해 스마트폰도 유용하다. 최신 스마트폰일수록 더 좋은 화질의 영상을 촬영할 수 있다.

[그림1] 컴퓨터와 스마트폰

(2) 캡컷 (CapCut)

캡컷은 무료로 사용할 수 있는 강력한 영상 편집 소프트웨어이다. 직관적인 인터페이스와 다양한 기능을 제공해 초보자도 쉽게 사용할 수 있다. 캡컷을 설치하고 기본 설정을 완료하는 방법을 알아본다.

(3) AI 도구

AI를 활용하면 영상 편집 시간을 크게 단축할 수 있다. 예를 들어, 자동 자막 생성, 배경 음악 추천, 영상 품질 향상 등의 기능을 제공하는 AI 도구들이 있다. 대표적인 AI 도구로는 Descript, Lumen5, Pictory 등이 있다.

(4) 인터넷 연결

고속 인터넷 연결은 필수이다. 영상 파일을 업로드하고 다운로드하는데 시간이 걸리기 때문에 빠른 인터넷 속도가 필요하다.

(5) 기타 도구

① 음성 녹음을 위해 좋은 품질의 마이크가 필요하다. 내장 마이크보다는 외장 마이크를 사용하는 것이 더 좋다.

② 좋은 조명은 영상의 품질을 크게 향상시킨다. 자연광을 활용하거나 링 라이트와 같은 조명을 사용하는 것이 좋다.

③ 안정적인 촬영을 위해 삼각대가 필요하다. 흔들림 없는 영상을 촬영할 수 있다.

[그림2] 기타 도구

2) 캡컷과 AI의 기본 개념 이해하기

이제 필요한 도구와 소프트웨어를 준비했으니 캡컷과 AI의 기본 개념을 이해해 보겠다. 이 장에서는 캡컷과 AI가 무엇인지 그리고 이들이 어떻게 유튜브 영상 제작에 도움을 줄 수 있는지 설명한다.

(1) 캡컷 (CapCut) 이해하기

① 캡컷이란?

캡컷은 ByteDance에서 개발한 무료 영상 편집 소프트웨어이다. 직관적인 인터페이스와 다양한 편집 기능을 제공해 초보자도 쉽게 사용할 수 있다.

② 주요 기능

캡컷은 자르기, 붙이기, 필터 적용, 텍스트 추가, 배경 음악 삽입 등 다양한 기능을 제공한다. 특히 모바일 환경에서도 강력한 편집 기능을 제공해 언제 어디서나 편집이 가능하다.

③ 사용 사례

캡컷을 사용하면 짧은 클립을 빠르게 편집해 소셜 미디어에 업로드할 수 있다. 예를 들어, 브이로그, 튜토리얼, 리뷰 영상 등을 쉽게 제작할 수 있다.

(2) AI (인공지능) 이해하기

① AI란?

인공지능(AI)은 컴퓨터가 인간처럼 학습하고 문제를 해결할 수 있도록 하는 기술이다. 영상 편집에서는 AI가 자동으로 자막을 생성하거나, 배경 음악을 추천하거나, 영상의 품질을 향상시키는 등의 작업을 수행할 수 있다.

② AI의 역할

AI는 반복적이고 시간이 많이 걸리는 작업을 자동화해 편집 시간을 단축시킨다. 예를 들어, AI는 영상의 특정 부분을 자동으로 잘라내거나, 얼굴 인식을 통해 특정 인물을 강조하는 등의 작업을 할 수 있다.

③ 사용 사례

AI를 활용하면 자막 생성, 배경 음악 추천, 영상 품질 향상 등의 작업을 자동으로 수행할 수 있다. 예를 들어, Descript는 음성을 텍스트로 변환해 자막을 자동으로 생성해 주고, Lumen5는 텍스트를 기반으로 자동으로 영상을 생성해 준다.

[그림3] AI 사용 사례

(3) 캡컷과 AI의 결합

① 효율적인 편집

캡컷과 AI를 결합하면 영상 편집이 더욱 효율적이고 빠르게 진행된다.

캡컷의 직관적인 인터페이스와 AI의 자동화 기능을 활용해 짧은 시간 안에 고품질의 영상을 제작할 수 있다.

② 실제 사례

예를 들어, 캡컷에서 영상을 편집한 후 AI 도구를 사용해 자막을 자동으로 생성하고, 배경 음악을 추천받아 영상을 완성할 수 있다. 이렇게 하면 전체 편집 시간이 크게 단축된다.

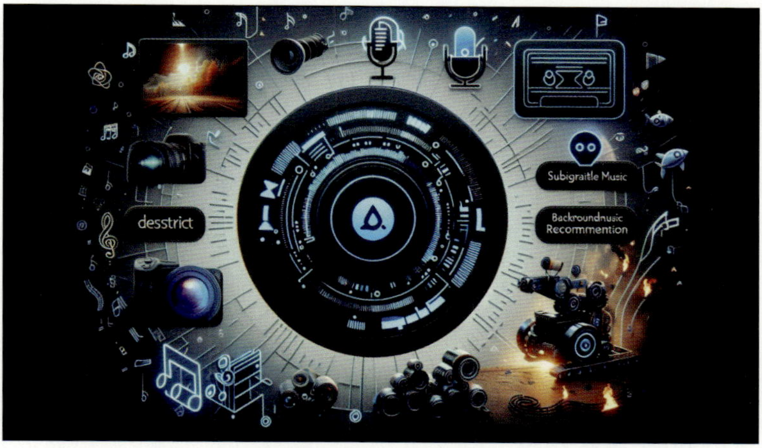

[그림4] 캡컷에서 영상 편집

3) 유튜브 영상 기획하기

유튜브 영상을 제작하기 전에, 철저한 기획이 필요하다. 기획 단계에서는 영상의 주제, 목표, 타깃 청중 등을 명확히 설정하고, 스토리보드와 스크립트를 작성한다. 이 장에서는 유튜브 영상 기획의 중요성과 구체적인 방법을 설명한다.

(1) 주제 선정

① 주제 선택의 중요성

주제는 영상의 방향을 결정짓는 중요한 요소이다. 흥미롭고 유익한 주제를 선택해야 시청자들의 관심을 끌 수 있다.

② 주제 아이디어 찾기

트렌드 분석, 시청자 피드백, 경쟁 채널 분석 등을 통해 인기 있는 주제를 찾을 수 있다. 예를 들어, 요즘 인기 있는 챌린지나 튜토리얼, 리뷰 등을 주제로 삼을 수 있다.

(2) 목표 설정

① 목표 설정의 중요성

영상의 목표를 명확히 설정하면 기획과 제작 과정이 더 체계적으로 진행된다. 목표는 조회수, 구독자 수 증가, 브랜드 인지도 향상 등 다양할 수 있다.

② SMART 목표 설정

목표는 구체적(Specific), 측정 가능(Measurable), 달성 가능(Achievable), 관련성 있는(Relevant), 시간 제한이 있는(Time-bound) 형태로 설정하는 것이 좋다.

(3) 타깃 청중 분석

① 타깃 청중 이해하기

타깃 청중을 명확히 정의하면, 그들의 관심사와 요구에 맞춘 콘텐츠를 제작할 수 있다. 연령, 성별, 관심사, 시청 패턴 등을 분석한다.

② 페르소나 작성

타깃 청중의 대표적인 인물(페르소나)을 설정해 그들의 관점에서 콘텐츠를 기획한다. 예를 들어, 20대 여성 직장인을 타깃으로 한 뷰티 튜토리얼을 기획할 수 있다.

(4) 스토리보드 작성

① 스토리보드의 역할

스토리보드는 영상의 흐름을 시각적으로 표현한 것이다. 각 장면의 구성, 대사, 배경 음악 등을 미리 계획할 수 있다.

② 스토리보드 작성 방법

간단한 그림과 설명으로 각 장면을 표현한다. 예를 들어, 인트로, 본문, 클로징 등으로 나눠 각 부분의 내용을 구체적으로 작성한다.

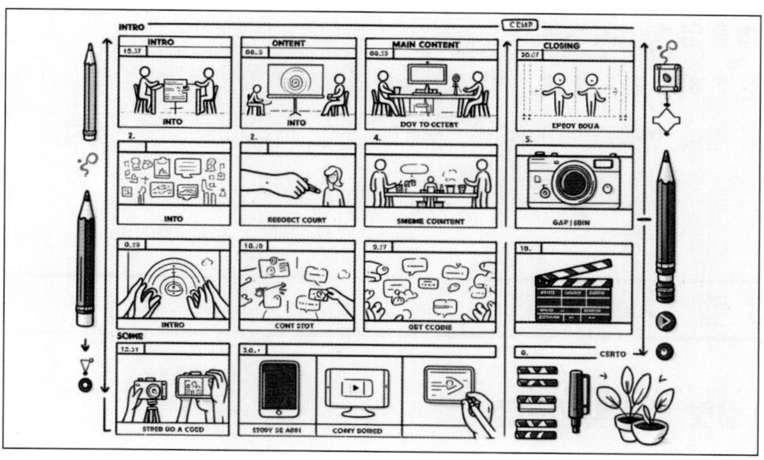

[그림5] 스토리보드 작성 방법

(5) 스크립트 작성

① 스크립트의 중요성

스크립트는 영상의 대사와 행동을 상세히 기록한 것이다. 스크립트를 작성하면 촬영과 편집 과정이 더 원활하게 진행된다.

② 스크립트 작성 팁

간결하고 명확한 문장으로 작성한다. 시청자들이 쉽게 이해할 수 있도록 쉬운 용어를 사용하고 중요한 포인트는 강조한다.

(6) 촬영 계획 수립

① 촬영 계획의 필요성

촬영 계획을 세우면 시간과 자원을 효율적으로 사용할 수 있다. 촬영 일정, 장소, 필요한 장비 등을 미리 계획한다.

② 촬영 체크리스트

촬영 전에 필요한 모든 항목을 체크리스트로 작성해, 빠뜨리는 일이 없도록 한다. 예를 들어, 카메라, 마이크, 조명, 배터리 등을 체크한다.

3. 캡컷 사용법

1) 캡컷 설치 및 기본 설정

(1) 캡컷 설치하기

① 캡컷은 모바일 앱 스토어(구글 플레이 스토어 또는 애플 앱 스토어)에서 무료로 다운로드할 수 있다. 'CapCut'을 검색해 설치한다.

https://play.google.com/store/apps/details?id=com.lemon.lvoverseas&hl=ko&pli=1

② 캡컷은 PC 버전도 제공된다. 공식 웹사이트에서 설치 파일을 다운로드해 설치할 수 있다.
https://www.capcut.com/my-edit?start_tab=video

(2) 계정 생성 및 로그인

① 캡컷을 처음 사용할 때는 계정을 생성해야 한다. 이메일 주소나 소셜 미디어 계정을 사용해 간단히 가입할 수 있다.
② 이미 계정이 있다면, 로그인해 캡컷의 모든 기능을 사용할 수 있다.

(3) 기본 설정

① 캡컷은 여러 언어를 지원한다. 설정 메뉴에서 원하는 언어를 선택할 수 있다.
② 새로운 프로젝트를 시작할 때 해상도, 프레임 속도 등을 설정할 수 있다. 일반적으로 유튜브 영상은 1080p 해상도와 30fps 프레임 속도를 권장한다.

2) 캡컷의 주요 기능 살펴보기

(1) 인터페이스 이해하기

① 타임라인

영상 클립을 배치하고 편집하는 공간이다. 타임라인에서 클립을 자르고, 붙이고, 이동할 수 있다.

② 미디어 라이브러리

프로젝트에 사용할 영상, 이미지, 음악 파일을 관리하는 공간이다. 여기에서 파일을 불러오고, 타임라인에 추가할 수 있다.

③ 도구 모음

다양한 편집 도구와 효과를 제공한다. 자르기, 붙이기, 필터 적용, 텍스트 추가 등의 기능을 사용할 수 있다.

(2) 기본 편집 도구

① 자르기 및 붙이기

영상 클립을 원하는 길이로 자르고, 여러 클립을 하나로 붙일 수 있다.

② 속도 조절

클립의 재생 속도를 조절해 슬로우 모션 또는 빠른 재생 효과를 줄 수 있다.

③ 필터 적용

다양한 필터를 사용해 영상의 분위기를 바꿀 수 있다. 예를 들어, 빈티지, 흑백, 세피아 등의 필터를 적용할 수 있다.

(3) 고급 편집 도구

① 키프레임

특정 시간대에 효과를 적용하거나, 애니메이션을 추가할 수 있다. 예를 들어, 텍스트가 점점 커지거나, 이미지가 이동하는 효과를 줄 수 있다.

② 크로마 키

그린 스크린 배경을 제거하고, 다른 배경으로 대체할 수 있다. 예를 들어, 뉴스 방송에서 사용되는 가상 배경을 적용할 수 있다.

③ 오디오 편집

배경 음악을 추가하고, 음량을 조절하며, 페이드 인/아웃 효과를 줄 수 있다.

3) 간단한 편집 실습

(1) 프로젝트 시작하기

① 캡컷을 열고, '새 프로젝트' 버튼을 클릭해 새로운 프로젝트를 시작한다.

② 미디어 라이브러리에서 사용할 영상, 이미지, 음악 파일을 불러온다.

(2) 기본 편집

① 타임라인에 추가된 클립을 선택하고, 자르기 도구를 사용해 원하는 길이로 자른다.

② 자른 클립을 타임라인에서 이동해 원하는 순서로 배치한다.

③ 필터 메뉴에서 원하는 필터를 선택하고, 클립에 적용한다.

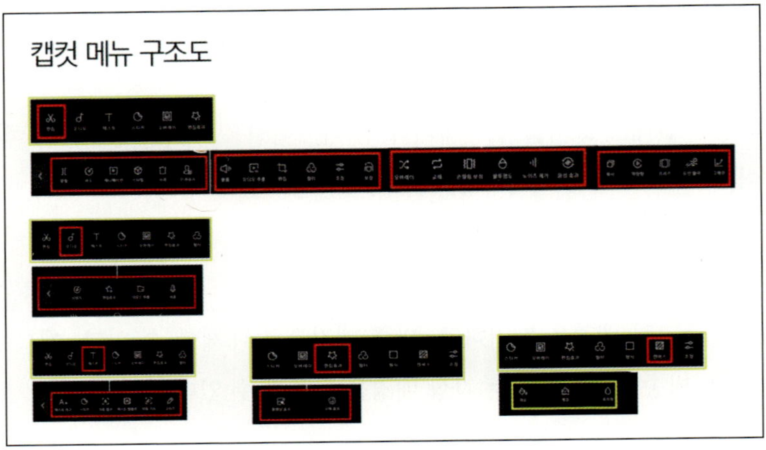

[그림6] 캡컷 메뉴 구조도

(3) 텍스트 추가

① 텍스트 도구를 사용해 타임라인에 텍스트를 추가한다. 예를 들어, 제목, 자막, 설명 등을 삽입할 수 있다.

② 텍스트의 글꼴, 크기, 색상 등을 조절해 원하는 스타일로 꾸민다.

(4) 오디오 추가

① 미디어 라이브러리에서 배경 음악 파일을 불러와 타임라인에 추가한다.

② 오디오 클립을 선택하고, 음량 조절 도구를 사용해 적절한 음량으로 설정한다.

4. AI 활용하기

1) AI 도구 소개

(1) Descript

① Descript란?

Descript는 음성 인식 기술을 활용해 자동으로 자막을 생성하고, 음성을 텍스트로 변환하는 AI 도구이다. 이를 통해 자막 작업 시간을 크게 줄일 수 있다.

② 주요 기능

자동 자막 생성, 음성 편집, 텍스트 기반 영상 편집 등 다양한 기능을 제공한다. 특히 음성을 텍스트로 변환해 편집할 수 있는 기능이 매우 유용하다.

Descript: Edit Videos & Podcasts Like a Doc | AI Video Editor

(2) Lumen5

① Lumen5란?

Lumen5는 텍스트를 기반으로 자동으로 영상을 생성해 주는 AI 도구이다. 블로그 글이나 기사 등을 입력하면 이를 바탕으로 영상 클립을 자동으로 생성한다.

② 주요 기능

텍스트 기반 영상 생성, 자동 클립 추천, 배경 음악 추가 등 다양한 기능을 제공한다. 특히 블로그 글을 영상으로 변환하는 데 유용하다.

Lumen5 - Video Maker | Create Videos Online in Minutes

(3) Pictory

① Pictory란?

Pictory는 AI를 활용해 영상의 품질을 향상시키고 자동으로 하이라이트를 생성하는 도구이다. 긴 영상을 짧게 요약하거나, 중요한 부분만 추출하는 데 유용하다.

② 주요 기능

자동 하이라이트 생성, 영상 품질 향상, 자막 추가 등 다양한 기능을 제공한다. 특히 긴 영상을 요약하는 데 매우 유용하다.

Pictory - Easy Video Creation For EVERYONE

2) AI를 활용한 영상 편집 자동화

(1) 자동 자막 생성

① Descript 사용법

Descript를 사용해 자동으로 자막을 생성하는 방법을 설명한다. 음성을 텍스트로 변환하고, 이를 자막으로 추가하는 과정을 단계별로 안내한다.

② 효율성

자동 자막 생성 기능을 활용하면 자막 작업 시간을 크게 줄일 수 있다. 특히 긴 영상의 경우 매우 유용하다.

(2) 텍스트 기반 영상 생성

① Lumen5 사용법

Lumen5를 사용해 텍스트를 기반으로 영상을 생성하는 방법을 설명한다. 블로그 글이나 기사 등을 입력하고, 이를 바탕으로 자동으로 클립을 생성하는 과정을 안내한다.

② 효율성

텍스트 기반 영상 생성 기능을 활용하면 영상 제작 시간을 크게 단축할 수 있다. 특히 콘텐츠 마케팅에 유용하다.

(3) 자동 하이라이트 생성

① Pictory 사용법

Pictory를 사용해 자동으로 하이라이트를 생성하는 방법을 설명한다. 긴 영상에서 중요한 부분만 추출하고, 이를 바탕으로 하이라이트 영상을 만드는 과정을 안내한다.

② 효율성

자동 하이라이트 생성 기능을 활용하면 긴 영상을 짧게 요약하는 데 매우 유용하다. 특히 하이라이트 영상을 제작할 때 유용하다.

3) AI로 영상 품질 향상시키기

(1) 영상 품질 향상

① Pictory 사용법

Pictory를 사용해 영상의 품질을 향상시키는 방법을 설명한다. AI를 활용해 영상의 해상도를 높이고, 노이즈를 제거하는 과정을 안내한다.

② 효율성

영상 품질 향상 기능을 활용하면 저화질 영상을 고화질로 변환할 수 있다. 특히 오래된 영상이나 저화질 영상을 사용할 때 유용하다.

(2) 배경 음악 추천

① AI 도구 사용법

AI 도구를 사용해 배경 음악을 추천받는 방법을 설명한다. 영상의 분위기와 어울리는 음악을 자동으로 추천받고, 이를 영상에 추가하는 과정을 안내한다.

② 효율성

배경 음악 추천 기능을 활용하면 영상의 분위기를 더욱 풍부하게 만들 수 있다. 특히 음악 선택에 어려움을 겪는 경우 유용하다.

5. 10분 만에 유튜브 영상 제작하기

1) 빠른 편집을 위한 팁과 트릭

(1) 클립 정리하기

① 미리 정리된 클립 사용

촬영한 영상을 미리 정리해 두면 편집 시간이 단축된다. 필요한 클립을 미리 선택하고, 불필요한 부분은 제거한다.

② 폴더 구조 활용

클립을 주제별, 날짜별로 폴더에 정리해 두면 찾기 쉽다. 예를 들어, 인트로, 본문, 클로징 등으로 나누어 정리한다.

(2) 단축키 활용

① 캡컷의 단축키를 활용하면 편집 속도가 빨라진다. 자주 사용하는 기능의 단축키를 외워두면 유용하다.

② 예를 들어, 자르기(Ctrl+X), 붙이기(Ctrl+V), 되돌리기(Ctrl+Z) 등의 단축키를 사용한다.

(3) 템플릿 사용

① 캡컷에는 다양한 템플릿이 제공된다. 템플릿을 사용하면 빠르게 영상을 제작할 수 있다.

② 템플릿을 사용하되 필요한 부분은 커스터마이징해 자신만의 스타일을 추가한다.

2) 캡컷과 AI를 결합한 실전 편집

(1) 프로젝트 시작하기

① 캡컷을 열고, '새 프로젝트' 버튼을 클릭해 새로운 프로젝트를 시작한다.

② 미디어 라이브러리에서 사용할 영상, 이미지, 음악 파일을 불러온다.

(2) 기본 편집

① 클립 자르기

타임라인에 추가된 클립을 선택하고, 자르기 도구를 사용해 원하는 길이로 자른다.

② 클립 붙이기

자른 클립을 타임라인에서 이동해 원하는 순서로 배치한다.

③ 필터 적용

필터 메뉴에서 원하는 필터를 선택하고, 클립에 적용한다.

(3) AI 도구 활용

① 자동 자막 생성

Descript를 사용해 자동으로 자막을 생성한다. 음성을 텍스트로 변환하고 이를 자막으로 추가한다.

② 배경 음악 추천

AI 도구를 사용해 영상의 분위기에 맞는 배경 음악을 추천받고, 이를 영상에 추가한다.

(4) 고급 편집

① 키프레임 추가

특정 시간대에 효과를 적용하거나, 애니메이션을 추가한다. 예를 들어, 텍스트가 점점 커지거나, 이미지가 이동하는 효과를 준다.

② 크로마 키 사용

그린 스크린 배경을 제거하고, 다른 배경으로 대체한다. 예를 들어, 뉴스 방송에서 사용되는 가상 배경을 적용한다.

3) 10분 안에 영상 완성하기

(1) 최종 검토

① 편집이 완료된 영상을 처음부터 끝까지 검토한다. 오류나 수정할 부분이 없는지 확인한다.

② 자막이 정확하게 표시되는지, 오디오가 적절한 음량으로 재생되는지 확인한다.

(2) 렌더링 및 저장

① 최종 영상을 렌더링하기 전에 해상도, 프레임 속도 등을 설정한다. 일반적으로 유튜브 영상은 1080p 해상도와 30fps 프레임 속도를 권장한다.

② 렌더링이 완료된 영상을 저장한다. 저장 위치와 파일 이름을 지정하고, 저장 버튼을 클릭한다.

(3) 유튜브 업로드

① 유튜브 계정에 로그인하고, 채널에 접속한다.

② '업로드' 버튼을 클릭하고, 저장된 영상을 선택해 업로드한다. 제목, 설명, 태그 등을 입력하고, 공개 설정을 완료한다.

6. 유튜브에 업로드하기

1) 유튜브 채널 설정

유튜브 채널을 설정하는 것은 성공적인 유튜브 활동의 첫걸음이다. 다음은 유튜브 채널 설정을 위한 단계별 가이드이다.

(1) 유튜브 계정 생성

유튜브에 로그인한 후, 프로필 아이콘을 클릭하고 '채널 만들기'를 선택한다.

(2) 채널 이름 설정

채널의 주제를 반영하는 이름을 설정한다. 이름은 기억하기 쉽고, 검색하기 쉬운 것이 좋다.

(3) 프로필 사진 및 배너 이미지 업로드

시청자에게 첫인상을 주는 중요한 요소이다. 고해상도의 이미지를 사용한다.

(4) 채널 설명 작성

채널의 목적과 콘텐츠에 대해 간략하게 설명한다. 키워드를 포함해 검색 최적화를 도모한다.

(5) 연락처 정보 추가

비즈니스 문의를 위한 이메일 주소를 추가한다.

(6) 소셜 미디어 링크 연결

다른 소셜 미디어 계정을 연결해 시청자와의 소통을 강화한다.

2) 최적화된 영상 업로드 방법

(1) 최적화된 영상 업로드

최적화된 영상 업로드는 더 많은 시청자에게 도달하는 데 중요한 역할을 한다. 다음은 최적화된 영상 업로드를 위한 단계이다.

(2) 동영상 파일 준비

고해상도(최소 1080p)로 촬영된 영상을 준비한다. 유튜브 스튜디오 접속은 유튜브에 로그인한 후, 오른쪽 상단의 '만들기' 아이콘을 클릭하고 '동영상 업로드'를 선택한다.

(3) 동영상 파일 업로드

업로드할 파일을 선택하거나 드래그 앤 드롭으로 업로드한다.

(4) 세부 정보 입력

① 키워드를 포함한 매력적인 제목을 작성한다.

② 동영상의 내용을 상세히 설명하고, 관련 링크와 타임스탬프를 추가한다.

③ 관련 키워드를 태그로 추가해 검색 최적화를 도모한다.

(5) 동영상 요소 추가

① 자막을 추가해 접근성을 높인다.

② 시청자가 다른 영상을 볼 수 있도록 최종 화면을 설정한다.

③ 카드는 관련 동영상이나 링크를 추가해 시청자의 참여를 유도한다.

(6) 검토 및 공개 설정

① 검토: 저작권 위반 여부를 확인한다.

② 공개 설정: 공개, 비공개, 일부 공개 중 하나를 선택한다. 예약 기능을 사용해 특정 시간에 공개할 수도 있다.

3) 썸네일과 제목 작성 팁

썸네일과 제목은 시청자의 클릭을 유도하는 중요한 요소이다. 다음은 효과적인 썸네일과 제목 작성 팁이다.

(1) 썸네일 작성

① 고해상도 이미지 사용: 썸네일은 고해상도의 이미지를 사용해 시청자의 눈길을 끌어야 한다.

② 간결하고 강렬한 텍스트를 추가해 내용을 강조한다.

③ 채널의 브랜드 색상과 스타일을 반영해 일관성을 유지한다.

④ 인물의 표정이나 액션을 강조해 감정적인 반응을 유도한다.

(2) 제목 작성

① 검색 최적화를 위해 주요 키워드를 포함한다.

② 제목은 간결하고 명확하게 작성해 내용을 쉽게 이해할 수 있도록 한다.

③ 시청자의 호기심을 자극하는 질문이나 흥미로운 정보를 포함한다.

④ 'Top 5', '10가지 방법' 등 숫자와 리스트를 사용해 구조화된 정보를 제공한다.

7. 실습 과정

1) 캡컷 설치 및 기본 인터페이스 이해하기

(1) 캡컷 다운로드 및 설치

① 앱스토어에서 캡컷 검색 및 다운로드

캡컷(CapCut)은 모바일 기기에서 쉽게 사용할 수 있는 무료 동영상 편집 앱이다. 먼저, 앱스토어(Apple App Store 또는 Google Play Store)에서 '캡컷'을 검색해 다운로드한다. 다운로드가 완료되면 앱을 설치하고 실행한다.

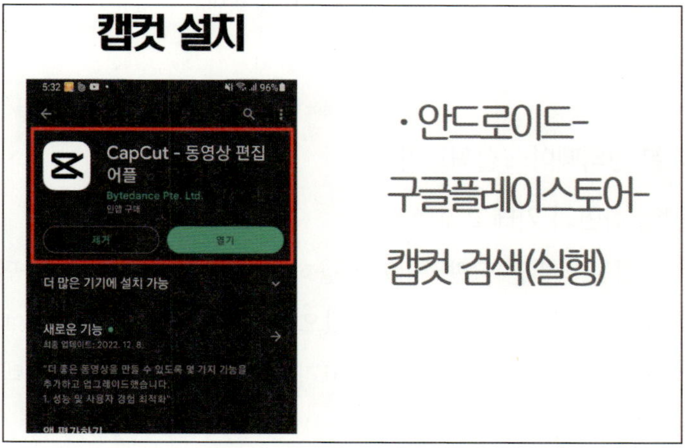

[그림7] 캡컷 설치하기

② 앱 설치 후 첫 실행 화면

앱을 처음 실행하면, 캡컷의 기본 인터페이스가 나타난다. 로그인 없이도 대부분의 기능을 사용할 수 있으며, 필요에 따라 프로필을 설정할 수 있다. 첫 화면에서는 새 프로젝트를 시작하거나 기존 프로젝트를 불러올 수 있는 옵션이 제공된다.

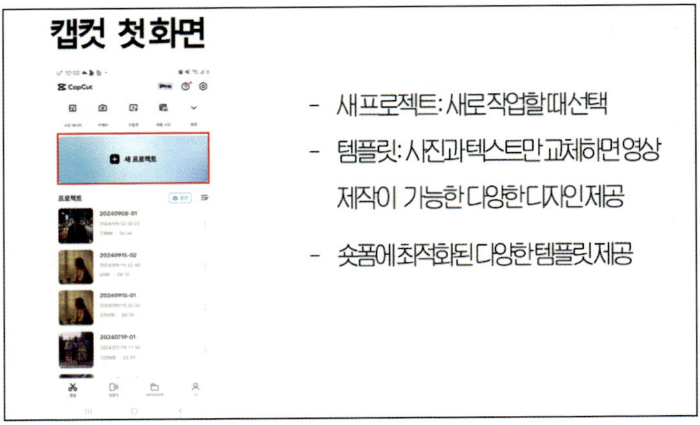

[그림8] 캡컷 설치 후 첫 화면

(2) 기본 인터페이스 살펴보기

① 편집 화면과 카테고리 소개

캡컷의 편집 화면은 직관적이고 사용하기 쉽게 구성돼 있다. 화면 상단에는 프로젝트 이름과 설정 메뉴가 있으며, 하단에는 타임라인과 다양한 편집 도구가 배치돼 있다. 주요 카테고리로는 '미디어', '오디오', '텍스트', '스티커', '효과' 등이 있다.

② 다양한 AI 기능 및 템플릿 사용법

캡컷은 AI 기반의 다양한 기능을 제공해 편집 과정을 더욱 간편하게 만들어 준다. 예를 들어, 자동 캡션 생성, 배경 제거, 얼굴 인식 등의 기능을 활용할 수 있다. 또한 다양한 템플릿을 사용하여 빠르게 영상을 제작할 수 있다. 템플릿을 선택하고 자신의 미디어 파일을 추가하면 자동으로 편집이 완료된다.

(3) 프로필 및 알림 설정

캡컷에서는 프로필을 설정해 개인화된 경험을 제공받을 수 있다. 프로필 설정을 통해 즐겨찾기 템플릿을 관리하고, 자주 사용하는 기능을 빠르게 접근할 수 있다. 또한 알림 설정을 통해 새로운 템플릿이나 업데이트 소식을 받을 수 있다.

2) 템플릿을 활용한 영상 제작

(1) 템플릿 선택 및 적용

① 템플릿 탭에서 원하는 템플릿 선택

캡컷은 다양한 템플릿을 제공하여 빠르고 쉽게 영상을 제작할 수 있도록 도와준다. 템플릿을 사용하면 복잡한 편집 과정을 거치지 않고도 전문적인 영상을 만들 수 있다. 템플릿을 선택하려면 다음 단계를 따른다.

[그림9] 템플릿 탭

캡컷 앱을 실행하고, 하단 메뉴에서 '템플릿' 탭을 선택한다. 다양한 주제와 스타일의 템플릿이 표시된다. 원하는 템플릿을 찾아 선택한다. 템플릿은 인기순, 최신순 등으로 정렬할 수 있다.

[그림10] 원하는 템플릿 선택

② 템플릿에 필요한 영상 클립 및 사진 추가

템플릿을 선택한 후에는 자신의 미디어 파일을 추가하여 템플릿을 완성해야 한다. 다음 단계를 따라 미디어 파일을 추가한다. 템플릿을 선택하면, 필요한 영상 클립과 사진의 목록이 표시된다. '추가' 버튼을 눌러 기기 내 저장된 사진이나 동영상을 선택한다. 필요한 모든 미디어 파일을 추가한 후, '완료' 버튼을 눌러 템플릿에 적용한다.

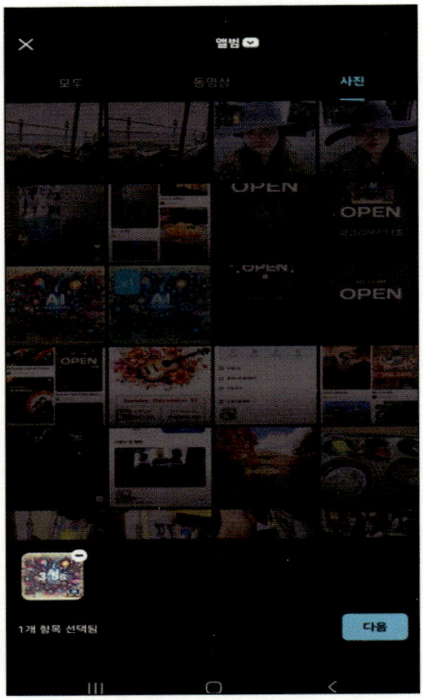

[그림11] 영상 클립 및 사진 추가

(2) 영상 편집 및 자르기

① 타임라인에서 영상 클립 자르기

템플릿에 미디어 파일을 추가한 후, 타임라인에서 영상을 편집할 수 있다. 타임라인에서 클립을 자르는 방법은 다음과 같다. 타임라인에서 자르고 싶은 클립을 선택한다. 클립의 시작 또는 끝 부분을 드래그하여 원하는 길이로 조절한다. 필요에 따라 클립을 분할하여 여러 부분으로 나눌 수 있다.

② 편집 메뉴를 활용한 클립 분할 및 삭제

타임라인에서 클립을 분할하거나 삭제하는 방법은 다음과 같다. 타임라인에서 분할하고 싶은 클립을 선택한다. 하단 메뉴에서 '분할' 아이콘을 선택한다. 클립이 선택한 지점에서 두 개로 나뉜다. 분할된 클립 중 필요 없는 부분을 선택하고 '삭제' 아이콘을 눌러 제거한다.

3) 추가 기능 활용 및 유튜브 업로드

(1) 오버레이 및 배경 제거

① 오버레이 추가 및 배경 제거

오버레이 메뉴에서 PIP 추가를 클릭해 사진 갤러리에서 영상을 선택한다. 선택한 영상은 메인 영상 위에 겹쳐진다. 오버레이된 영상을 선택한 후, 배경 제거 메뉴에서 자동 삭제를 선택해 배경을 제거한다.

② 배경 제거 후 테두리 추가

배경이 제거된 영상에 테두리를 추가하려면 획 메뉴에서 테두리 색상과 두께를 설정한다.

(2) 텍스트 및 자막 추가

① 텍스트 추가 및 스타일 설정

텍스트 메뉴에서 텍스트를 추가하고 글꼴, 색상, 크기 등을 설정한다. 텍스트의 위치를 조정하여 원하는 위치에 배치한다.

② 자동 캡션 생성 및 편집

자동 캡션 메뉴에서 동영상을 선택하고 템플릿을 선택해 자동으로 자막을 생성한다. 생성된 자막의 글꼴과 스타일을 변경하고 필요에 따라 자막을 편집한다.

(3) 스티커 및 오디오 추가

① 스티커 추가 및 위치 조정

스티커 메뉴에서 원하는 스티커를 선택해 영상에 추가한다. 스티커의 크기와 위치를 조정해 적절하게 배치한다.

[그림12] 영상 편집하기

[그림13] 텍스트 추가하기

② 오디오 추출 및 녹음 추가

오디오 메뉴에서 기존 영상에서 오디오를 추출하거나, 마이크 버튼을 클릭해 직접 녹음한다. 추가된 오디오를 드래그해 타임라인에 배치하고 필요에 따라 편집한다.

(4) 유튜브 업로드

① 영상 파일 저장 및 내보내기

내보내기 버튼을 클릭해 해상도와 프레임 속도를 설정한 후 영상을 저장한다.

[그림14] 저장 및 내보내기

② 유튜브 스튜디오에서 영상 업로드

유튜브 스튜디오에 접속해 저장된 영상을 업로드한다.

[그림15] 영상 업로드하기

③ 제목, 설명, 태그 설정 및 공개

업로드한 영상의 제목, 설명, 태그를 설정하고, 공개 설정을 완료한다.

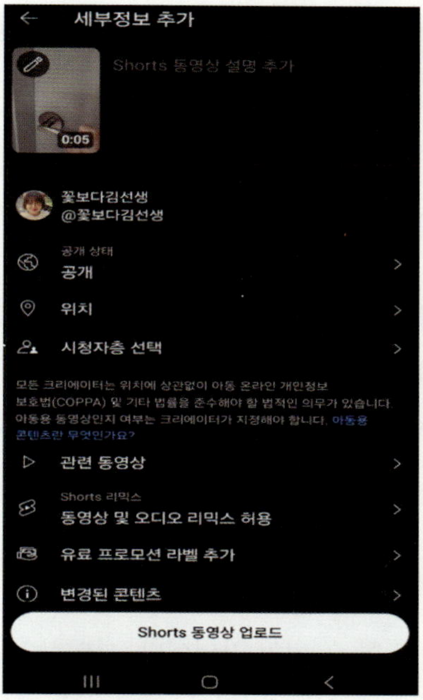

[그림16] 제목, 설명,태그 설정 및 공개하기

④ 완성 작품 감상

[그림17] 완성 작품 감상

Epilogue

지난 8년 동안 영상 제작과 AI 기술의 발전을 지켜보면서, 필자가 배운 가장 중요한 교훈은 유튜브의 세상에서 살아남기 위해서는 끊임없이 배우고 적응해야 한다는 점이다. 기술은 빠르게 변화하고 있으며, 새로운 도구와 방법을 배우는 것이 성공의 열쇠이다. 항상 최신 트렌드를 따라가고, 새로운 기술을 시도해 보아야 한다.

좋은 영상을 제작하기 위해서는 창의성과 기술의 조화가 필요하다. 기술이 아무리 발전해도 창의적인 아이디어가 없다면 좋은 영상을 만들기 어렵다. 반대로, 창의적인 아이디어가 있어도 기술을 활용하지 못하면, 그 아이디어를 구현하기 어렵다. 두 가지를 균형 있게 발전시키는 것이 중요하다.

영상 제작은 혼자서 할 수 없는 작업이다. 다양한 전문가들과 협업해 더 나은 결과를 만들어낼 수 있다. 편집자, 디자이너, 마케터 등 다양한 분야의 전문가들과 협력해 시너지를 발휘해야 한다.

시청자와의 소통은 성공적인 유튜브 채널 운영의 핵심이다. 시청자들의 피드백을 적극적으로 수용하고, 그들의 요구에 맞춘 콘텐츠를 제작해야 한다. 시청자와의 소통을 통해 더 나은 콘텐츠를 만들 수 있다.

AI와 자동화 기술은 앞으로도 계속 발전할 것이다. AI를 활용한 자동 편집, 자막 생성, 영상 분석 등의 기술이 더욱 정교해질 것이다. 이러한 기술을 적극적으로 활용해 효율성을 높이고, 더 창의적인 작업에 집중할 수 있다.

인터랙티브 콘텐츠는 시청자와의 상호작용을 강화하는 중요한 트렌드이다. 시청자가 직접 선택하고 참여할 수 있는 콘텐츠를 제작해 더 높은 몰입감을 제공할 수 있다. 예를 들어, 인터랙티브 스토리텔링, 라이브 스트리밍, 퀴즈 영상 등이 있다.

가상현실(VR)과 증강현실(AR) 기술은 영상 제작의 새로운 가능성을 열어준다. VR과 AR을 활용해 더욱 몰입감 있는 콘텐츠를 제작할 수 있다. 예를 들어, 가상 투어, AR 필터, 360도 영상 등이 있다.

개인화된 콘텐츠는 시청자의 관심사와 취향에 맞춘 맞춤형 콘텐츠를 제공하는 것이다. AI를 활용해 시청자의 데이터를 분석하고, 그에 맞춘 콘텐츠를 추천하거나 제작할 수 있다. 개인화된 콘텐츠는 시청자의 만족도를 높이고, 더 많은 구독자를 확보하는 데 도움이 된다.

지속 가능한 제작은 환경을 고려한 영상 제작 방법을 의미한다. 에너지 효율적인 장비 사용, 디지털 배포, 재활용 가능한 소재 사용 등을 통해 환경에 미치는 영향을 최소화할 수 있다. 지속 가능한 제작은 앞으로 더욱 중요해질 것이다.

이 전자책을 통해 캡컷과 AI를 활용한 유튜브 영상 제작의 기초를 다지고, 앞으로의 트렌드에 대비할 수 있기를 바란다. 여러분의 창의성과 기술을 결합해 멋진 영상을 만들어 보길 바란다.

5

AI 영상 제작을 위한 사전 준비 이렇게 하라!

전 영 신

001010011001010

제5장
AI 영상 제작을 위한 사전 준비 이렇게 하라!

Prologue

AI는 이제 일상 속에서 중요한 역할을 하고 있으며, 광고와 마케팅에서도 필수적인 도구가 되었다. 이 책은 AI가 복잡하다는 고정관념을 깨고, 누구나 쉽게 AI를 활용해 영상 콘텐츠를 제작할 수 있도록 돕기 위한 가이드다.

AI 영상 제작의 가장 큰 장점은 효율성이다. 반복적인 작업을 자동화해 제작자는 창의적인 부분에 집중할 수 있고, 데이터 기반의 분석을 통해 타겟에 맞는 콘텐츠를 제안받을 수 있다. 하지만, 최종적인 기획과 창의성은 여전히 인간의 몫이다.

이 책은 AI 영상 제작의 각 단계를 차근차근 설명하며, 기술적인 지식이 없어도 쉽게 따라 할 수 있는 실용적인 정보를 제공한다. AI를 활용해 효율적이고 창의적인 영상을 만드는 방법을 함께 배워보자.

[그림1] 인간과 AI의 협업

1. 기획

1) 프로젝트 목표와 타깃 설정

(1) 프로젝트 목표 설정

영상 제작의 첫 단계는 명확한 '목표 설정'이다. 목표는 영상의 방향을 결정하며, 기획과 제작 과정 전반을 이끈다. 목표는 단순하고 구체적일수록 효과적이다. 예를 들어, 브랜드 인지도를 높이거나, 특정 제품의 구매 유도를 목표로 설정할 수 있다. 각 목표는 영상의 메시지와 표현 방식을 결정짓는 중요한 기준이 된다.

AI는 목표 설정에서 유용한 도구로, 과거의 캠페인 데이터와 소비자 반응 데이터를 분석해 어떤 목표가 효과적일지 제안해준다. 이를 통해 구체적이고 현실적인 목표를 설정할 수 있다.

(2) 타깃 설정

목표가 정해졌다면, 이제 그 목표를 달성하기 위해 영상을 시청할 대상, 즉 '타깃'을 설정해야 한다. 타깃은 영상이 누구를 위해 만들어지는지를 정의하는 단계이며, 타깃 설정은 매우 구체적이어야 한다. 타깃이 명확하지 않으면 영상의 메시지가 분산되고, 시청자의 마음을 정확히 공략하지 못할 수 있다.

① AI를 활용한 타깃 분석

AI는 타깃 분석에 매우 유용하며, 방대한 소비자 데이터를 분석해 타깃층의 특성과 행동 패턴을 파악할 수 있다. 예를 들어, AI는 20대 여성들이 어떤 플랫폼에서 어떤 시간대에 영상을 시청하는지, 어떤 스타일의 영상에 반응하는지 분석해준다. 이를 통해 맞춤형 콘텐츠 제작이 가능해진다.

또한, AI는 타깃층의 감정적 반응을 분석해, 어떤 요소가 더 큰 공감을 불러일으킬지 예측할 수 있다. 이를 바탕으로 감정적으로 더 효과적인 영상 메시지와 스타일을 설정해 타깃층과 깊이 소통할 수 있다.

② 타깃 설정의 구체화

타깃 설정은 단순히 '남성', '여성', '젊은 층' 등으로 끝나서는 안 된다. 나이, 성별, 생활패턴, 소득 수준까지 구체적으로 고려해야 한다. 예를 들어, 20대 중반 남성이라도 대학생과 직장인의 관심사는 다를 수 있다. 대학생은 여행과 취미에 관심이 많을 수 있고, 직장인은 커리어와 금융에 더 집중할 수 있다. 이처럼 세분화된 타깃 설정을 통해 더 정확한 메시지 전달과 콘텐츠 반응을 예측할 수 있다.

[그림2] 타깃 설정

2) 핵심 메시지 구체화 및 전략 수립

(1) 핵심 메시지 구체화

영상 제작에서 중요한 요소 중 하나는 핵심 메시지를 명확하게 설정하는 것이다. 목표와 타깃이 정해졌다면, 이들이 영상을 통해 어떤 내용을 받아들이게 할지를 결정해야 한다. 핵심 메시지는 짧고 강렬하게 전달되어야 한다. 너무 많은 정보를 담으려 하면 혼란을 초래할 수 있다. 메시지는 타깃층에 맞춰야 하며, 예를 들어 20대에게는 감정적인 메시지가, 40대에게는 실용적인 정보가 더 효과적일 수 있다.

AI는 다양한 데이터를 분석해 타깃층이 어떤 메시지에 더 반응하는지 도와준다. 이를 통해 제작자는 각 타깃층에 맞는 구체적인 메시지를 설정할 수 있다.

(2) 전략 수립

핵심 메시지를 구체화한 후, 그 메시지를 어떻게 전달할지에 대한 전략을 수립해야 한다. 전략은 영상의 형식과 배포될 플랫폼을 고려해 결정된다. 젊은 층은 짧고 임팩트 있는 영상을 선호할 수 있으며, 전문직 종사자들은 설명형 콘텐츠를 더 선호할 수 있다.

AI는 각 플랫폼별 최적화된 전략을 제안하고, 타깃층의 데이터에 기반한 최적의 형식을 추천할 수 있다. 예를 들어, 유튜브에서는 제목과 태그 설정이 중요하고, 인스타그램에서는 해시태그와 시각적 연출이 핵심일 수 있다.

(3) 전달 방식의 결정

마지막 단계는 메시지를 전달할 방식을 결정하는 것이다. 이 과정에서 영상의 톤, 스타일, 음악, 시각적 요소들이 중요하다. 예를 들어, 신제품 출시 광고에서는 시각적 요소와 짧은 문구가 효과적일 수 있고, 브랜드 이미지 광고에서는 감성적인 음악과 철학을 강조하는 방식이 더 적합할 수 있다.

AI는 각 요소의 효과를 분석해 어떤 방식이 가장 적합한지 제안하며, 전달 방식의 일관성을 유지해 타깃층에게 명확한 인상을 남기도록 도와준다.

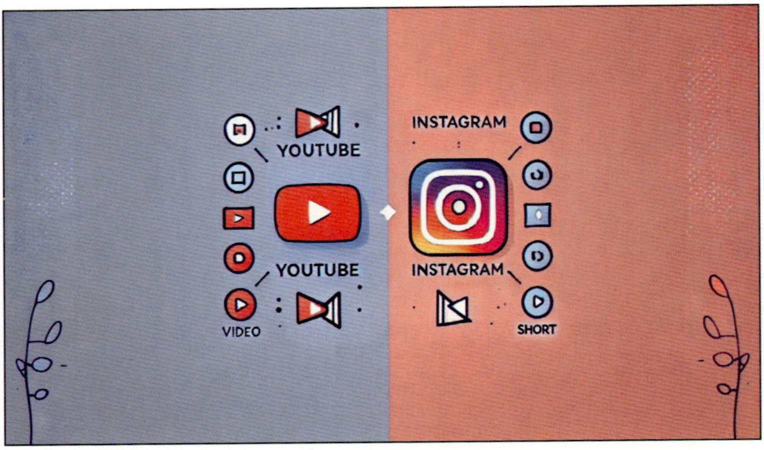

[그림3] 플랫폼 별 전략수립

3) AI 도구를 활용한 데이터 기반 기획

(1) AI와 데이터의 역할

AI(인공지능)는 오늘날 기획 과정에서 매우 중요한 도구로 자리 잡았다. 과거에는 직감과 경험에 의존해 기획이 이뤄졌지만, AI는 방대한 데이터를 분석해 더 객관적이고 구체적인 인사이트를 제공한다. AI의 가장 큰 강점 중 하나는 데이터를 바탕으로 소비자 행동 패턴을 분석하고, 어떤 전략이 효과적인지 예측할 수 있다는 점이다. 이를 통해 기획자는 더 정밀하고 효율적인 기획을 할 수 있다.

'데이터 기반 기획'이란 AI가 제공하는 데이터를 활용해 기획 전반을 구성하는 과정이다. AI는 소비자의 관심사, 연령대, 성별, 생활 패턴 등을 분석해 어떤 콘텐츠가 그들에게 가장 효과적인지를 제안한다. 이를 통해 타깃층에게 맞춤형 영상을 제작할 수 있으며 그 결과는 기존의 기획 방식보다 높은 성공 확률을 기대할 수 있다.

(2) AI 도구를 활용한 콘텐츠 추천

AI는 단순히 타깃층을 분석하는 데 그치지 않고 그들에게 어떤 콘텐츠가 적합한지도 추천해준다. 예를 들어, AI는 특정 타깃층이 어떤 유형의 영상을 더 선호하는지, 그들이 선호하는 콘텐츠의 톤앤매너(Tone & Manner)와 스타일을 분석한다.

① 콘텐츠 형식 추천

AI는 타깃층의 선호도에 따라 어떤 형식의 영상이 효과적인지 제안한다. 예를 들어, 교육 콘텐츠는 설명형 영상이 적합할 수 있고, 광고 콘텐츠는 짧고 시각적으로 임팩트 있는 영상이 효과적일 수 있다. 또한 AI는 영상의 길이, 시각적 요소, 음악의 활용 등 세부적인 부분까지 추천할 수 있다. AI가 제공하는 데이터는 기획자들이 콘텐츠 제작 과정에서 어떤 형식이 타깃층에게 가장 적합한지를 파악하는 데 큰 도움을 준다.

② 음성 및 음악 추천

AI는 데이터 분석을 통해 타깃층이 어떤 음성 톤이나 음악 스타일에 더 잘 반응하는지도 파악할 수 있다. 이를 통해 기획자는 특정 타깃층에게 맞는 '음악 스타일'을 선택하고, 시청자가 공감할 수 있는 '음성 톤'을 사용할 수 있다. 예를 들어, 젊은 층은 활기찬 비트와 트렌디한 음악에 반응할 가능성이 높고, 성숙한 연령층은 차분하고 고급스러운 음악을 더 선호할 수 있다.

(3) AI 도구로 예측하는 성공 가능성

AI의 가장 큰 장점 중 하나는 '기획의 성공 가능성을 예측'할 수 있다는 점이다. 과거의 데이터를 분석하고 다양한 변수들을 고려해 어떤 기획이 성공할 가능성이 높은지 AI는 미리 예측할 수 있다.

① 기획 단계에서의 예측 분석

AI는 기획 단계에서 다양한 요소를 종합해 기획한 영상이 얼마나 성공할지 예측하는데 도움을 준다. 예를 들어, AI는 영상에 포함된 요소들(음악, 색상, 영상 길이 등)이 타깃층에 얼마나 매력적으로 다가갈지를 미리 분석해준다. 이를 통해 기획자는 영상 제작 전에 필요한 부분을 수정하거나 보완할 수 있다.

② 데이터 기반으로 제작의 방향성 설정

기획자는 AI가 제공하는 데이터를 기반으로 제작의 방향성을 설정할 수 있다. 예를 들어, AI는 타깃층의 관심사 변화나 최근 트렌드를 실시간으로 반영해 기획의 방향을 수정하는 데 도움을 준다. 이러한 예측 분석 덕분에 영상 제작의 실패 확률을 줄이고, 성공 가능성을 높일 수 있다.

(4) AI 기반 데이터 분석의 유연성

AI는 기획 전 단계뿐만 아니라 제작과 배포 과정에서도 지속적으로 데이터를 분석해 피드백을 제공할 수 있다. 이 피드백은 실시간으로 이뤄지기 때문에 기획자는 시장의 변화나 타깃층의 반응에 맞춰 기획을 수정할 수 있다. 예를 들어, 특정 시간대에 영상의 조회 수가 급증하거나 특정 콘텐츠에 대한 반응이 뜨거울 때, AI는 이러한 데이터를 분석해 실시간으로 기획의 방향을 조정할 수 있도록 도와준다.

2. 아이디어 발상

1) AI를 통한 창의적 아이디어 개발 및 브레인스토밍

'아이디어 발상'은 영상 제작에서 가장 창의적인 단계 중 하나다. 이 과정에서는 다양한 가능성을 열어두고 여러 아이디어를 자유롭게 탐구하는 것이 중요하다. 하지만 창의적인 발상은 때때로 막히기도 하고, 시간이 오래 걸리기도 한다. 이런 문제를 해결하기 위해 AI가 큰 역할을 할 수 있다. AI는 방대한 데이터를 바탕으로 창의적인 아이디어를 제안하고, 새로운 영감을 주는 도구로 활용된다.

(1) AI가 창의적 아이디어 발상에 미치는 영향

과거에는 창의적 아이디어를 얻기 위해 브레인스토밍과 여러 회의를 거치는 방식이 주를 이뤘지만, AI는 이러한 방식을 혁신했다. AI는 다양한 아이디어를 빠르게 제안하고, 트렌드나 새로운 관점을 제공해 기획자에게 더 폭넓은 선택지를 제공한다. 예를 들어, 미드저니(MidJourney)와 같은 AI 도구는 텍스트 기반 이미지를 생성하며, 새로운 시각적 표현을 제시한다. 또한, AI는 데이터 분석을 통해 인기 있는 테마를 반영한 창의적 아이디어를 유도하며, 아이디어 발상 시간을 단축해준다.

(2) AI를 활용한 브레인스토밍

'브레인스토밍'은 기획자들이 아이디어를 공유하고 결합해 더 나은 해결책을 찾는 과정이다. 전통적으로 브레인스토밍은 팀 내에서 각자의 생각을 나누는 방식으로 이뤄졌지만, AI를 도입하면 더욱 폭넓고 다각적인 아이디어를 끌어낼 수 있다.

① AI와 인간의 협업

AI는 인간의 창의성을 지원하는 도구로, 브레인스토밍 과정에서 중요한 역할을 한다. AI는 기획자가 생각하지 못한 패턴을 발견하거나 기존 아이디어를 새로운 방식으로 결합하여 창의적인 방안을 제안한다. 기획자는 AI가 제안한 아이디어를 확장하거나 응용해 새로운 영감을 얻고, 이를 바탕으로 팀원들과 더 구체적이고 깊이 있는 토론을 이어나갈 수 있다.

② 아이디어 다양화

AI는 데이터를 분석해 다양한 아이디어를 제시하며, 기획자가 문제를 여러 각도에서 해결할 방법을 발견할 수 있도록 돕는다. 예를 들어, 광고 캠페인에서 AI는 소비자 데이터와 마케팅 트렌드를 분석해 여러 아이디어를 제공하고, 이를 통해 기획자가 새로운 방식으로 접근하는 데 도움을 준다.

③ 자동화된 아이디어 확장

AI는 간단한 키워드나 정보를 바탕으로 자동으로 세부 아이디어를 확장한다. 예를 들어, '환경 보호'라는 주제를 입력하면 AI는 재활용, 지속 가능한 소비, 친환경 제품 등 관련된 하위 주제와 구체적인 아이디어를 제시한다. 이를 통해 기획자는 빠르고 다양한 아이디어를 쉽게 발굴할 수 있다.

[그림4] 브레인스토밍

(3) AI 도구를 활용한 실질적인 아이디어 발상 방법

AI는 단순히 아이디어를 제안하는 도구를 넘어, 실제 창의적인 과정에서 매우 실질적인 도움을 준다. 예를 들어, 영상 제작에서 AI는 이미지 생성, 텍스트 분석, 또는 시각적 스타일을 추천하는 도구로 사용될 수 있다. 이러한 도구들은 기획자가 아이디어를 더 빠르게 구체화하고 시각화하는 데 도움을 준다.

① AI 기반 이미지 및 비주얼 생성

영상의 콘셉트나 스타일을 정할 때, AI는 다양한 비주얼 아이디어를 제공할 수 있다. 예를 들어, 미드저니, DALL·E와 같은 AI 이미지 생성 도구는 간단한 키워드 입력만으로도 수백 가지의 이미지 아이디어를 제안한다. 이런 이미지를 기반으로 기획자는 영상의 전반적인 분위기나 색감을 빠르게 결정할 수 있다. 이뿐만 아니라 AI는 예술적 영감의 원천이 될 수 있는 다양한 시각적 스타일을 자동으로 생성하므로 기획자가 창의적인 선택을 더 쉽게 할 수 있게 돕는다.

② 텍스트 기반 아이디어 확장

AI는 텍스트 분석과 확장에도 뛰어나다. 예를 들어, 단어 몇 개를 입력하면 그에 맞는 슬로건, 캐치프레이즈, 또는 설명 문구 등을 자동으로 제안해준다. 이를 통해 기획자는 간단한 아이디어에서 더 구체적이고 완성도 높은 콘셉트를 빠르게 도출할 수 있다. 또한 AI는 다양한 문화적 배경을 반영한 텍스트를 제공하므로, 글로벌 시장을 목표로 할 때도 유용하다.

③ 다양한 아이디어 시나리오 생성

AI는 주어진 주제에 대한 여러 가지 시나리오를 자동으로 생성해준다. 예를 들어, 브랜드 광고를 기획할 때 AI는 '브랜드의 친환경 이미지', '브랜드의 혁신적인 기술력', '고객과의 감정적 연결' 등 여러 시나리오를 제시할 수 있다. 기획자는 이 시나리오들을 바탕으로 자신만의 독창적인 기획을 빠르게 발전시킬 수 있다.

AI는 창의적인 과정에서 더 이상 보조적인 도구가 아니라, 기획자와 함께 아이디어를 발전시키는 핵심 파트너로 자리 잡고 있다. 브레인스토밍 단계에서부터 구체적인 아이디어 구현에 이르기까지 AI는 기획자에게 다양한 아이디어를 제공하고 그 과정을 효율적으로 돕는다. 이를 통해 기획자들은 더 빠르고 폭넓게 창의적인 아이디어를 탐구할 수 있으며 보다 혁신적인 영상 콘텐츠를 제작할 수 있게 된다.

2) 기업 목표와 연계된 아이디어 도출 기법

기업 목표와 연계된 아이디어 도출은 단순한 창의성을 넘어 비즈니스 성과를 위한 중요한 과정이다. 목표를 구체적으로 이해하고 이를 기반으로 기획해야 효과적으로 목표를 달성할 수 있다.

(1) 기업 목표의 이해

기업이 설정한 목표를 명확히 파악해야만 아이디어를 도출할 수 있다. 예를 들어, 신제품 출시가 목표라면, 제품의 특징을 부각시키는 아이디어가 필요하며, 브랜드 이미지 제고가 목표라면 감성적인 스토리텔링이 중요하다. AI는 소비자 데이터를 분석해 목표 설정을 돕는다.

(2) AI를 활용한 기업 목표와의 연계

AI는 과거 성공/실패 사례를 분석해 어떤 전략이 목표 달성에 적합한지 제시할 수 있다.

① 성공 사례 분석

AI는 성공적인 마케팅 캠페인의 데이터를 분석해 효과적이었던 요소를 도출한다.

② 실패 사례 분석

실패한 사례의 원인을 분석해 기획자가 같은 실수를 반복하지 않도록 돕는다.

(3) 기업의 목표와 소비자 니즈의 조화

기업의 목표와 소비자의 요구는 항상 일치하지 않기 때문에, 두 요소의 균형을 맞춘 아이디어가 필요하다.

① 소비자 니즈 분석

AI는 소비자 데이터를 바탕으로 그들이 어떤 요구를 갖고 있는지, 어떤 문제를 해결하려 하는지를 분석해준다. 예를 들어, 특정 소비자 그룹이 주로 검색하는 키워드, 구매 패턴, 소셜 미디어에서의 대화 등을 분석하면 그들이 현재 어떤 문제에 관심을 두고 있는지 알 수 있다. 이를 바탕으로 기업의 목표와 소비자의 니즈를 연결하는 아이디어를 도출할 수 있다.

② 기업 목표와 소비자 기대의 조율

AI는 소비자의 관심사를 반영해 기업 목표와 조율된 아이디어를 도출한다. 예를 들어, 소비자들이 환경 문제에 관심이 있다면, 신제품의 친환경적 특성을 강조하는 방향으로 아이디어를 발전시킬 수 있다.

(4) AI를 활용한 아이디어 테스트

AI는 도출된 아이디어를 미리 테스트하고, 타깃층의 반응을 예측할 수 있다. 이를 통해 아이디어의 효과를 사전 분석하고 수정할 방향을 제시한다.

① 아이디어 검증

AI는 타깃층의 감정적 반응을 분석해 아이디어의 효과를 예측하고, 이를 통해 성공 가능성을 높일 수 있다.

② 피드백 제공 및 수정 방향 제안

AI는 실시간 피드백을 제공하며, 예상보다 낮은 반응에 대한 원인을 분석해 기획자에게 수정 방향을 제시한다

3) AI를 활용한 아이디어 발상 자동화 툴 활용

AI는 기획자들이 다양한 아이디어를 효율적으로 발상할 수 있도록 도와주는 도구들을 제공한다. 이러한 툴들은 반복적인 작업을 자동화하고, 데이터를 기반으로 새로운 가능성을 제시한다.

(1) AI 아이디어 발상 툴의 역할

AI는 데이터를 분석해 다양한 아이디어를 자동으로 생성하며, 기획자가 놓칠 수 있는 새로운 방향을 제시한다. 예를 들어, AI 이미지 생성 도구는 키워드 입력을 통해 다양한 시각적 콘셉트를 제공하여 기획자의 작업을 돕는다.

① 창의적 이미지 생성 도구

미드저니나 DALL·E 같은 도구들은 키워드만으로 다양한 스타일의 이미지를 생성하여 시각적 아이디어를 빠르게 탐구할 수 있게 한다.

② 텍스트 기반 아이디어 자동 생성

GPT-4와 같은 언어 모델은 간단한 키워드로 다양한 문구, 스토리라인, 슬로건을 자동 생성하여 기획자들이 빠르게 아이디어를 발전시킬 수 있게 한다.

(2) 자동화 툴을 활용한 아이디어 확장

AI 자동화 툴은 기획자들이 간단한 입력값에서 출발해 더 깊이 있는 아이디어를 확장할 수 있도록 돕는다. AI는 다양한 시나리오나 해결 방안을 제시해 기획자에게 창의적인 문제 해결 방법을 제시한다.

① 브레인스토밍 과정에서의 아이디어 확장

AI 자동화 툴은 기획자들이 간단한 입력값에서 출발해 더 깊이 있는 아이디어를 확장할 수 있도록 돕는다. AI는 다양한 시나리오나 해결 방안을 제시해 기획자에게 창의적인 문제 해결 방법을 제시한다.

② 시나리오 자동 생성 및 대안 제시

AI는 입력된 주제에 따라 다양한 시나리오와 해결책을 제시하며, 기획자가 빠르게 아이디어를 평가하고 선택할 수 있게 도와준다.

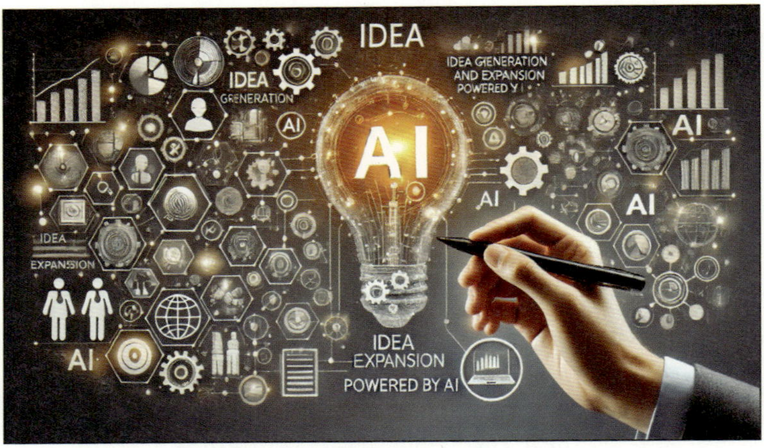

[그림5] AI를 활용한 아이디어 발상

(3) AI 툴을 활용한 아이디어 검증 및 수정

AI는 도출된 아이디어의 성공 가능성을 예측하고, 필요할 경우 수정 방향을 제안해준다.

① 아이디어의 실효성 검증

AI는 타깃층의 데이터를 바탕으로 아이디어의 성공 가능성을 사전에 분석해준다.

② 자동화된 피드백 및 수정 제안

AI는 실시간 피드백을 통해 수정할 부분을 제안하고, 기획자는 즉시 아이디어를 발전시킬 수 있다.

AI 툴은 아이디어 생성부터 확장, 검증, 수정까지 다양한 과정에서 기획자를 지원하며, 더 창의적이고 전략적인 아이디어 발굴에 기여한다.

3. 시나리오 작성

1) AI를 활용한 스토리라인 개발 및 각본 작성

영상 제작의 핵심은 '스토리라인'과 '각본'이다. 스토리라인은 영상의 흐름을 결정하며, 각본은 그 스토리를 구체화하는 텍스트 기반의 설계도라고 할 수 있다. 과거에는 이 모든 과정이 기획자와 작가의 창의력에 의존했지만, AI는 이제 스토리 개발과 각본 작성에서도 강력한 도구로 자리 잡고 있다. AI는 데이터를 바탕으로 창의적이고 실용적인 스토리라인을 제안하며 각본 작성 과정에서도 반복적이거나 시간을 많이 요구하는 작업을 자동화해 준다.

(1) AI를 통한 스토리라인 개발

AI는 방대한 데이터를 기반으로 새로운 스토리라인을 제안하거나 기존 아이디어를 확장하는 데 도움을 준다. 이를 통해 기획자는 더 창의적이고 다양한 각도에서 스토리를 개발할 수 있다.

① 스토리 구성 자동화

AI는 초기 아이디어나 주제를 바탕으로 여러 스토리 구조를 자동 생성하며, 장르나 타깃층에 맞춘 맞춤형 스토리라인을 제안한다. 예를 들어, '여행'을 주제로 하면 AI는 주인공의 여정, 도전, 깨달음 등의 요소를 자동으로 구성해 준다.

② 스토리 예측 및 분석

AI는 성공적인 스토리 데이터를 분석해 어떤 스토리 구조가 타깃층에게 더 효과적인지 예측할 수 있다. 이를 통해 기획자는 더 나은 스토리라인을 선택하고 구체화할 수 있다.

(2) AI를 활용한 각본 작성

AI는 각본 작성 과정에서 기획자의 창의성을 돕고 반복적인 작업을 자동화하는 데 유용하다.

① AI를 통한 대사 생성

AI는 캐릭터의 성격과 상황에 맞춘 대사를 자동으로 생성해준다. 이를 통해 자연스러운 대화 흐름을 유지하며, 다양한 언어와 문화적 배경을 반영한 대사도 생성 가능하다. 이로써 글로벌 시장을 겨냥한 콘텐츠 제작에 도움을 줄 수 있다.

② 장면 묘사 및 시각적 연출

AI는 장면 묘사에 필요한 색감, 조명, 소품 등을 자동으로 제안하여 더 구체적이고 시각적으로 풍부한 각본을 작성할 수 있게 한다. 기획자는 이를 통해 더 세밀하고 완성도 높은 각본을 빠르게 완성할 수 있다.

[그림6] 다채로운 시각적 연출

(3) AI의 각본 작성에서의 효율성

AI는 각본 작성에서 반복적인 작업을 자동화하여 시간과 노력을 절감할 수 있습니다. 기획자는 AI가 생성한 첫 번째 초안을 기반으로 창의적인 작업에 집중할 수 있습니다.

① 첫 번째 초안 작성

AI는 스토리라인과 간단한 설정을 입력받아 신속하게 초안을 생성합니다. 대화와 액션이 포함된 장면에서는 AI가 상황에 맞는 대사와 묘사를 자동으로 추가하여 기획자가 세부 작업에 더 집중할 수 있도록 돕습니다.

② 실시간 피드백 및 수정 제안

AI는 작성된 각본에 대해 실시간 피드백을 제공하고, 필요시 수정 방향을 제안합니다. 예를 들어, 대사가 지나치게 길거나 장면이 타깃층에게 잘 전달되지 않을 가능성이 있는 경우 AI가 그 부분을 분석합니다. 이로 인해 기획자는 초안을 효율적으로 수정하여 완성도 높은 각본을 빠르게 만들어 낼 수 있습니다.

2) 시나리오에서 핵심 메시지와 플롯 구성

시나리오의 핵심 요소는 전달할 메시지와 이를 플롯에 어떻게 녹여내는 가이다. 핵심 메시지는 관객에게 주제, 감정, 교훈 등을 전달하며, 플롯은 이 메시지를 효과적으로 전달하는 이야기의 구조다. 잘 구성된 플롯은 자연스럽게 메시지를 드러내며 관객에게 감동과 영감을 준다.

(1) 핵심 메시지의 중요성

핵심 메시지는 시나리오가 전달하려는 가장 중요한 내용이다. 좋은 시나리오는 명확한 메시지를 기반으로 하며, 관객에게 무엇을 말하고 싶은지를 분명히 전달해야 한다. 메시지가 흐릿하면 시청자는 이야기의 방향을 잡기 어려워져 영상의 효과가 떨어질 수 있다. 광고에서는 제품의 장점을, 영화나 드라마에서는 더 복합적인 메시지를 담을 수 있다. 메시지를 구체화하는 과정에서 '무엇을' 전달할 것인지 명확한 답변을 찾아야 한다.

(2) 플롯의 구성

플롯은 시나리오의 뼈대이며, 핵심 메시지를 전달하기 위한 이야기의 흐름을 결정한다. 플롯 구성 시 각 장면이 어떻게 연결되고 이야기가 어떤 방식으로 전개될지를 설계해야 한다. 기승전결 구조는 이야기의 흐름을 이해하기 쉽게 만들어준다. 캐릭터의 여정은 플롯의 핵심으로, 주인공이 갈등을 해결하는 과정에서 성장하는 모습이 중요하다.

(3) 플롯을 통한 메시지 전달 전략

메시지를 플롯에 녹여내는 방법은 다양하다. 플롯의 사건, 캐릭터의 대화, 장면의 배경을 통해 메시지를 은유적으로 전달해야 한다. 사건들은 메시지를 표현하는 중요한 수단이며, 주인공의 어려움 극복 과정에서 '극복'이라는 메시지를 전달할 수 있다. 캐릭터의 성장과 변화는 메시지 전달의 중요한 방법으로, 주인공의 선택과 변화가 메시지와 직결된다. 대사는 메시지를 직접적으로 전달하는 요소지만, 너무 직설적이지 않도록 자연스럽게 구성해야 한다.

3) AI를 사용한 대화 및 서사 구조 최적화

시나리오에서 대화와 서사 구조는 스토리 전개와 메시지 전달에 매우 중요하다. 대화는 캐릭터 간의 상호작용을 통해 이야기를 자연스럽게 풀어내고, 서사 구조는 이야기를 일관되고 흥미롭게 구성해 관객의 몰입도를 높인다. AI는 이러한 대화 및 서사 구조 최적화에서 큰 역할을 할 수 있으며, 데이터를 바탕으로 효과적인 서사적 흐름을 만들어낸다.

(1) AI를 통한 대화 최적화

대사는 시나리오의 핵심 요소로, 캐릭터의 감정과 성격을 나타낸다. AI는 다양한 데이터를 바탕으로 캐릭터에 맞는 자연스러운 대화를 자동으로 생성하거나 최적화할 수 있다. 이를 통해 각본 작성자는 대화의 흐름을 더 빠르게 잡아낼 수 있다.

① 캐릭터의 성격에 맞는 대화 생성

캐릭터의 성격에 맞는 대화 생성 AI는 캐릭터의 성격과 배경을 고려한 맞춤형 대사를 생성할 수 있다. 감정적으로 복잡한 상황에서 AI는 캐릭터의 성격에 맞는 대사를 제안하여 캐릭터 간의 상호작용을 자연스럽게 돕는다.

② 상황에 맞는 대화 톤 설정

상황에 맞는 대화 톤 설정 AI는 대화가 발생하는 상황의 맥락을 고려해 적절한 톤을 설정하는 데 도움을 준다. 긴장감이 고조된 상황에서 AI는 짧고 명료한 대화를 제안하고, 감정적인 장면에서는 더 길고 서정적인 대사를 추천한다. AI는 또한 시대 배경에 맞는 언어 사용을 분석해 시나리오가 특정 시대적 맥락이나 문화에 맞게 자연스럽게 적응하도록 도와준다.

(2) AI를 통한 서사 구조 최적화

서사 구조는 시나리오의 전반적인 흐름을 관리하는 중요한 요소다. AI는 플롯의 흐름을 분석하고, 과거 성공적인 서사 구조를 바탕으로 이야기를 더욱 효율적으로 구성할 수 있는 방법을 제시한다.

① 전통적 서사 구조의 분석과 최적화

전통적 서사 구조의 분석과 최적화 AI는 다양한 서사 구조를 분석해 스토리 전개를 최적화할 수 있는 방법을 제시한다. 전통적인 3막 구조(기승전결)뿐만 아니라 다양한 패턴을 적용해 플롯을 구성할 수 있다. AI는 사건 간의 연결성을 강화하고, 갈등이 발생하는 지점을 명확하게 설정할 수 있다.

② 서사적 흐름의 일관성 유지

서사적 흐름의 일관성 유지 AI는 이야기의 흐름을 분석해 각 장면의 연결성과 자연스러운 전개를 평가할 수 있다. 장면 간의 이질감을 감지하고 수정 제안을 할 수 있어 이야기의 흐름을 매끄럽게 만들어준다. 또한 각 사건의 중요도를 분석해 불필요한 장면을 삭제하거나 축약할 수 있는 제안을 제공하여 서사 구조를 간결하고 효과적으로 구성할 수 있다.

(3) AI를 사용한 대화와 서사의 연계성 강화

서사 구조와 대화는 유기적으로 연결돼야 한다. AI는 대화와 서사를 통합 분석해 자연스러운 흐름을 평가하고, 필요 시 수정할 수 있다.

① 대화와 서사 간의 일관성

대화와 서사 간의 일관성 AI는 각 대사의 플롯 관련성을 분석한다. 관련성이 적거나 긴 대사는 AI가 지적하고 간결하게 수정하도록 제안한다. 이를 통해 일관성을 유지할 수 있다.

AI는 캐릭터의 감정 변화가 플롯과 일관되도록 대화를 조정해 관객의 공감을 유도한다.

② 서사를 강화하는 대화 구성

서사를 강화하는 대화 구성 AI는 대화가 서사를 강화하도록 돕는다. 갈등 발생 시 AI는 극적인 대화를 제안해 긴장감을 높인다. 특정 메시지를 전달하기 위해 대사를 조정해 관객이 쉽게 이해하도록 한다.

(4) AI 기반의 서사 구조 피드백과 개선

AI는 서사 구조를 분석하고 문제를 실시간으로 피드백해준다. 특정 사건이 갑작스럽거나 느린 경우 AI는 수정 방향을 제안해 기획자가 플롯을 다듬을 수 있도록 한다.

① 플롯 전개 속도의 최적화

플롯 전개 속도의 최적화 AI는 사건의 전개 속도를 분석해 빠르거나 느린 부분을 찾아낸다. 관객의 몰입도를 유지하기 위해 사건의 진행 속도를 조정하고 중요한 순간에 적절한 템포를 유지하도록 돕는다.

② 서사 구조의 조정과 강화

서사 구조의 조정과 강화 AI는 전체 서사 구조를 평가해 필요에 따라 전환점이나 결말 부분을 강화하는 제안을 제공한다. 예를 들어, 클라이맥스가 약할 경우 AI는 그 부분을 강화할 수 있는 방법을 제시한다.

③ AI를 사용한 서사 구조의 유연성

AI를 사용한 서사 구조의 유연성 AI는 기획자가 예상치 못한 서사 전개 방식을 제안하거나 기존의 서사를 새롭게 해석할 수 있도록 도와준다. 이를 통해 새로운 이야기를 시도할 기회를 제공한다.

(5) AI와 인간의 협업을 통한 최적의 서사 구조

AI는 대화와 서사 구조 최적화에 강력한 도구이지만, 인간의 창의력도 중요하다. AI는 데이터 분석을 제공하지만 기획자는 그 분석을 바탕으로 감정적 요소를 강화해야 한다.

① AI의 제안과 인간의 감정적 판단

AI의 제안과 인간의 감정적 판단 AI는 플롯 전개나 대화 패턴을 분석해 제안할 수 있지만, 감정적 요소는 인간의 직감과 판단에 의존해야 한다.

② 창의적 직관과 데이터 기반 최적화의 균형

창의적 직관과 데이터 기반 최적화의 균형 AI와 기획자의 협업은 창의적 직관과 데이터 기반 최적화를 균형 있게 이루어져야 한다. 기획자는 AI가 제공하는 데이터를 토대로 최적화된 서사 구조를 만들어내지만, 그 과정에서 인간적인 감각과 감정적 공감을 고려해야 한다.

AI는 시나리오에서 대화와 서사 구조를 최적화하는 데 강력한 도구로 작용하며, 기획자가 더 효율적으로 시나리오를 작성할 수 있도록 돕는다. AI와 기획자의 협업을 통해 창의적인 스토리라인과 서사를 구성하는 것은 효과적인 접근 방식이 될 수 있다.

4. 콘셉트 디자인

1) 영상의 시각적 및 테마적 콘셉트 설정

영상 제작에서 시각적 및 테마적 콘셉트는 콘텐츠의 분위기와 메시지를 전달하는 핵심 요소다. 콘셉트는 영상의 스타일과 톤을 결정하고, 시각적 요소는 관객의 몰입도를 높인다.

(1) 시각적 콘셉트 설정

시각적 콘셉트는 영상의 비주얼 스타일을 정의하는 단계로, 색상 팔레트, 조명, 카메라 앵글, 촬영 방식 등 다양한 요소가 포함된다. 잘 설정된 시각적 콘셉트는 일관된 스타일을 유지하며 관객에게 강한 인상을 남긴다.

① 색상과 분위기

색상은 감정적 톤을 결정하며 특정 감정을 전달한다. 예를 들어, 따뜻한 색상은 열정과 에너지를, 차가운 색상은 차분함을 나타낸다. 주제에 맞는 색상 선택이 중요하다.

② 조명과 카메라 앵글

조명은 분위기를 설정하며, 자연광과 인공조명에 따라 전체 톤이 달라진다. 카메라 앵글은 인물의 강약을 조절할 수 있다. AI는 이러한 요소들을 최적화해 효과적인 구도를 제안할 수 있다.

(2) 테마적 콘셉트 설정

테마적 콘셉트는 영상이 전달하고자 하는 메시지와 감정을 중심으로 이야기의 방향성을 설정한다. 이는 시각적 요소와 음악, 내러티브 구조를 조율하며, 일관된 메시지를 통해 관객에게 감동을 줄 수 있다.

① 주제와 감정의 일관성

영상의 주제에 따라 테마적 콘셉트가 달라질 수 있다. 예를 들어, '환경보호'는 자연적 이미지와 차분한 배경 음악으로 메시지를 강화할 수 있고, '혁신'은 금속적이고 반짝이는 이미지를 활용할 수 있다. 테마적 콘셉트는 관객이 느끼는 감정을 중심으로 구성돼야 한다.

② AI를 활용한 테마적 콘셉트 개발

AI는 과거 데이터를 분석해 특정 테마와 시각적 스타일이 얼마나 효과적인지를 제공한다. 이를 통해 기획자는 자신이 설정한 테마와 시각적 스타일의 효과를 검증할 수 있다. AI는 다양한 시각적 요소를 조합해 새로운 콘셉트를 제안할 수 있어, 기획자가 더 창의적이고 혁신적인 콘셉트를 개발하는 데 도움을 준다.

시각적 및 테마적 콘셉트 설정은 영상 제작의 중요한 초기 단계로, 잘 설정된 콘셉트는 관객의 관심을 끌고 메시지를 효과적으로 전달하는 데 기여한다. AI는 이 과정에서 효율적이고 창의적인 콘셉트를 설정할 수 있도록 돕는다.

2) AI 기반 디자인 요소와 무드보드 제작

콘셉트 디자인에서 중요한 단계 중 하나는 디자인 요소를 결정하고 이를 시각적으로 정리하는 것이다. AI는 기획자에게 다양한 영감을 제공하고 디자인 요소를 빠르게 생성하며 무드보드 제작을 도와준다. 무드보드는 전체 콘셉트의 방향성을 시각적으로 표현해 영상의 스타일과 분위기를 한눈에 파악할 수 있게 한다.

(1) AI 기반 디자인 요소 생성

AI는 시각적 디자인 요소를 자동으로 생성하고 조합을 제안한다. 텍스트 입력이나 몇 가지 키워드만으로 색상, 텍스처, 이미지 등을 빠르게 만들어낼 수 있다. 이를 통해 기획자는 디자인 방향을 신속하게 탐색하고 더 나은 선택을 할 수 있다.

① 색상 팔레트 자동 생성

AI는 특정 테마나 감정에 맞는 색상 팔레트를 제안한다. 예를 들어, '따뜻한 가족의 사랑' 주제에 대해 따뜻한 톤의 색상을 추천할 수 있으며, '차가운 미래 세계'에 맞춰 차가운 색상을 제안할 수 있다. AI는 과거 효과성을 분석해 타깃층에 적합한 색상을 추천하므로, 기획자는 효율적으로 시각적 콘셉트를 설정할 수 있다.

② 그래픽 요소와 이미지 생성

AI 도구는 텍스트 기반으로 이미지를 자동 생성할 수 있다. 예를 들어, '미래의 도시에 있는 현대적 건물'을 입력하면 AI는 다양한 이미지 옵션을 제공한다. 기획자는 이 이미지를 참고해 디자인 요소를 결정할 수 있으며, AI는 빈티지 스타일의 타이포그래피나 미래지향적인 아이콘 등도 자동으로 생성해 영상의 일관된 시각적 스타일을 유지할 수 있도록 돕는다.

[그림7] 빈티지 스타일 1

[그림8] 빈티지 스타일 2

(2) 무드보드 제작 과정

'무드보드'는 영상의 시각적 및 테마적 콘셉트를 한눈에 파악할 수 있도록 정리한 시각적 참고자료다. AI를 활용한 무드보드 제작은 디자인 요소들을 효율적으로 정리하고, 영상의 방향성을 시각적으로 명확하게 보여준다. 무드보드는 기획 과정에서 팀원 간의 커뮤니케이션을 원활하게 하고 나아가 최종 영상의 비주얼 스타일을 일관되게 유지하는 데 필수적이다.

① AI를 활용한 무드보드 자동화

AI는 기획자가 설정한 콘셉트에 맞춰 무드보드를 자동으로 생성할 수 있다. 예를 들어, '자연과 기술의 조화를 표현한 영상'이라는 콘셉트를 입력하면 AI는 그에 맞는 색상 팔레트, 이미지를 조합해 무드보드를 자동으로 만들어준다. 무드보드에는 관련된 사진, 텍스처, 색상 팔레트, 폰트 스타일 등이 포함돼, 전체적인 비주얼 스타일을 쉽게 파악할 수 있게 한다.

AI를 활용한 무드보드 제작의 장점은 속도와 다양성이다. 다양한 스타일의 무드보드를 빠르게 생성할 수 있기 때문에, 기획자는 여러 가지 옵션을 비교하고 선택할 수 있다. 또한 팀원들과 공유해 피드백을 받는 과정도 훨씬 원활해지며 영상 제작 과정에서의 혼란을 줄일 수 있다.

② 무드보드를 통한 시각적 방향성 유지

무드보드는 영상 제작의 전 과정에서 시각적 일관성을 유지하는 데 중요한 역할을 한다. 기획자는 무드보드를 기반으로 각 장면의 디자인 요소를 설정하고, 영상 제작이 진행되면서도 그 방향성을 유지할 수 있다. 예를 들어, 무드보드에 설정된 색상 팔레트와 그래픽 스타일을 바탕으로 영상의 각 장면에서 동일한 분위기와 시각적 톤을 유지할 수 있다.

AI는 무드보드에 포함된 이미지나 색상 팔레트를 분석해 영상의 다른 부분에서도 일관된 스타일을 유지하도록 돕는다. 예를 들어, AI는 무드보드에서 설정한 색상을 분석해 영상 편집 과정에서 그 색상을 유지하도록 제안할 수 있다. 이를 통해 영상의 시각적 일관성이 강화되고 메시지가 더 효과적으로 전달될 수 있다.

AI 기반 디자인 요소 생성과 무드보드 제작은 영상 제작 과정에서 기획자의 작업을 더 효율적으로 만들고, 시각적 스타일을 명확하게 설정하는 데 큰 도움을 준다. AI는 색상, 그래픽, 이미지를 자동으로 생성해 디자인 작업의 부담을 덜어주고 무드보드를 통해 시각적 콘셉트를 체계적으로 정리할 수 있게 한다. 이를 통해 기획자는 더 빠르고 창의적인 결과물을 만들어낼 수 있으며, 팀원 간의 소통도 원활해 진다.

3) 색상, 텍스처, 스타일 가이드라인 생성

영상의 시각적 콘셉트를 명확히 유지하고 일관성을 부여하기 위해서는 색상, 텍스처, 스타일 가이드라인을 세우는 것이 필수적이다. 이러한 가이드라인은 각 디자인 요소들이 영상의 전체적인 테마와 조화를 이루도록 돕고 모든 시각적 요소가 일관되게 전달될 수 있도록 한다. 이는 시각적 통일성을 강화할 뿐만 아니라 관객이 특정 감정을 느끼고 영상에 더욱 몰입할 수 있도록 한다.

(1) 색상 가이드라인 생성

'색상'은 감정을 전달하고 영상의 분위기를 결정짓는 중요한 요소 중 하나다. 색상 가이드라인은 영상 전반에 걸쳐 사용할 기본적인 색상 팔레트를 정의하고, 장면이나 캐릭터별로 특정 색상을 어떻게 적용할지를 규정하는 데 중점을 둔다. AI를 활용하면 색상 조합의 효과를 데이터에 기반해 분석하고, 프로젝트의 목적에 가장 적합한 팔레트를 빠르게 제안받을 수 있다.

① 색상 팔레트 선택

기획자가 설정한 영상의 주제에 맞는 '색상 팔레트'를 결정하는 것이 중요하다. 예를 들어, 차분하고 감성적인 영상을 기획할 경우 부드러운 파스텔 계열의 색상을 선택할 수 있고, 강렬한 액션 영상의 경우 대비가 강한 색상 조합을 선택할 수 있다. AI 도구는 이러한 과정에서 과거 성공적인 색상 팔레트를 분석하고, 색의 심리적 효과를 바탕으로 특정 팔레트의 적합성을 평가할 수 있다.

예를 들어, '희망'을 주제로 하는 영상에서는 노랑이나 연한 파란색 계열의 색상을 주로 사용해 밝고 긍정적인 분위기를 만들어낼 수 있다. 반대로

'불안'이나 '긴장'을 주제로 하는 영상에서는 어두운 톤의 회색이나 검정, 푸른색을 활용해 무거운 감정을 전달할 수 있다.

② 색상 사용 규칙

색상 가이드라인을 세울 때는 색상이 어떻게 사용돼야 할지 구체적인 규칙을 설정해야 한다. 예를 들어, 특정 장면에서는 따뜻한 색감을 사용하고, 감정적으로 중요한 순간에서는 차가운 색상을 사용하는 등의 규칙을 세워 일관성을 유지할 수 있다. 또한 캐릭터별로 특정 색상을 부여해각 캐릭터의 성격이나 감정을 시각적으로 표현하는 것도 좋은 방법이다.

AI는 색상의 사용 빈도나 특정 상황에서의 색상 변화가 얼마나 효과적인지를 분석해주며 이를 통해 기획자는 보다 과학적이고 전략적인 색상 사용이 가능하다.

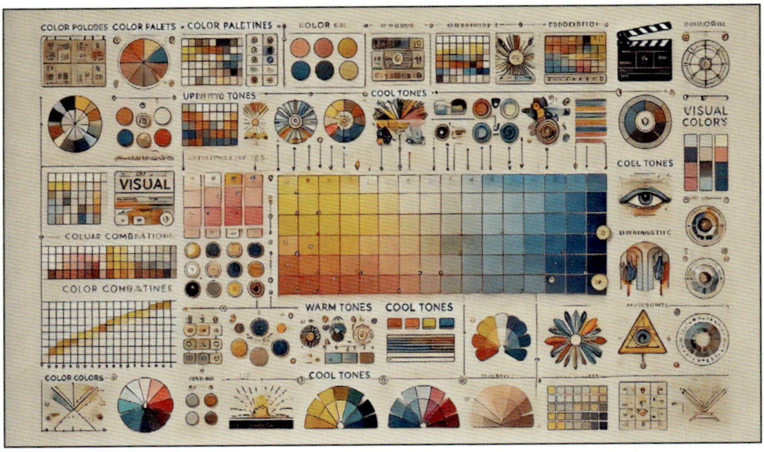

[그림9] 색상 팔레트

(2) 텍스처 가이드라인 생성

텍스처는 영상의 시각적 깊이를 더 해주는 중요한 요소다. 배경, 소품, 의상 등에서 사용되는 텍스처는 전체적인 분위기와 스타일을 강화하고, 특정 테마를 시각적으로 더욱 풍부하게 표현할 수 있다. 텍스처 가이드라인을 세우면 영상 전반에 걸쳐 사용되는 질감들이 일관되게 유지되며, 시각적 혼란을 줄일 수 있다.

① 테마에 맞는 텍스처 선택

텍스처 가이드라인을 설정할 때는 영상의 주제나 테마에 맞는 질감을 선택하는 것이 중요하다. 예를 들어, 자연을 배경으로 한 영상이라면 나무, 돌, 흙과 같은 자연 소재의 텍스처를 사용하는 것이 적합하다. 반면, 미래지향적인 테마에서는 금속, 유리, 기계적 요소의 텍스처를 사용해 미래적인 분위기를 강조할 수 있다.

AI는 이미지 분석 기술을 활용해 적합한 텍스처를 추천할 수 있으며 기획자는 이 데이터를 바탕으로 다양한 선택지를 탐색할 수 있다. 또한 AI는 특정 텍스처가 과거에 어떤 효과를 냈는지를 데이터로 분석해 보다 효과적인 질감을 선택하는 데 도움을 준다.

② 텍스처의 일관성 유지

영상의 각 장면에서 일관된 텍스처를 유지하는 것이 중요하다. 이를 위해서는 텍스처가 장면 전환이나 캐릭터 이동과 같은 큰 변화에서도 동일한 스타일을 유지하도록 가이드라인을 설정해야 한다. 예를 들어, 전통적인 건물 내 장면에서는 목재 텍스처가 계속해서 유지돼야 하며, 미래적인 실험실 장면에서는 금속과 유리 텍스처가 지배적이어야 한다.

AI는 텍스처의 일관성을 분석해중간에 삽입되는 다른 질감 요소가 전체적인 콘셉트를 해치지 않도록 조정할 수 있다.

(3) 스타일 가이드라인 생성

스타일 가이드라인은 영상 전반에 걸쳐 일관된 비주얼을 유지하기 위한 규칙들을 세우는 과정이다. 여기에는 타이포그래피, 그래픽 요소, 카메라 연출 스타일, 시각적 톤 등이 포함된다. 스타일 가이드라인은 전체 영상의 통일성을 유지하는 데 중요한 역할을 하며, 각 장면이 같은 분위기와 시각적 언어를 통해 연결되도록 돕는다.

① 타이포그래피와 그래픽 스타일

'타이포그래피'는 영상 내 텍스트가 등장하는 방식과 스타일을 정의하는 중요한 요소다. 예를 들어, 광고 영상에서 타이포그래피는 브랜드의 아이덴티티를 반영하는 중요한 역할을 한다. AI는 타이포그래피의 폰트 스타일, 크기, 색상 등을 자동으로 분석하고, 브랜드나 영상의 테마에 가장 적합한 타이포그래피를 추천할 수 있다.

그래픽 요소 또한 중요한 스타일 가이드라인 중 하나다. 영상에 삽입되는 아이콘, 도형, 그래픽 이미지들은 전체적인 비주얼과 일관되게 맞춰져야 한다. AI는 이러한 그래픽 요소들의 스타일을 분석하고, 서로 조화를 이룰 수 있도록 자동으로 조정할 수 있다.

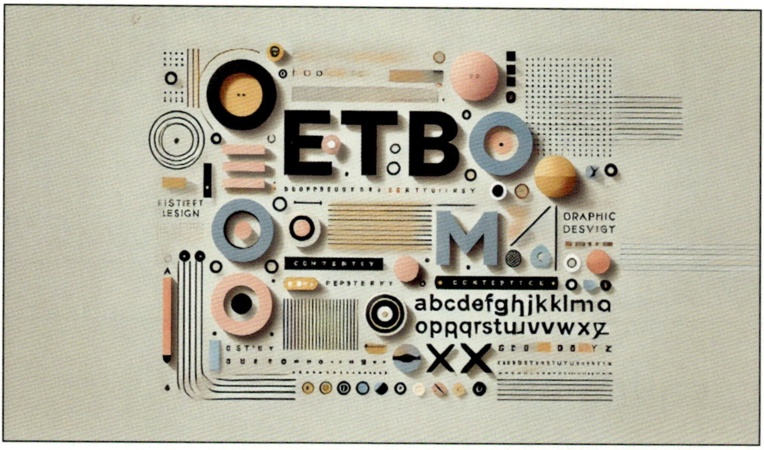

[그림10] 타이포 그라피

② 카메라 연출과 시각적 톤

카메라 연출 스타일 역시 스타일 가이드라인에 포함된다. 예를 들어, 다큐멘터리 스타일 영상에서는 자연스러운 카메라 움직임과 실제적인 연출을 강조할 수 있고, 영화적 연출을 원하는 경우 더 극적인 앵글과 연출 방식을 사용할 수 있다. 이러한 연출 스타일은 영상 전체에 걸쳐 일관되게 유지돼야 한다.

AI는 카메라 연출과 장면 구성에서 데이터 분석을 통해 어떤 스타일이 효과적인지를 제안할 수 있으며, 영상의 시각적 톤을 유지하는 데도 도움을 준다. 예를 들어, AI는 장면 간의 톤 변화가 자연스러운지, 특정 톤이 감정적 반응을 유도하는지 등을 평가하고 조정할 수 있다.

색상, 텍스처, 스타일 가이드라인 생성은 영상 제작 과정에서 매우 중요한 단계로, 시각적 일관성을 유지하고 프로젝트의 콘셉트를 강화하는 데 필수적이다. AI는 이러한 과정을 더 효율적이고 체계적으로 관리하는 데 도움을 주며, 기획자가 더 빠르고 창의적으로 결과물을 만들어낼 수 있게 한다.

5. 스토리보드 제작

1) 스토리보드를 통해 영상 흐름 시각화

스토리보드는 영상 제작 과정에서 매우 중요한 도구로 영상의 전체 흐름을 시각적으로 계획하고 구조화하는 역할을 한다. 스토리보드는 각 장면의 구성, 카메라 앵글, 동작, 대사 등을 그림과 간단한 설명으로 표현하며 이를 통해 영상의 시각적 흐름을 사전에 시뮬레이션할 수 있다. 스토리보드는 기획자와 제작팀 간의 소통을 원활하게 하고 영상이 계획대로 진행될 수 있도록 돕는다.

(1) 스토리보드의 목적과 중요성

스토리보드는 영상을 구체적으로 시각화하는 도구다. 간단한 그림과 설명을 통해 영상이 어떻게 구성될지를 미리 예측할 수 있으며 장면 간의 연결성을 파악할 수 있다. 이 과정을 통해 영상의 흐름을 명확히 하고 시각적인 연출이 어떻게 이뤄질지를 시뮬레이션하는 것이 가능하다.

스토리보드의 주된 목적은 다음과 같다.

① 영상 흐름의 명확한 계획

스토리보드는 각 장면의 시작과 끝, 카메라 앵글, 인물의 동작 등을 사전에 계획하는 역할을 한다. 이를 통해 기획자는 영상이 어떤 순서로 전개될지를 미리 시각적으로 확인할 수 있다. 예를 들어, 중요한 장면에서 클로즈업을 사용할지, 넓은 화면을 사용할지를 스토리보드를 통해 결정할 수 있다. 이러한 시각적 계획은 촬영 현장에서의 혼란을 줄이고, 시간과 비용을 절약하는 데 큰 도움이 된다.

② 팀 간의 원활한 소통 도구

스토리보드는 기획자, 감독, 촬영팀, 편집팀 등 다양한 부서 간의 소통을 돕는다. 스토리보드를 공유함으로써, 각 팀은 영상이 어떻게 전개될지, 어떤 시각적 요소가 필요한지에 대해 공통된 이해를 가질 수 있다. 이를 통해 각 팀은 같은 목표를 향해 협력할 수 있고, 영상 제작 과정에서의 불일치를 줄일 수 있다.

③ 시각적 스타일의 명확화

스토리보드는 영상의 시각적 스타일을 명확히 정의할 수 있다. 각 장면이 어떻게 구성될지, 어떤 카메라 앵글이 사용될지, 색상과 조명의 사용 방식 등을 미리 정리해 시각적 일관성을 유지할 수 있다. 또한 스토리보드를 통해 영상의 감정적 톤과 분위기를 미리 파악할 수 있어, 기획자가 원하는 감정을 관객에게 효과적으로 전달할 수 있다.

(2) 스토리보드 제작 과정

스토리보드 제작은 영상의 흐름을 단계별로 시각화하는 과정이다. AI는 이 과정에서 기획자의 작업을 더욱 효율적으로 돕고 다양한 시각적 선택지를 빠르게 제시할 수 있다. AI를 활용해 스토리보드를 자동 생성하거나 수정할 수 있으며 이를 통해 기획자는 더 창의적이고 효과적인 영상 흐름을 구상할 수 있다.

① 장면 구성 및 시각화

스토리보드 제작의 첫 단계는 각 장면을 어떻게 구성할지를 결정하는 것이다. AI는 기획자가 설정한 장면의 설명을 바탕으로 다양한 카메라 앵글, 캐릭터 동작, 배경 요소 등을 자동으로 제안할 수 있다. 예를 들어, 한 캐릭터가 중요한 결정을 내리는 순간에 AI는 클로즈업을 추천하거나, 긴박한 액션 장면에서는 빠른 카메라 움직임을 제안할 수 있다.

스토리보드는 각 장면의 주요 사건과 인물의 동선을 시각적으로 표현하는 역할을 하며, 이를 통해 영상의 흐름이 자연스럽게 연결될 수 있다. AI는 이러한 과정에서 다양한 구성을 제시하며, 가장 적합한 구도를 선택하도록 돕는다.

② 카메라 앵글과 연출 방식 설정

스토리보드는 카메라 앵글과 연출 방식도 함께 계획하는 도구다. AI는 장면의 감정적 톤이나 메시지를 고려해어떤 앵글이 가장 효과적인지 추천할 수 있다. 예를 들어, 드라마틱한 순간을 강조하기 위해 낮은 앵글을 사용하거나, 긴장감을 높이기 위해 빠른 카메라 이동을 제안할 수 있다.

AI는 다양한 카메라 앵글과 연출 방식에 대한 데이터를 바탕으로, 특정 상황에 적합한 최적의 방법을 제안할 수 있으며, 이를 통해 기획자는 시간과 노력을 절감할 수 있다.

[그림11] 스토리보드

(3) 스토리보드를 통한 시각적 흐름 검증

스토리보드를 통해 영상의 전체적인 흐름을 시뮬레이션하면 각 장면이 얼마나 자연스럽게 연결되는지를 미리 검증할 수 있다. AI는 스토리보드 상에서 시각적 불일치나 장면 전환의 부자연스러움을 감지하고, 수정할 수 있는 방법을 제안해 준다.

① 장면 전환의 일관성 유지

스토리보드를 통해 장면 전환이 매끄럽게 이어지는지를 사전에 확인할 수 있다. 예를 들어, 감정적으로 중요한 장면에서 갑작스러운 전환이 있을 경우 AI는 그 전환이 관객에게 혼란을 줄 수 있다고 경고할 수 있다. 이를 통해 기획자는 시각적 흐름을 재조정해 영상이 더욱 자연스럽게 이어지도록 할 수 있다.

② 시각적 톤의 일관성 평가

AI는 스토리보드를 분석해 전체 영상의 시각적 톤이 일관되게 유지되는지 평가할 수 있다. 예를 들어, 특정 장면에서 사용되는 색상이나 조명이 다른 장면과의 일관성을 해칠 경우 AI는 그 부분을 지적하고 적절한 대안을 제시할 수 있다. 이를 통해 영상의 시각적 톤을 일관되게 유지할 수 있으며, 관객에게 전달되는 메시지가 명확해 진다.

스토리보드는 영상 제작의 중요한 기획 도구로 영상의 흐름과 연출 방식을 사전에 시각적으로 확인할 수 있게 한다. AI를 활용한 스토리보드 제작은 기획자의 시간을 절약하고, 다양한 시각적 선택지를 빠르게 탐색할 수 있는 장점을 제공한다. 이를 통해 기획자는 영상의 흐름을 사전에 시뮬레이션하고, 촬영 현장에서의 오류를 줄일 수 있다.

2) AI를 활용한 스토리보드 자동 생성 및 수정

AI 기술의 발전은 스토리보드 제작 과정에서도 혁신적인 변화를 가져왔다. AI를 활용하면 스토리보드를 자동으로 생성하고 수정할 수 있으며, 기획자는 더 빠르고 효율적으로 영상을 시각적으로 기획할 수 있다. AI는 기획자가 입력한 정보와 키워드를 바탕으로 장면을 구성하고, 시각적 요소를 자동으로 조정해주기 때문에 전체적인 영상의 흐름을 미리 시뮬레이션할 수 있다.

(1) AI를 통한 스토리보드 자동 생성

AI는 텍스트 입력이나 간단한 키워드를 바탕으로 스토리보드를 자동으로 생성할 수 있다. 예를 들어, 기획자가 '주인공이 해변에서 걸어가는 장면'이라는 키워드를 입력하면 AI는 해당 장면을 적절한 카메라 앵글, 조명, 배경을 설정해 시각적으로 표현할 수 있다. 이 과정에서 AI는 다양한 요소를 고려해 최적의 구성을 제안한다.

① 텍스트 기반 장면 생성

AI는 기획자가 입력한 간단한 텍스트 설명을 바탕으로 각 장면을 자동으로 시각화한다. 예를 들어, '주인공이 빌딩 옥상에서 하늘을 바라보며 결단을 내리는 장면'이라는 설명을 입력하면 AI는 주인공의 위치, 카메라 앵글, 주변 환경 등을 자동으로 설정해 스토리보드를 생성할 수 있다. 이를 통해 기획자는 스토리보드를 빠르게 작성하고, 장면의 흐름을 시각적으로 검토할 수 있다.

② 장면 간 연결성 시뮬레이션

AI는 각 장면 간의 연결성을 시뮬레이션해 자연스러운 전환이 이뤄지도록 도와준다. 예를 들어, 첫 번째 장면에서 주인공이 차를 타고 이동하고 다음 장면에서 목적지에 도착하는 상황이 있을 경우, AI는 이동 장면을 부드럽게 연결할 수 있는 방법을 제안할 수 있다. 이를 통해 장면 전환의 흐름이 끊기지 않도록 사전에 계획할 수 있다.

AI는 또한 영상의 장르에 맞춰 스토리보드를 자동으로 생성할 수 있다. 예를 들어, 액션 장르에서는 빠른 전환과 역동적인 앵글을 추천하고, 로맨스 장르에서는 부드러운 이동과 감정적인 클로즈업을 제안하는 등 다양한 장르적 특성을 반영해 스토리보드를 생성할 수 있다.

(2) AI를 활용한 스토리보드 수정

AI는 생성된 스토리보드를 자동으로 분석하고 필요한 수정 사항을 제안할 수 있다. 이 과정에서 AI는 장면 간의 일관성을 평가하고 시각적 톤이나 카메라 앵글이 지나치게 반복되지 않도록 조정할 수 있다. 또한 기획자의 피드백을 반영해 스토리보드를 실시간으로 수정하는 것이 가능하다.

① 시각적 일관성 유지

AI는 각 장면에서 사용된 시각적 요소들이 일관되게 유지되는지 분석할 수 있다. 예를 들어, 첫 장면에서는 밝은 색조의 조명이 사용됐지만, 그다음 장면에서는 갑자기 어두운 톤으로 전환되는 경우 AI는 이러한 시각적 불일치에 대해 경고하고 수정 방향을 제시할 수 있다. 이를 통해 영상의 전체적인 시각적 흐름이 유지될 수 있다.

AI는 또한 특정 카메라 앵글이나 구도가 지나치게 반복되지 않도록 분석해준다. 예를 들어, 동일한 장면에서 여러 번 클로즈업이 사용되면 AI는 그 부분을 지적하고 다른 앵글이나 구도를 추천해 영상이 더욱 다채롭게 구성되도록 돕는다.

② 실시간 피드백과 수정

AI는 기획자의 피드백을 실시간으로 반영할 수 있다. 예를 들어, 기획자가 '이 장면에서 감정적인 요소를 더 강조하고 싶다'라는 피드백을 제공하면, AI는 해당 장면에서 감정을 강조할 수 있는 카메라 앵글, 조명, 음악 등의 요소를 자동으로 조정할 수 있다. 이를 통해 기획자는 실시간으로 스토리보드를 수정하고 원하는 연출을 즉각 반영할 수 있다.

또한 AI는 타깃층의 반응을 예측하고 이에 따라 스토리보드를 수정할 수 있다. 예를 들어, AI는 특정 장면에서 감정적인 반응을 이끌어내기 위해 어떤 요소를 추가하거나 제거해야 하는지 데이터를 기반으로 분석하고 기획자에게 최적의 수정 방향을 제안한다.

(3) AI를 활용한 스토리보드의 효율성 극대화

AI를 활용한 스토리보드 생성과 수정은 기획자의 시간을 절약하고 영상 제작 과정에서의 오류를 줄이는 데 큰 도움이 된다. 특히, AI는 반복적인 작업을 자동화하고 시각적 흐름을 분석해 더 나은 선택지를 제공함으로써 기획자가 창의적인 작업에 더 많은 시간을 할애할 수 있게 한다.

① 빠른 시각적 시뮬레이션

AI는 스토리보드를 빠르게 시뮬레이션할 수 있기 때문에 기획자는 다양한 시각적 선택지를 빠르게 검토하고 결정할 수 있다. 이를 통해 기획자는 최종 결과물을 미리 시각적으로 검토하고, 제작 과정에서 발생할 수 있는 문제를 사전에 해결할 수 있다.

② 제작 과정에서의 오류 감소

AI는 스토리보드 제작 과정에서 발생할 수 있는 시각적 오류나 불일치를 미리 감지하고 수정할 수 있는 제안을 제공함으로써 제작 과정에서의 오류를 줄일 수 있다. 이를 통해 영상 제작이 보다 원활하게 진행되며 기획자는 더 효율적으로 작업할 수 있다.

AI를 활용한 스토리보드 자동 생성 및 수정은 기획자에게 빠르고 효율적인 도구를 제공하며 시각적 일관성을 유지하면서 창의적인 영상을 만들 수 있도록 돕는다. AI는 텍스트 기반으로 스토리보드를 자동으로 생성하고 실시간으로 피드백과 수정을 제공해 기획자가 원하는 결과물을 더 쉽게 얻을 수 있게 한다.

3) 장면별 연출 계획 및 비주얼 구성

스토리보드 제작에서 중요한 단계 중 하나는 장면별로 구체적인 연출 계획을 세우고 시각적 구성 요소들을 결정하는 것이다. 이 과정은 영상을 어떻게 시각적으로 표현할지, 감정을 어떻게 전달할지를 결정하는 핵심 단계로 영상의 톤과 스타일이 이 단계에서 구체화된다. 각 장면의 연출 계획과 비주얼 구성은 영상의 전반적인 분위기와 메시지를 강화하며 관객의 몰입을 높이는 데 중요한 역할을 한다.

(1) 장면별 연출 계획 세우기

연출 계획은 각 장면에서 카메라 앵글, 인물의 동작, 배경, 소품 등을 어떻게 배치할지를 사전에 결정하는 단계다. 이 과정은 영상이 전달하고자 하는 감정과 메시지를 시각적으로 어떻게 구현할지를 구체적으로 설계하는 것이다. AI 도구는 이러한 연출 계획에서 기획자가 빠르고 효과적으로 다양한 선택지를 탐색할 수 있도록 도와준다.

① 카메라 앵글과 동작 연출

각 장면에서 사용될 카메라 앵글과 동작 연출을 계획하는 것은 매우 중요하다. 카메라 앵글은 시청자에게 장면의 감정적, 심리적 깊이를 전달하는 데 큰 역할을 한다. 예를 들어, 클로즈업을 사용해 캐릭터의 감정을 강조할 수 있고 넓은 화면을 사용해 상황을 전체적으로 보여줄 수 있다. AI는 장면의 성격에 맞는 최적의 카메라 앵글을 제안할 수 있으며 이를 통해 기획자는 더 효과적인 연출 계획을 세울 수 있다.

동작 연출도 중요한 부분이다. 인물의 움직임이나 액션이 자연스럽게 이어지고 시청자에게 정확한 메시지를 전달할 수 있도록 계획해야 한다.

AI는 다양한 동작 패턴을 분석해 각 장면에서 가장 자연스럽고 효과적인 동작을 제안할 수 있다.

② 배경과 소품의 활용

배경과 소품은 영상의 시각적 분위기를 구성하는 중요한 요소다. 각 장면에서 어떤 배경이 사용될지, 어떤 소품이 등장할지를 계획하는 것은 영상의 분위기와 메시지를 강화하는 데 도움이 된다. 예를 들어, 주인공이 중요한 결정을 내리는 장면에서는 배경을 단순화해 감정에 집중하게 만들거나, 소품을 사용해 캐릭터의 성격을 드러낼 수 있다.

AI는 배경과 소품의 활용에서도 중요한 역할을 한다. AI는 각 장면에 적합한 배경을 자동으로 추천해주고 소품의 배치를 분석해 시각적으로 조화를 이루도록 도와준다. 이를 통해 기획자는 더욱 구체적이고 일관된 연출 계획을 세울 수 있다.

(2) 비주얼 구성의 중요성

비주얼 구성은 각 장면의 시각적 요소들을 통합해 감정적, 시각적 임팩트를 극대화하는 과정이다. 이는 색상, 조명, 텍스처, 스타일 등의 다양한 시각적 요소를 조화롭게 배치해 영상의 분위기를 설정하는 데 중요한 역할을 한다.

① 색상과 조명의 활용

색상과 조명은 각 장면에서 감정과 분위기를 표현하는 핵심 요소다. 예를 들어, 따뜻한 색조와 부드러운 조명은 편안하고 친근한 분위기를 전달할 수 있는 반면, 차가운 색조와 강한 대비 조명은 긴장감이나 신비로운 분위기를 조성할 수 있다. AI는 색상 팔레트와 조명 설정을 분석해 각 장면에 가장 적합한 시각적 구성을 제안할 수 있다.

AI는 과거 데이터를 바탕으로 어떤 색상 조합이 특정 감정을 불러일으키는지 분석할 수 있으며, 이를 통해 각 장면의 비주얼 구성을 더욱 정교하게 만들 수 있다. 또한 AI는 조명의 방향과 강도를 자동으로 조정해 장면이 시각적으로 일관되고 자연스럽게 보이도록 도와준다.

② 텍스처와 스타일의 통합

비주얼 구성에서 텍스처와 스타일도 중요한 역할을 한다. 텍스처는 장면의 깊이와 현실감을 더해주며 영상의 시각적 매력을 높이는 요소다. AI는 특정 텍스처가 각 장면에서 어떻게 활용될 수 있는지 분석하고 장면 간 텍스처의 일관성을 유지할 수 있도록 도와준다. 예를 들어, 도시 배경에서는 금속적이고 현대적인 텍스처를, 자연 배경에서는 부드럽고 유기적인 텍스처를 활용할 수 있다.

스타일 가이드라인 역시 비주얼 구성에서 중요한 역할을 한다. 전체 영상이 일관된 시각적 스타일을 유지하려면 각 장면에서 사용되는 그래픽, 타이포그래피, 비주얼 효과 등이 일관성 있게 구성돼야 한다. AI는 이러한 스타일 가이드라인을 분석하고 필요한 수정 사항을 실시간으로 제안해 비주얼 구성을 더욱 효과적으로 완성할 수 있게 한다.

(3) AI를 활용한 비주얼 구성의 최적화

AI는 비주얼 구성에서 반복적이고 시간이 많이 걸리는 작업을 자동화해 기획자가 창의적 작업에 집중할 수 있도록 돕는다. AI는 색상, 조명, 텍스처, 스타일 등의 시각적 요소를 분석하고 이를 바탕으로 시각적 일관성을 유지할 수 있는 최적의 구성을 제안한다.

① 시각적 일관성 유지

AI는 각 장면에서 사용되는 시각적 요소들이 전체적으로 일관되게 유지되는지를 분석한다. 예를 들어, 장면 간 색상과 조명이 과도하게 달라질 경우 AI는 그 부분을 지적하고 수정할 방향을 제안한다. 이를 통해 기획자는 영상의 시각적 톤을 유지하면서도 각 장면에서 적절한 감정을 전달할 수 있다.

② 실시간 피드백 제공

AI는 비주얼 구성을 실시간으로 평가하고, 필요한 경우 즉각적인 피드백을 제공할 수 있다. 예를 들어, 특정 장면에서 조명이 너무 강해 캐릭터의 얼굴이 지나치게 어두워지거나 배경과 인물의 시각적 충돌이 발생할 경우 AI는 이를 감지하고 적절한 조정 방향을 제안한다. 이를 통해 기획자는 시각적 요소들을 더욱 효과적으로 구성할 수 있다.

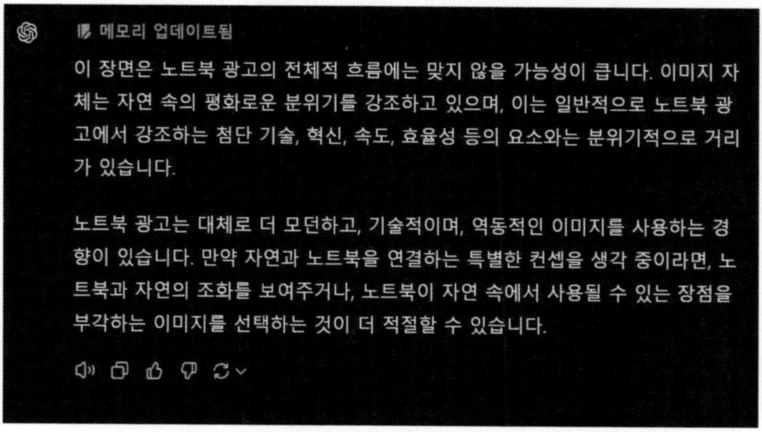

[그림12] 실시간 피드백

Epilogue

AI 기술이 영상 제작에 미치는 영향은 계속해서 확장되고 있다. 자동화된 프로세스는 기획 단계부터 시각적 구성, 스토리보드 제작, 후반 편집에 이르기까지 창의적인 작업을 더욱 효율적으로 진행할 수 있게 한다. AI는 데이터 기반의 분석과 실시간 피드백을 통해 영상의 시각적 일관성을 유지하면서도, 기획자가 더 혁신적인 아이디어를 시도할 수 있도록 돕는다.

미래의 AI 영상 제작은 더 발전된 인터페이스와 맞춤형 도구를 제공해 개인화된 콘텐츠 제작을 지원할 것이다. 영화, 광고, 교육 콘텐츠 등 다양한 분야에서 AI는 기획자의 비전을 더욱 빠르고 정밀하게 구현하는 도구로 자리 잡을 것이다. AI는 또한 시청자의 감정 반응을 실시간으로 분석해 시청자가 원하는 콘텐츠를 즉각적으로 생성하는 시대를 열어갈 것이다.

마지막으로, AI가 아무리 발전하더라도 기획자의 창의력과 감각은 여전히 중요한 요소로 남을 것이다. AI는 도구일 뿐, 그 도구를 활용해 감동적인 이야기를 만드는 것은 인간의 몫이다. AI와 인간의 협업은 영상 제작의 미래를 더욱 밝게 만들 것이며 더 많은 가능성을 열어줄 것이다.

6

쉽고 빠른 AI 영상 제작, 'Gen-3 Alpha' 활용 비법

김 재 연

001010011001010

제6장
쉽고 빠른 AI 영상 제작, 'Gen-3 Alpha' 활용 비법

Prologue

인공지능(AI)은 현대 기술의 핵심으로 자리 잡으며 다양한 산업에 혁신을 가져왔다. 그중에서도 영상 제작 분야는 AI의 도입으로 눈부신 발전을 이루고 있다. 전통적으로 '영상 제작'은 많은 시간과 비용이 요구됐으며 특히 촬영 준비, 편집, 후반 작업에서 많은 인력이 필요했다. 또한 장면의 촬영과 후 편집 과정에서 반복 작업이 많아 효율성이 떨어지는 경우가 잦았다. 하지만 AI 기술의 발전으로 더 빠르고 효율적인 제작이 가능해졌다. 특히 'Gen-3 Alpha'와 같은 AI 도구는 창의적인 콘텐츠 제작에서 새로운 가능성을 열어주고 있다.

'Gen-3 Alpha'는 AI 영상 제작 기술의 최신 모델로, 마케팅 디렉터들이 시간과 비용을 절감하면서도 고품질의 영상을 제작할 수 있도록 돕는다. 전통적인 방식과 달리 AI는 복잡한 프로세스를 자동화하고 반복적인 작업을 줄여 생산성을 극대화한다. 예를 들어, 시나리오 작성 후 각 장면을 촬영하고 편집하는 데 며칠이 걸리던 작업이 이제는 AI를 통한 자동화로 몇 시간 내에 처리된다. 이를 통해 마케팅 캠페인의 속도를 높이면서도 창의적인 아이디어를 신속하게 구현할 수 있는 환경을 제공한다.

특히 'Gen-3 Alpha Turbo'는 이전 모델보다 더 빠르고 비용 효율적인 방식으로 영상을 생성할 수 있다. 'Turbo 모드'는 작업 속도를 크게 향상시키면서도 품질을 유지할 수 있어, 시간에 민감한 마케팅팀에게 큰 이점을 제공한다. 예를 들어, 일반 모드에서 10분이 걸리던 작업을 Turbo 모드를 사용하면 5분 내에 처리할 수 있으며 이러한 속도 향상은 비용 절감에도 크게 기여한다. 크레딧 기반의 작업 구조에서 Turbo 모드를 활용하면 비용을 50% 이상 줄일 수 있어, 대규모 마케팅 캠페인에서도 경제적으로 효율적인 결과를 얻을 수 있다.

또한 '프롬프트(prompt) 기반 생성 방식'은 영상 제작의 기술적 장벽을 크게 낮췄다. 사용자들은 텍스트 입력만으로 복잡한 시각적 요소와 움직임을 구현할 수 있어, 기술적 지식이 부족하더라도 고품질의 영상을 손쉽게 제작할 수 있다. 예를 들어, '노을이 지는 해변에서 걷는 사람'이라는 프롬프트를 입력하면, AI는 이에 맞는 배경, 조명, 카메라 각도를 자동으로 설정해 몇 분 만에 영상을 완성한다. 기존에는 이러한 작업을 위해 촬영팀, 조명팀, 편집팀이 수작업으로 처리해야 했지만, 이제는 몇 번의 클릭으로 결과물을 얻을 수 있다.

세션 관리 기능 역시 AI 영상 제작의 혁신 중 하나이다. 세션 관리를 통해 사용자는 여러 버전의 영상을 효율적으로 관리할 수 있다. 예를 들어, 다양한 마케팅 캠페인용 광고 영상을 동시에 제작할 때, 각 버전의 진행 상황을 실시간으로 확인하고 비교할 수 있으며 수정 작업을 간편하게 할 수 있다. 이를 통해 반복적인 작업을 줄이고 제작 시간과 비용을 절감하는 데 큰 역할을 한다.

결국 AI는 마케팅 디렉터들이 창의적인 콘텐츠를 빠르고 효율적으로 제작할 수 있는 환경을 제공하며 누구나 짧은 시간 안에 고품질 영상을 제작할 수 있는 시대를 열고 있다. Gen-3 Alpha는 그 선두에서 창의성과 효율성을 극대화하는 도구로 자리 잡고 있다. 이러한 혁신적인 도구의 도입은 마케팅 캠페인에서 더 많은 가능성을 열어주며 새로운 콘텐츠 제작의 길을 제시한다.

1. AI 영상 제작의 기초 이해

인공지능(AI)은 영상 제작의 방식을 혁신적으로 변화시켰다. 전통적인 영상 제작은 많은 시간과 비용이 요구됐으나, AI 기술을 통해 더 빠르고 효율적인 고품질 영상 제작이 가능해졌다. 이 장에서는 AI 영상 제작의 기초 개념과 전통적 방식과의 차이점을 설명하고 Gen-3 Alpha의 핵심 기능과 활용법을 소개한다.

1) AI 영상 제작이란?

AI 영상 제작이란 인공지능을 활용해 '영상 기획, 촬영, 편집' 등의 작업을 자동화하거나 보조하는 기술이다. AI는 복잡한 연산과 데이터 분석 능력을 바탕으로 영상의 색상, 움직임, 장면 구성 등을 자동으로 처리하며, 이는 영상 제작의 반복적인 작업을 줄이고 창의적인 프로세스를 극대화하는 데 기여한다.

예를 들어, 사용자가 '일몰 배경에서 걷는 사람'이라는 프롬프트를 입력하면, AI는 이에 맞는 배경과 조명을 자동으로 설정하고 해당 장면을 영상으로 변환한다. 사람이 수작업으로 진행할 때 몇 시간이 걸릴 수 있는 작업을 AI는 몇 분 만에 처리할 수 있다.

2) 전통적 영상 제작 vs AI 영상 제작

(1) 전통적 방식

전통적인 영상 제작에서는 다양한 인력이 협력해 촬영과 편집을 진행해야 한다. 예를 들어, 촬영 감독, 조명 담당자, 편집자 등이 각자 역할을 맡아 작업하며 세부적인 수정이 필요할 경우 다시 촬영을 진행해야 한다. 이러한 방식은 고품질의 결과물을 도출할 수 있지만, 시간과 비용이 많이 소요된다.

(2) AI 방식

반면, AI 영상 제작은 사람이 수동으로 조작할 필요 없이 AI가 '프롬프트 기반'으로 자동으로 영상을 생성하고 편집한다. 사용자는 간단한 텍스트를 입력해 원하는 장면을 설명하고 AI는 이를 해석해 영상을 제작한다. 예를 들어, '잔잔한 바닷가에서 카메라가 인물을 천천히 클로즈업하는 장면'이라는 프롬프트를 입력하면, AI는 카메라 움직임과 조명을 조정해 해당 장면을 만들어낸다. 이 방식은 전통적인 방식보다 훨씬 빠르고 효율적이다.

3) Gen-3 Alpha의 주요 기능 소개

Gen-3 Alpha는 AI 영상 제작 도구 중에서도 매우 진보된 기능을 제공한다. 이 도구는 이전 세대의 AI 모델에 비해 '정확도', '일관성' 그리고 '속도' 면에서 크게 향상됐다. Gen-3 Alpha는 복잡한 프롬프트를 이해하고 이를 기반으로 고품질 영상을 생성할 수 있으며 다양한 창의적 프로세스를 지원한다.

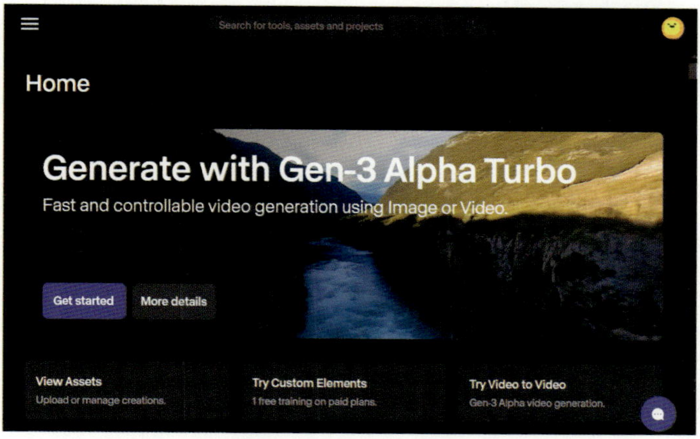

[그림1] Runway의 Gen-3 Alpha 웹페이지

(1) Gen-3 Alpha Turbo

'Turbo 모드'는 Gen-3 Alpha의 속도를 극대화하는 기능으로, 특히 시간에 민감한 프로젝트에서 유용하다. 마케팅팀처럼 짧은 시간 안에 여러 버전의 영상을 제작해야 하는 경우, Turbo 모드를 사용하면 시간을 크게 절약할 수 있다. 예를 들어, 한 광고 캠페인에서 다양한 버전의 영상을 제작할 때 Turbo 모드를 사용하면 일반 모드보다 작업 시간이 절반으로 줄어든다. 이는 생산성 향상과 함께 비용 절감에도 기여한다.

(2) 프롬프트 기반 생성

Gen-3 Alpha의 또 다른 강점은 '프롬프트 기반 생성 방식'이다. 사용자는 텍스트로 원하는 장면, 카메라 각도, 조명, 움직임 등을 설명할 수 있으며, AI는 이를 바탕으로 높은 품질의 영상을 생성한다. 예를 들어, '카메라가 주인공을 따라가며 도시의 밤거리를 천천히 촬영하는 장면'이라는 프롬프트를 입력하면, AI는 카메라 움직임과 조명을 조정해 해당 장면을 정확하게 제작한다. 이는 영상 제작에 대한 기술적 지식이 부족한 사람도 손쉽게 고품질 영상을 제작할 수 있게 해 준다.

4) 창의성과 효율성을 높이는 세션 관리

영상 제작에서 종종 여러 버전의 영상을 생성하거나 반복적인 수정 작업이 필요하다. Gen-3 Alpha의 세션 관리 기능은 이러한 작업을 효율적으로 관리할 수 있게 해주며 프로젝트의 다양한 버전을 손쉽게 비교하고 관리할 수 있다.

(1) 세션 관리 기능

세션 관리는 사용자가 여러 버전의 영상을 생성할 때 각 버전의 차이를 한눈에 확인할 수 있도록 돕는다. 예를 들어, 광고 영상에서 두 가지 콘셉트를 실험하고자 할 때, 각 콘셉트의 영상을 별도의 세션에 저장해 쉽게 비교할 수 있다. 이러한 기능은 반복적인 수정 작업을 더욱 효율적으로 처리할 수 있게 해 준다.

(2) 세션 관리의 활용

세션 관리는 특히 팀 작업에서 유용하다. 여러 명의 팀원이 동일한 프로젝트에서 협업할 때, 각자가 작업한 버전을 세션별로 구분해 관리함으로써 작업 내용을 실시간으로 추적하고 피드백을 반영할 수 있다. 또한 이전 버전으로 쉽게 되돌아가며 작업 내역을 관리할 수 있어 빠르고 유연한 수정이 가능하다.

2. Gen-3 Alpha로 빠르게 시작하기

Gen-3 Alpha는 AI 기술을 이용한 영상 제작 도구로, 사용자가 복잡한 설정이나 전문적인 지식 없이도 고품질의 영상을 제작할 수 있도록 설계됐다. 이 장에서는 Gen-3 Alpha의 설치 및 설정, 인터페이스 이해, Turbo 모드 사용법 그리고 초보자 가이드를 제공해 누구나 쉽게 시작할 수 있는 방법을 단계별로 설명한다.

1) Gen-3 Alpha 설치 및 설정

Gen-3 Alpha는 웹 기반 도구이기 때문에 별도의 소프트웨어 설치가 필요 없다. 사용자는 웹 브라우저를 통해 'Runway 웹사이트'에 접속해 계정을 생성하고 간단한 설정만으로 영상 제작을 바로 시작할 수 있다. 구글의 크롬 브라우저에서 구글 계정으로 회원가입을 하고 Gen-3 Alpha를 사용해 보겠다.

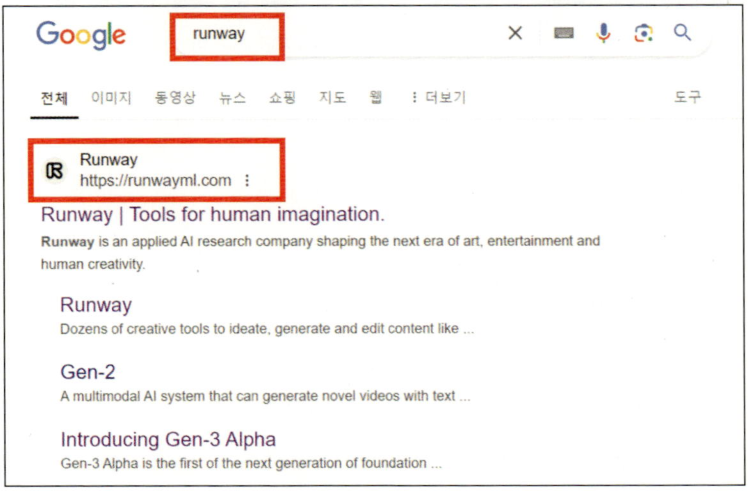

[그림2] 크롬에서 Runway의 Gen-3 Alpha 검색

(1) 웹페이지 접속

① Runway의 Gen-3 Alpha를 사용하기 위해 먼저 공식 웹사이트에 접속한다. 크롬 웹브라우저를 열고 'Runway' 공식 사이트 (https://www.runwayml.com)에 검색한다.

② 홈페이지에 접속한 후, 우측 상단의 'Get Started' 버튼을 클릭해 로그인 또는 회원가입 페이지로 이동한다.

[그림3] Runway의 Gen-3 Alpha 시작하기

(2) 계정 생성

① 처음 사용자라면 계정을 생성해야 한다.

② 'Sign Up' 버튼을 클릭한 후, 이메일 주소, 비밀번호 등 필수 정보를 입력해 계정 등록을 완료한다.

③ 구글, 애플 또는 기타 소셜 미디어 계정으로도 빠르게 가입할 수 있다.

④ 계정이 생성되면 로그인한 상태로 대시보드에 접속할 수 있으며 Gen-3 Alpha 및 Turbo 모델을 사용할 수 있는 권한이 주어진다.

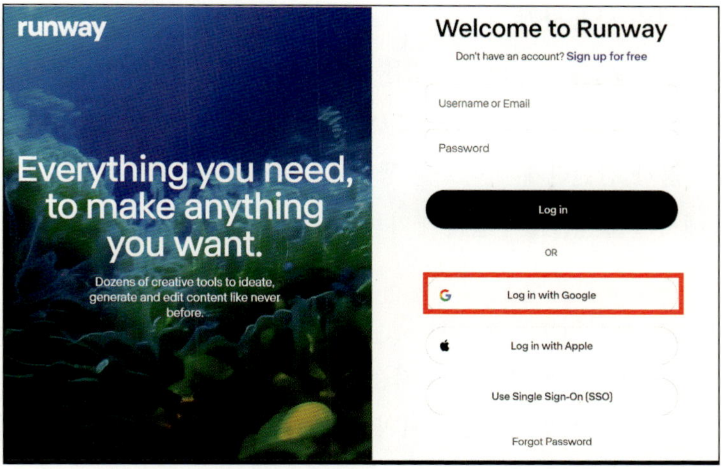

[그림4] Runway의 Gen-3 Alpha 시작하기

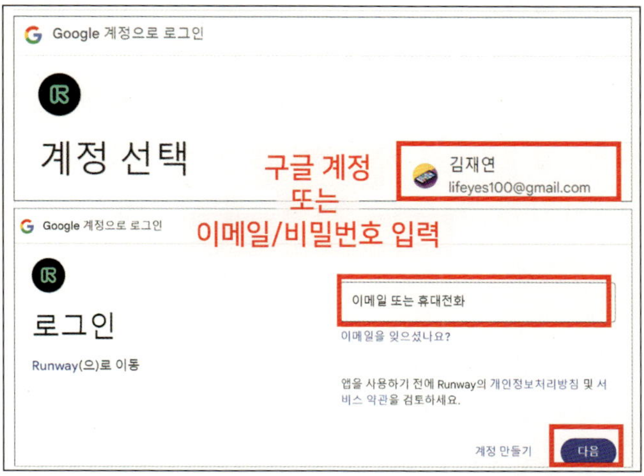

[그림5] Runway의 Gen-3 Alpha 계정 생성

(3) 모바일 사용법

Runway는 웹뿐만 아니라 모바일에서도 사용 가능하다.

① 모바일 사용하기

iOS 앱스토어에서 Runway 앱을 다운로드해 설치한다. 설치 후, 웹에서 생성한 계정으로 모바일 앱에 로그인한다. 모바일에서 Gen-3 Alpha 기능을 사용해 간편하게 비디오를 생성하고 관리할 수 있으며 웹 브라우저를 통해서도 모바일에서 접근이 가능하다.

Runway 웹사이트에 접속한 후, 회원가입을 완료한다. 가입 후 대시보드로 이동하면 Gen-3 Alpha 기능을 바로 사용할 수 있다. 소프트웨어 설치 과정이 없기에 사용자는 브라우저에서 바로 프로젝트를 시작할 수 있다.

② 프로젝트 설정

사용자는 프로젝트 생성 시 해상도, 프레임 속도, 영상 길이 등을 설정할 수 있다. 예를 들어, 마케팅 영상 제작 시 '1280x768' 해상도와 '24fps'의 프레임 속도를 선택할 수 있다. 영상 길이는 5초 또는 10초 단위로 설정 가능하며 더 긴 영상을 제작할 경우에는 별도의 설정을 통해 시간을 늘릴 수 있다.

③ 클라우드 기반 저장

모든 영상 프로젝트는 자동으로 '클라우드'에 저장되며 언제든지 대시보드에서 불러와 수정하거나 새롭게 작업할 수 있다. 이를 통해 사용자는 소프트웨어를 다운로드하거나 설치하는 과정 없이 빠르게 작업을 진행할 수 있다.

2) 인터페이스 이해

Gen-3 Alpha는 사용자가 직관적으로 사용할 수 있도록 설계된 심플한 인터페이스를 제공한다. 각 기능은 간결하게 정리돼 있어 처음 사용하는 사용자도 쉽게 영상 제작을 시작할 수 있다.

'대시보드'는 Gen-3 Alpha의 중심이 되는 공간으로 사용자가 모든 작업을 시작하고 관리하는 곳이다. 대시보드 상단에는 진행 중인 프로젝트 목록이 표시되며 아래쪽에서는 최근 완료된 영상이 자동으로 저장된다. 대시보드의 왼쪽 메뉴는 Runway의 다양한 기능과 자산을 효율적으로 관리하고 프로젝트 작업을 쉽게 수행할 수 있도록 구성돼 있다.

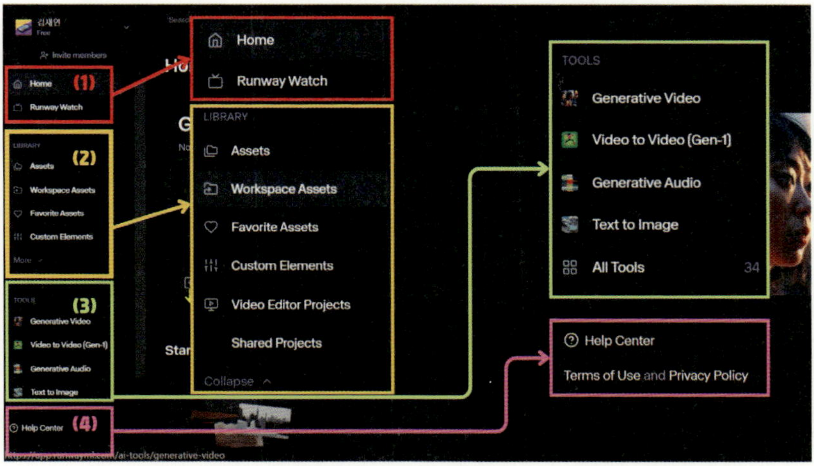

[그림6] Runway의 Gen-3 Alpha 대시보드

(1) Home

① Home 홈 화면으로 이동해 Runway의 주요 기능 및 현재 진행 중인 프로젝트를 빠르게 확인할 수 있다. 사용자가 자주 사용하는 도구나 추천 기능도 볼 수 있어 작업 시작점으로 유용하다.

② Runway Watch: Runway의 최신 뉴스, 튜토리얼, 또는 커뮤니티에서 제공하는 다양한 영상을 확인할 수 있는 공간으로 보인다. 업데이트된 기능이나 창의적인 작업 방식을 배울 수 있는 좋은 리소스다.

(2) Library

Library 섹션에서는 사용자가 필요로 하는 다양한 자산 및 프로젝트 관련 항목들을 관리할 수 있다.

① Assets : 사용자 또는 팀이 업로드한 파일(이미지, 비디오, 오디오 등)들을 한 곳에서 관리할 수 있다. 이를 통해 여러 프로젝트에서 재사용할 수 있는 자산들을 중앙에서 쉽게 접근할 수 있다.

② Workspace Assets : 팀원들과 공유하는 자산을 따로 관리할 수 있는 공간이다. 팀 협업 시에 공용 자산을 쉽게 찾고 사용할 수 있도록 하는 역할을 한다. 여러 팀원이 참여하는 프로젝트에서 자산 관리의 일관성을 유지하는 데 도움이 된다.

③ Favorite Assets : 자주 사용하는 자산들을 즐겨찾기 형태로 저장해 빠르게 접근할 수 있다. 프로젝트가 많아질수록 자산을 효율적으로 관리하기 위해 자주 사용하는 항목을 따로 보관하는 기능이 유용하다.

④ Custom Elements : 사용자 정의 요소를 추가할 수 있는 기능이다. 예를 들어, 자주 사용하는 효과, 템플릿, 또는 특정한 디자인 요소들을 커스터마이징해 반복적으로 사용할 수 있다. 이는 복잡한 프로젝트에서 시간을 절약할 수 있는 중요한 기능이다.

⑤ Video Editor Projects : 현재 진행 중인 비디오 프로젝트들을 관리하는 공간이다. Runway는 비디오 제작 도구로 강력한 기능을 제공하기 때문에, 이곳에서 생성된 비디오 프로젝트들을 일목요연하게 정리하고 필요에 따라 접근할 수 있다.

⑥ Shared Projects : 팀원 또는 외부 협력자와 공유 중인 프로젝트들을 따로 관리할 수 있는 공간이다. 팀 프로젝트나 협업 환경에서 중요한 기능이며 모든 팀원이 동일한 프로젝트 파일에 접근하고 편집할 수 있도록 한다.

(3) Tools

Tools 섹션에는 사용자가 자주 사용하는 도구들이 표시되며 Runway에서 제공하는 다양한 생성형 AI 도구를 빠르게 사용할 수 있다.

① Generative Video : 텍스트 프롬프트나 이미지에서 비디오를 생성하는 기능으로, 사용자가 창의적인 영상을 만들 수 있도록 도와준다.
② Video to Video (Gen-1) : 기존 비디오의 스타일을 변화시키거나, 새로운 장면을 추가하는 도구이다.
③ Generative Audio : 텍스트 입력을 통해 음향을 생성하거나 오디오를 편집하는 도구로, 비디오나 다른 미디어 프로젝트에 맞는 사운드를 생성하는 데 유용하다.
④ Text to Image : 텍스트 입력만으로 이미지를 생성하는 도구이다. 간단한 설명만으로도 고퀄리티 이미지를 만들 수 있는 기능으로, 다양한 창작 작업에 활용할 수 있다.
⑤ All Tools (34): 이 버튼을 통해 Runway에서 제공하는 34개의 모든 도구에 접근할 수 있다. 비디오 생성, 오디오 생성, 3D 작업 등 다양한 기능을 확인하고 필요에 맞게 선택할 수 있다.

(4) Help Center

① Help Center는 사용자가 문제가 발생하거나 궁금한 점이 있을 때 빠르게 도움을 받을 수 있는 공간이다. 튜토리얼, FAQ, 또는 고객 지원

을 통해 해결책을 찾을 수 있다. 이 기능은 사용자가 어려움을 느낄 때 즉각적인 도움을 받을 수 있어 Runway의 사용자 경험을 개선한다.

② Terms of Use and Privacy Policy: 이용 약관과 개인정보 보호정책에 대한 링크로, Runway의 서비스 이용에 대한 법적 정보를 확인할 수 있는 공간이다.

대시보드 메뉴는 Runway 사용자가 비디오, 이미지, 오디오 자산을 효과적으로 관리하고 프로젝트를 체계적으로 관리할 수 있도록 설계돼 있다. 특히 협업 환경에서의 작업 효율성을 높이고 자주 사용하는 자산과 도구에 빠르게 접근할 수 있는 구조로 사용자 편의성을 극대화한 점이 돋보인다.

3) Gen-3 Alpha 작업 섹션 창 인터페이스 사용법

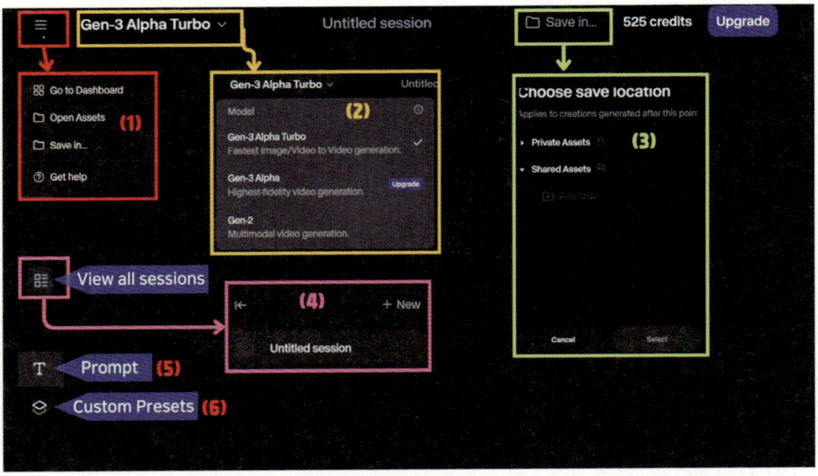

[그림7] Runway의 Gen-3 Alpha 작업 섹션 창 1

Gen-3 Alpha Turbo는 일반 모드보다 훨씬 빠른 속도로 영상을 생성할 수 있는 고속 모드다. Turbo 모드는 시간이 촉박한 프로젝트에서 작업 속도를 크게 단축시켜 준다.

(1) 메뉴 (햄버거 메뉴 아이콘)

① Go to Dashboard: 대시보드로 돌아가 모든 프로젝트와 도구를 관리하는 화면으로 이동한다. 새로운 프로젝트를 시작하거나, 이미 작업 중인 프로젝트를 확인하고 수정할 수 있는 시작점이다. 대시보드에서는 최근 작업 내역이나 프로젝트 현황을 한눈에 파악할 수 있다.

② Open Assets: 자산 폴더를 열어 현재 프로젝트에서 사용 가능한 이미지, 비디오, 오디오 등의 자산을 확인하고 선택할 수 있다. 이 기능을 통해 프로젝트에 필요한 자료를 쉽게 불러올 수 있으며 한 번 업로드한 자산은 다른 프로젝트에서도 재사용할 수 있어 효율적인 작업이 가능하다.

③ Save in...: 프로젝트나 생성된 비디오를 저장할 폴더를 선택할 수 있는 기능이다. Private Assets(개인 자산) 또는 Shared Assets(공유 자산)을 선택해, 생성된 파일을 특정 폴더에 저장함으로써 자산 관리와 협업이 쉬워진다. 저장된 자산은 다른 팀원들과 공유하거나, 프로젝트별로 정리할 수 있어 매우 편리하다.

④ Get Help: 사용 중에 문제가 생기거나 기능에 대한 도움이 필요할 때 도움말 센터로 이동해 Runway의 가이드와 FAQ를 참조할 수 있다. 문제 해결을 위한 지침이 마련돼 있으며 실시간 지원도 가능할 수 있다.

(2) 모델 선택 (Gen-3 Alpha Turbo 드롭다운 메뉴)

① Gen-3 Alpha Turbo: 빠른 속도로 비디오나 이미지를 생성할 수 있는 모델로, 생성 속도와 효율성을 우선시할 때 적합하다. 프로젝트에서 즉각적인 결과물이 필요하거나, 여러 아이디어를 빠르게 실험해보고자 할 때 유용하다.

② Gen-3 Alpha: 높은 퀄리티의 비디오 생성을 지원하는 모델로, 섬세한 디테일과 고화질을 중시하는 작업에 적합하다. 이 모델은 속도보다는 비디오의 완성도를 높이는 데 주안점을 둔다. 업그레이드가 필요한 경우, 더 높은 퀄리티의 비디오 작업을 위해 플랜 업그레이드를 고려할 수 있다.

③ Gen-2: 이전 세대 모델로, 텍스트, 이미지, 비디오와 같은 다중 입력을 기반으로 비디오를 생성할 수 있는 멀티모달 기능을 제공한다. 여러 가지 입력을 결합해 새로운 비디오를 생성하거나, 특정 스타일을 실험할 때 적합하다.

(3) 저장 위치 선택 (Save in...)

① Private Assets: 생성된 비디오나 자산을 개인 자산 폴더에 저장하는 옵션이다. 이 폴더는 사용자가 개인적으로 관리할 수 있으며 다른 사람들과 공유되지 않는다. 개인 프로젝트나 기밀 자료를 처리할 때 유용하다.

② Shared Assets: 팀원들과 자산을 공유할 수 있는 폴더로, 공동 작업을 할 때 유용하다. 프로젝트에서 사용되는 자산을 팀원들이 모두 접근할 수 있어 협업의 효율성을 높여준다. 이 기능을 통해 팀 전체가 동일한 자산을 활용해 일관성 있는 작업을 진행할 수 있다.

③ Add folder: 새로운 폴더를 추가해 자산을 체계적으로 관리할 수 있는 옵션이다. 프로젝트별, 카테고리별로 자산을 정리해 저장할 수 있

어 자산 관리가 용이하다. 자산이 많아질수록 체계적인 관리가 중요하기 때문에 이 기능이 매우 유용하다.

(4) 세션 관리 (Untitled session)

① 세션 제목 변경: 기본적으로 세션은 'Untitled session'으로 시작하지만, 제목을 클릭해 변경할 수 있다. 여러 프로젝트를 동시에 진행할 경우, 각 세션에 이름을 부여해 관리하면 혼동을 줄일 수 있다. 예를 들어, '프로젝트 A - 테스트1'처럼 이름을 지정해 작업 중인 세션을 구분할 수 있다.

② New: 새로운 세션을 생성할 수 있는 버튼이다. 각 세션은 독립적으로 관리되며 여러 세션을 통해 다양한 버전의 작업을 시도할 수 있다. 세션별로 다른 프롬프트나 자산을 사용할 수 있어, 다양한 실험을 하거나 비교 작업을 할 때 유용하다. 생성된 세션은 자동으로 자산 폴더에 저장된다.

(5) 프롬프트 입력 (Prompt)

프롬프트 창은 사용자가 텍스트로 원하는 장면을 설명하는 곳이다. 예를 들어, '노을이 지는 해변에서 파도가 밀려오는 장면'처럼 명확하고 구체적인 설명을 입력하면, AI가 이를 기반으로 해당 장면에 맞는 비디오를 자동으로 생성한다. 카메라 각도, 장면의 분위기, 조명 설정 등 세부사항을 프롬프트에 포함할수록 더 구체적이고 만족스러운 결과물을 얻을 수 있다.

프롬프트 작성 시에는 간결하면서도 명확하게 원하는 장면을 설명하는 것이 중요하다. 예를 들어, '높은 각도에서 인물을 조명으로 비추는 장면'처럼 구체적인 설명을 추가하면 AI가 해당 장면을 더욱 정확하게 구현할 수 있다.

(6) 커스텀 프리셋 (Custom Presets)

Custom Presets는 미리 설정된 스타일이나 장면을 불러와 비디오 생성을 빠르게 시작할 수 있게 돕는 기능이다. 미리 설정된 프리셋을 선택한 후, 간단한 수정을 통해 자신만의 비디오를 빠르게 만들 수 있다. 특히 초보자들이 복잡한 설정 없이 빠르게 작업을 시작할 수 있도록 도와준다.

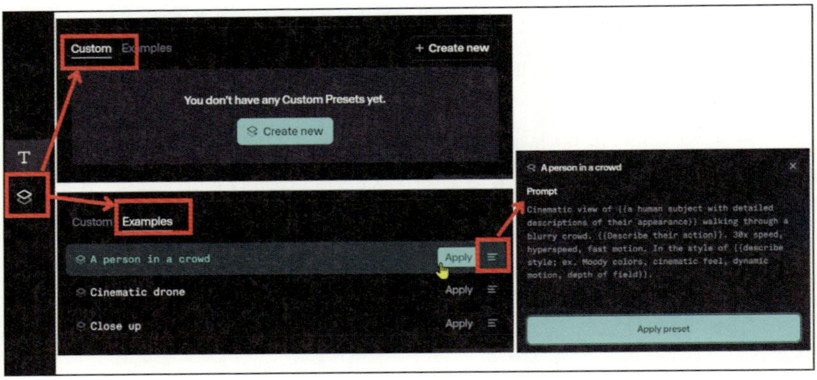

[그림8] Runway의 Custom Presets 메뉴

예를 들어, '드라마틱한 조명'이나 '몽환적인 분위기'와 같은 프리셋을 선택하면, 해당 스타일에 맞는 기본적인 카메라 각도, 조명, 색감 등이 자동으로 설정된다. 이후 필요한 부분을 수정해 자신만의 장면을 완성할 수 있다. 이 기능은 반복적인 스타일의 작업을 할 때도 유용하다.

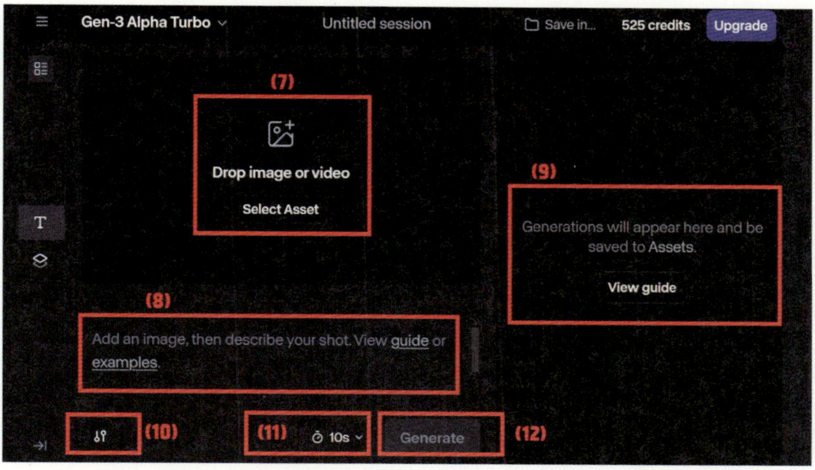

[그림9] Runway의 Gen-3 Alpha 작업 섹션 창 2

(7) 이미지 또는 비디오 업로드 영역

① Drop image or video: 이 영역은 프로젝트에서 사용할 자산(이미지 또는 비디오)을 업로드하는 중요한 부분이다. 사용자는 이미지를 이 공간에 드래그하거나 'Select Asset' 버튼을 클릭해 파일 탐색기를 통해 자산을 선택할 수 있다.

② 이미지/비디오 파일의 역할: 업로드된 자산은 비디오 생성 시 중요한 참조 자료로 사용된다. AI는 이 자산을 시작점으로 해, 입력된 프롬프트와 결합해 비디오를 생성한다. 예를 들어, 특정 스타일의 이미지를 업로드하면 AI가 그 이미지를 참고해 비디오 스타일을 설정하거나, 비디오의 첫 장면을 구성하는 데 활용한다.

③ Drag & Drop: 이 영역은 Drag & Drop 인터페이스로 직관적이며 파일 업로드 시 화면에 미리보기가 표시될 수 있다. 이를 통해 사용자는 어떤 자산을 사용하는지 쉽게 확인할 수 있다.

(8) 프롬프트 입력 창

① 텍스트 프롬프트 입력 : 프롬프트 창은 사용자가 텍스트로 비디오의 핵심 요소(장면, 스타일, 동작 등)를 설명하는 곳이다. AI는 이 텍스트 설명을 기반으로 비디오를 생성하므로, 프롬프트의 구체성과 명확성이 비디오의 질에 큰 영향을 미친다.

② 프롬프트 작성 방법: 예를 들어, '노을이 지는 해변에서 카메라가 파도를 천천히 따라가며 움직인다'라는 프롬프트를 입력하면, AI는 카메라의 움직임, 시간대(노을), 환경(해변) 그리고 액션(파도의 움직임) 등 구체적인 요소들을 분석해 해당 장면에 맞는 비디오를 생성한다.

③ 자세한 프롬프트의 중요성: 단순한 설명보다는 카메라 앵글, 움직임, 분위기, 조명 등을 구체적으로 설명할수록 원하는 비디오에 가까운 결과를 얻을 수 있다. 예를 들어, '높은 각도의 카메라가 인물을 조명으로 비추는 장면'과 같은 디테일한 설명이 필요하다.

④ 가이드 및 예시 링크: 프롬프트 작성이 익숙하지 않은 사용자를 위해 'View guide' 및 'examples' 링크를 클릭하면 예시 프롬프트와 사용 가이드를 제공받을 수 있다. 이를 통해 프롬프트 작성 팁이나 샘플을 확인할 수 있으며 다양한 장면을 더 쉽게 생성할 수 있다.

(9) 결과물 표시 영역

① Generations will appear here and be saved to Assets: 이 영역은 비디오가 생성된 후 결과물이 표시되는 곳이다. AI가 비디오를 생성하는 데는 몇 초에서 수 분 정도의 시간이 걸릴 수 있는데, 이 과정이 끝나면 완성된 비디오가 이 공간에 나타난다.

② 결과물 자동 저장: 생성된 비디오는 자동으로 자산(Assets) 폴더에 저장된다. 사용자는 이 폴더에서 생성된 비디오를 관리하거나 다른 프로젝트에서 다시 사용할 수 있다. 저장된 자산은 필요할 때 언제든

지 불러와 수정하거나, 새로운 프로젝트에서 재활용할 수 있다.

③ 'View guide' : 이 버튼은 사용자에게 비디오 생성 및 관리에 관한 추가적인 도움말을 제공한다. 비디오 결과물에 대한 이해도를 높이기 위해 관련 가이드를 클릭해 확인할 수 있다.

(10) 설정(Setting)

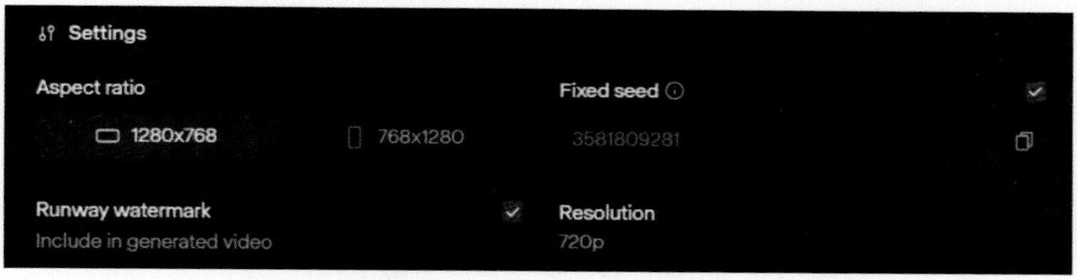

[그림10] Runway 작업 섹션 창의 설정

① Aspect Ratio : 비디오의 가로세로 비율을 설정할 수 있는 옵션이다. 1280x768(가로 비율) 또는 768x1280(세로 비율) 중 선택할 수 있다. 작업 목적에 맞는 비율을 선택해 비디오를 생성할 수 있다.

② Fixed Seed (고정 시드): 동일한 입력을 사용해 동일한 결과물을 얻고 싶을 때 사용하는 옵션이다. Fixed seed를 설정하면 매번 같은 결과를 얻을 수 있다. 시드 값을 변경하지 않으면, AI는 매번 다른 결과물을 생성할 수 있다.

③ Watermark (워터마크): Free 플랜 사용 시 생성된 비디오에는 워터마크가 추가된다. 워터마크를 제거하려면 플랜을 업그레이드하고 체크 해제를 한다.

④ Resolution (해상도): 기본 설정은 720p 해상도로 비디오가 생성된다.

(11) 비디오 길이 설정 (Duration Setting)

① 비디오 길이 조절 : 비디오의 기본 길이는 5초 또는 10초로 설정할 수 있으며 이후 'Extend' 기능을 사용해 5초 단위로 최대 3번까지 연장이 가능하고 총 최대 40초까지 늘릴 수 있다..

② 비디오 길이에 따른 크레딧 소모 : Gen-3 Alpha는 생성한 영상 1초당 10크레딧이 필요하고, Gen-3 Alpha Turbo 세대는 비디오 영상 1초당 5크레딧을 소모한다.

③ 확장 기능 활용: 비디오를 확장할 때 새로운 프롬프트를 입력할 수도 있고 AI가 이전 동작을 자동으로 이어서 하도록 설정할 수도 있다. 이 옵션을 통해 자연스러운 장면 전환이나 액션을 계속 이어가는 비디오를 만들 수 있다.

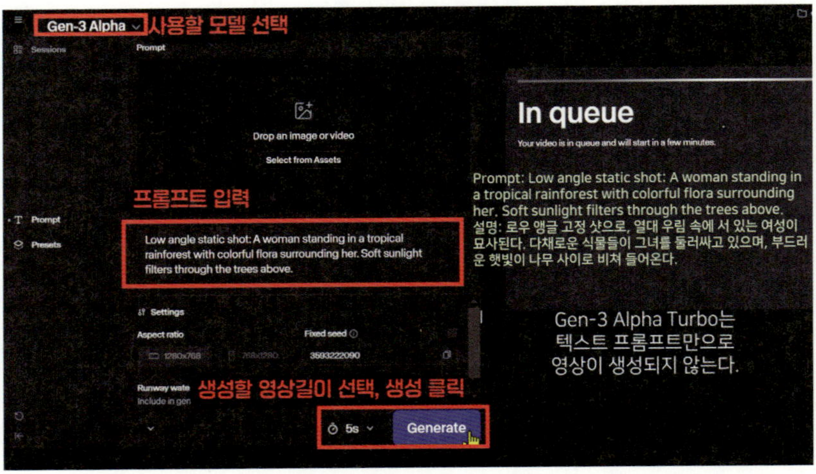

[그림11] Runway 프롬프트 입력과 생성

(12) 비디오 생성 버튼 (Generate)

① 'Generate' 버튼: 이 버튼은 프롬프트와 자산을 입력한 후 비디오 생성을 시작하는 버튼이다. Generate를 클릭하면 AI는 입력된 프롬프트와 업로드된 자산을 기반으로 비디오 생성 작업을 시작한다.

② 비디오 생성 과정: 버튼을 누르면 AI가 작업을 시작하며 비디오 생성 시간이 길이에 따라 다를 수 있다. 이 과정이 끝나면 비디오가 자동으로 생성되고 결과물 표시 영역에 나타나며 Assets 폴더에 저장된다.

③ 다양한 시도: 같은 자산과 프롬프트를 사용하더라도 AI는 매번 조금씩 다른 결과물을 생성할 수 있다. 여러 번 시도해 다양한 버전의 비디오를 생성하고 최종 결과물을 선택할 수 있다.

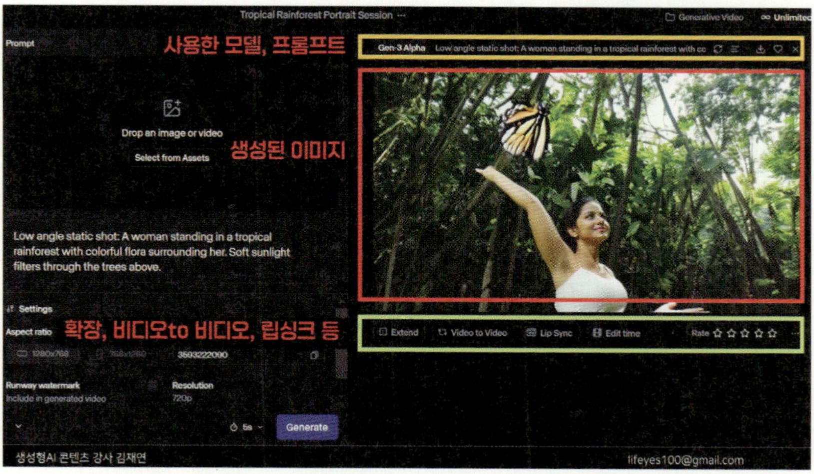

[그림12] Runway 영상 생성 후 보이는 창

4) 학습 자료 및 지원

초보자를 위한 지원 자료도 다양하게 제공된다. Gen-3 Alpha는 튜토리얼 영상과 사용 가이드를 제공해 사용자가 더 깊이 있는 학습을 할 수 있도록 돕는다. 또한 사용자 포럼에서 다른 사용자들과 문제를 공유하고 해결책을 찾을 수 있다.

3. AI 프롬프트로 콘텐츠를 생성하는 방법

AI 프롬프트는 AI 영상 제작의 중심 도구이다. 프롬프트는 텍스트로 AI에게 지시를 전달해 영상의 스타일, 카메라 움직임, 배경, 인물 동작 등을 설명한다. 효과적인 프롬프트는 구체적일수록 AI가 이를 해석하고 보다 정확한 결과물을 생성할 수 있게 한다. 이 장에서는 프롬프트 작성의 기본 원칙, 구체성의 중요성, 창의적 프롬프트 전략 그리고 피드백 및 수정을 통해 콘텐츠 제작을 최적화하는 방법을 다룬다.

1) 효과적인 프롬프트 작성법

프롬프트는 단순한 지시어가 아니다. 영상의 스타일과 움직임 그리고 세부적인 연출 요소를 체계적으로 전달하는 것이 핵심이다. 이를 위해 구조적이고 체계적인 프롬프트 작성법이 필요하다.

(1) 프롬프트의 기본 구조

효과적인 프롬프트 작성은 [카메라 움직임]: [장면 설정]. [추가 세부 사항]의 구조를 따르는 것이 좋다. 이 구조는 AI가 각 요소를 체계적으로 해석하고 결과물을 더욱 명확하게 만들어낼 수 있도록 돕는다.

〈예시 1〉

Prompt: Low angle static shot: A woman standing in a tropical rainforest with colorful flora surrounding her. Soft sunlight filters through the trees above.

설명: 로우 앵글 고정 샷으로, 열대 우림 속에 서 있는 여성이 묘사된다. 다채로운 식물들이 그녀를 둘러싸고 있으며 부드러운 햇빛이 나무 사이로 비쳐 들어온다.

이 프롬프트는 카메라 움직임(로우 앵글 고정 샷), 장면 설정(열대 우림 속 여성), 추가 세부 사항(햇빛과 주변 식물들)을 구체적으로 명시했다. 이를 통해 AI는 정확한 장면을 구성할 수 있으며 원하는 연출을 보다 완벽하게 실현할 수 있다.

첨부한 유튜브 링크에서 영상을 비교해보면 이미지를 넣고 생성한 것과 텍스트 프롬프트만 넣어서 생성한 영상의 퀄리티 차이는 눈에 띄게 차이가 난다. 미드저니와 같은 이미지를 생성해 첨부하고 영상의 스타일, 카메라 움직임, 배경, 인물 동작 등을 설명하는 프롬프트로 영상을 제작하기를 추천한다.

* 관련 영상 링크: https://youtu.be/lVxj5Z7PemE

[그림13] Runway 텍스트 프롬프트 비고

(2) 구체성의 중요성

프롬프트 작성에서 구체성은 결과물의 질을 결정짓는 핵심 요소이다. 프롬프트가 세부적일수록, AI는 더 정확한 장면을 만들어낼 수 있다. 반대로, 모호한 프롬프트는 AI가 장면을 잘못 해석하거나 결과물이 기대와 다를 수 있다. 구체적이고 명확한 설명은 AI가 더 나은 해석을 하도록 돕는다.

〈예시 2〉

Prompt: Wide shot: A bustling city street at night. Neon signs flash as cars drive by and people walk down the sidewalks.
설명: 와이드 샷으로, 밤에 활기찬 도시 거리를 보여준다. 네온사인이 깜빡거리고 자동차들이 지나가며 사람들이 인도를 따라 걷고 있다.

이 프롬프트는 네온사인, 자동차, 보행자 같은 디테일을 포함해 도시의 복잡하고 활기찬 분위기를 정확히 재현하도록 돕는다. 이와 같은 구체적인 정보는 AI가 복잡한 도시 장면을 명확히 해석하는 데 도움을 준다.

〈예시 3〉

Prompt: Tracking shot: A young woman jogging through a park in the early morning. The camera follows her from behind as she passes under the trees.
설명: 트래킹 샷으로, 이른 아침 공원을 조깅하는 여성을 보여준다. 카메라는 그녀를 뒤에서 따라가며 나무들 아래를 지날 때 그녀의 움직임을 포착한다.

이 프롬프트는 인물의 동작과 카메라의 움직임을 명확히 설명하고 있다. 트래킹 샷을 통해 AI가 자연스럽게 인물의 움직임을 따라갈 수 있도록 돕는다.

(3) 카메라 움직임과 장면 설정의 결합

프롬프트 작성 시 카메라 움직임과 장면 설정을 결합하면 더욱 영화적인 연출이 가능해진다. 카메라의 각도, 줌인, 줌아웃, 이동 등은 장면에 동적인 요소를 더하며 이를 통해 결과물에 더 큰 시각적 효과를 줄 수 있다.

〈예시 4〉

Prompt: Overhead shot: A table filled with vibrant fruits and vegetables. As hands reach in from different directions, the camera slowly pans over the table.

설명: 오버헤드 샷으로, 과일과 채소들로 가득 찬 테이블을 비춘다. 여러 방향에서 손이 들어와 물건을 집으며 카메라는 천천히 테이블을 가로지르며 이동한다.

이 프롬프트는 카메라의 움직임과 장면 설정을 결합해 장면에 더 많은 몰입감을 제공한다. 천천히 이동하는 카메라는 AI가 장면의 디테일을 강조하고 부드러운 전환을 구현할 수 있도록 돕는다.

2) 창의적 프롬프트 전략

효과적인 프롬프트 작성법을 바탕으로, 더 나아가 창의적인 전략을 활용하면 더 독창적이고 강력한 콘텐츠를 만들 수 있다. 프롬프트는 단순한 장면 묘사에서 벗어나 텍스트와 이미지의 결합, 동작 중심의 프롬프트 등을 통해 AI의 잠재력을 극대화할 수 있다.

(1) 텍스트와 이미지의 결합을 통한 창의성 증대

텍스트 프롬프트는 AI가 장면을 생성하는 데 필수적이지만, 여기에 이미지를 추가하면 더욱 정교하고 창의적인 결과를 얻을 수 있다. 이미지를 통해 AI에게 시각적 참고 자료를 제공하면, AI가 텍스트만으로는 표현하기 어려운 디테일을 반영할 수 있다. 이러한 방식은 장면의 구체성을 높이는 데 효과적이다.

〈예시 5〉

Prompt: Using an input image of a dark forest at night, prompt: A full moon rises slowly over the horizon, casting a soft glow on the foggy forest floor.
설명: 어두운 밤의 숲 이미지를 입력한 후, '달이 천천히 지평선 위로 떠오르며 부드러운 빛이 안개 낀 숲 바닥을 비춘다.'라는 텍스트를 사용한다.

이 프롬프트는 이미지와 텍스트의 결합을 통해 AI가 더 구체적이고 정밀한 장면을 구성할 수 있도록 돕는다. 이미지로 배경의 분위기를 설정하고 텍스트로 세부사항을 추가함으로써 AI가 더 복잡한 장면을 효과적으로 구현할 수 있다.

(2) 동작 중심의 프롬프트 작성

AI가 역동적인 장면을 생성하려면, 동작 중심의 프롬프트를 명확히 작성하는 것이 중요하다. 단순한 장면 묘사에서 벗어나, 인물의 동작과 카메라의 움직임을 구체적으로 지시함으로써 AI가 더 생동감 있는 결과물을 생성할 수 있다. 움직임은 영상의 역동성을 강화하는 중요한 요소이다.

〈예시 6〉

Prompt: Tracking shot: A man runs through a crowded street at dusk, dodging people and cars. The camera follows him closely from behind, capturing the rush and tension of the scene.

설명: 트래킹 샷으로, 남성이 해질 녘에 붐비는 거리에서 사람과 자동차를 피하며 뛰는 장면을 묘사한다. 카메라는 그를 바짝 뒤 따라가며 장면의 긴박함을 포착한다.

이 프롬프트는 인물의 동작과 카메라의 움직임을 결합해, AI가 더욱 생동감 있는 장면을 구현할 수 있도록 돕는다. AI는 인물이 빠르게 움직이는 장면을 따라가며 시각적으로 긴박한 상황을 연출할 수 있다.

(3) 스토리텔링을 위한 프롬프트 연속성

창의적인 프롬프트 전략을 통해 하나의 이야기를 구성하는 연속된 장면들을 만들 수 있다. 각 프롬프트는 독립적인 장면을 생성하지만, 이를 조합해 연속적인 스토리를 구성하면 짧은 영화나 광고처럼 일관된 메시지를 전달할 수 있다. 이때 프롬프트 간의 연속성을 고려하는 것이 중요하다.

〈스토리 예시 7〉

Prompt 1: Wide shot: A woman sits alone in a coffee shop, staring blankly at a cup of coffee. The camera slowly zooms in on her face as she appears deep in thought.
설명: 와이드 샷으로 카페에 혼자 앉아 있는 여성이 커피잔을 바라보며 깊은 생각에 잠긴 장면을 묘사한다. 카메라는 천천히 그녀의 얼굴을 클로즈업 한다.

Prompt 2: Over-the-shoulder shot: The woman checks her phone as a notification pops up. The camera tilts down to reveal a message on the screen that reads: "We need to talk."
설명: 여성의 어깨 너머로 전화기를 확인하는 장면이 보이며 화면에 "우리 대화가 필요해"라는 메시지가 나타난다. 카메라가 천천히 화면으로 이동한다.

Prompt 3: Tracking shot: The woman walks quickly through a crowded street, dodging pedestrians as the camera follows closely behind.
설명: 여성이 붐비는 거리를 빠르게 걸어가며 카메라가 그녀의 뒤를 바짝 따라간다.

이처럼 프롬프트 간의 연속성을 고려해, 하나의 스토리를 형성할 수 있다. 이러한 연속적인 장면은 감정적 흐름을 전달하며 프롬프트를 통해 스토리텔링을 강화할 수 있다.

3) 피드백 및 수정 과정

AI가 생성한 결과물이 항상 처음부터 완벽할 수는 없다. 피드백과 수정 과정은 콘텐츠의 질을 높이고 결과물을 기대에 맞게 조정하는 중요한 단계이다. 프롬프트를 통해 AI에게 더 구체적인 지시를 내리거나, 수정 사항을 반영함으로써 콘텐츠를 점점 더 정교하게 개선할 수 있다.

(1) 피드백을 통한 세부 사항 수정

AI가 생성한 장면에서 세부 사항이 기대와 다를 경우, 프롬프트를 수정해 원하는 결과에 가까워지게 할 수 있다. 조명, 카메라 속도, 움직임 등의 세부 사항을 다시 명시함으로써 AI가 더 정확한 결과를 제공할 수 있도록 한다.

〈예시 8〉

처음 프롬프트에서 생성된 장면이 기대보다 너무 어두운 경우, 다음과 같이 수정할 수 있다.
수정된 프롬프트: Adjust the lighting to a warm, golden tone, creating a softer atmosphere. The camera should zoom in more slowly to

emphasize the peaceful mood.
설명: 조명을 따뜻한 황금빛으로 조정해 부드러운 분위기를 만들고 카메라가 천천히 줌 인하며 평온한 분위기를 강조하도록 지시한다.

이 수정된 프롬프트는 AI가 조명과 카메라 속도를 조정하도록 해, 장면의 분위기와 감정을 변경한다. 이를 통해 영상의 시각적 효과를 개선하고 구체적으로 원하는 결과를 얻을 수 있다.

(2) 전체적인 분위기 조정

때로는 단순한 세부 사항 변경이 아닌, 장면의 전체적인 분위기를 조정해야 할 필요가 있다. 이 경우, 프롬프트에서 카메라 앵글, 조명 색상, 배경 등을 수정해 전체 톤과 스타일을 바꿀 수 있다. 특히 영상의 톤과 분위기는 시청자의 감정에 큰 영향을 미치므로, 이 부분을 명확히 지시하는 것이 중요하다.

〈예시 9〉

Prompt: Change the scene to a bright, lively park in the early morning. The sun shines brightly, casting long shadows as people jog and walk their dogs.
설명: 장면을 아침 햇살이 가득한 밝고 활기찬 공원으로 변경하고 사람들이 조깅하고 개를 산책시키는 모습을 추가해 장면의 활기를 더한다.

이 프롬프트는 전체적인 분위기를 밝고 경쾌하게 조정해, AI가 장면의 새로운 톤을 구현하도록 돕는다. 이와 같이 분위기를 조정하는 것은 마케팅 영상이나 감성적 메시지 전달이 필요한 콘텐츠에서 특히 중요하다.

(3) 반복적인 피드백을 통한 최적화

피드백은 한 번에 끝나지 않고 반복적인 과정을 통해 콘텐츠의 질을 높이는 데 기여한다. 프롬프트를 수정한 후에도, 결과물이 아직 완벽하지 않다면 다시 피드백을 반영해 프롬프트를 조정할 수 있다. 이러한 반복적인 과정은 AI가 점점 더 원하는 방향으로 결과물을 생성하게 만들며 최적의 결과물을 얻을 수 있도록 돕는다.

〈예시 10〉

처음에 '밝고 활기찬' 장면을 요청했으나, 장면이 여전히 약간 어두운 경우, 조명을 더 밝게 하고 카메라 움직임을 부드럽게 하도록 추가 수정할 수 있다.
수정된 프롬프트: Increase the brightness slightly and make the camera pan more slowly across the park to emphasize the peaceful yet lively morning atmosphere.
설명: 조명을 조금 더 밝게 조정하고 카메라가 공원을 천천히 가로지르며 평온하지만 활기찬 아침 분위기를 더 잘 전달할 수 있도록 한다.

이와 같이 반복적인 피드백을 통해 카메라 움직임, 조명, 동작 등을 점진적으로 수정하면서 콘텐츠의 질을 높일 수 있다. 이러한 과정은 AI가 더욱 정교한 결과물을 만들 수 있도록 돕는다.

(4) 피드백 루프의 간소화

AI 도구를 활용한 피드백 과정은 간소화될 수 있다. 기존에는 여러 단계를 거쳐 수정해야 했던 작업을, AI는 실시간으로 피드백을 반영하고 자동으로 수정할 수 있어 시간과 비용을 절약할 수 있다. 특히 마케팅 영상 제작에서는 즉각적인 수정 작업이 필요할 때가 많은데, AI의 피드백 루프를 활용하면 수정 과정이 크게 간소화 된다.

〈예시 11〉

클라이언트가 특정 장면에서 배경 색상을 더 밝게 변경해달라는 피드백을 제공한 경우, AI는 이를 즉시 반영해 새로운 버전을 자동으로 생성할 수 있다.

Prompt: Make the background a lighter shade of blue to create a more uplifting mood. Keep the lighting soft and natural.

설명: 배경을 더 밝은 파란색으로 조정해 경쾌한 분위기를 만들고 조명은 부드럽고 자연스럽게 유지한다.

이처럼 피드백 루프를 간소화하면 더 빠르고 정확한 수정 작업이 가능해진다. 특히 실시간 수정이 필요한 상황에서 유용하다.

4) 프롬프트 최적화와 전체 프로세스 정리

AI를 활용한 영상 제작에서 프롬프트의 중요성은 단순히 명령어를 전달하는 것을 넘어, 정확한 장면 구성과 효율적인 수정 과정을 가능하게 만든다. 프롬프트는 영상 제작의 출발점이자, 콘텐츠 제작의 전체적인 품질을 결정하는 핵심 도구이다. 마지막 부분에서는 프롬프트 최적화를 통해 콘텐츠 제작 과정을 정리하고 마무리하겠다.

(1) 프롬프트 최적화의 중요성

프롬프트는 처음부터 완벽하게 작성되기 어렵다. 콘텐츠 제작 과정에서 프롬프트를 반복적으로 수정하고 피드백을 반영하는 과정을 통해 점차 최적화된다. 이를 통해 AI는 더 정교한 장면을 구성하고 최종 결과물은 점점 더 완성도가 높아진다.

〈프롬프트 최적화 예시〉

초기 프롬프트가 너무 일반적이거나 모호할 경우, 세부사항을 추가하거나 수정해야 한다.
초기 프롬프트: A woman walking through a forest.
설명: 여성의 숲속을 걷는 장면을 묘사한다.

이 프롬프트는 지나치게 일반적이므로, 더 구체적으로 수정해 AI가 정확한 장면을 구성할 수 있도록 돕는다.
최적화된 프롬프트: Tracking shot: A woman walking slowly through a misty forest at dawn, with birds singing in the background. The camera follows from a low angle as she looks around.
설명: 트래킹 샷으로, 여성이 안개 낀 새벽 숲을 천천히 걷고 있다. 배경에는 새들이 지저귀고 카메라는 그녀를 로우 앵글로 따라가며 주변을 둘러보는 모습을 잡는다.

이처럼 세부적이고 구체적인 설명을 추가함으로써 프롬프트는 AI가 장면을 더 잘 해석하고 재현할 수 있도록 돕는다. 프롬프트 최적화는 특히 마케팅 영상이나 영화 제작에서 정확한 메시지 전달과 감정적 연결을 위한 중요한 과정이다.

(2) 반복적인 피드백을 통한 완성도 향상

반복적인 피드백은 AI가 점진적으로 더 나은 결과물을 생성하도록 돕는다. 피드백을 통해 AI가 생성한 영상의 문제점을 발견하고 프롬프트를 다시 수정해 이를 반영하는 과정을 거쳐 결과물을 점점 개선할 수 있다. 특히 프롬프트 수정 과정은 최종 결과물의 완성도를 결정짓는 중요한 단계이다.

〈피드백 루프 예시〉

첫 번째 결과물이 너무 어두웠다면, 피드백을 바탕으로 조명과 카메라 움직임을 수정하고 그에 따른 결과물을 다시 확인하는 과정이 반복된다. 이를 통해 점진적으로 개선된 영상을 얻을 수 있다.

수정된 프롬프트: Increase the brightness slightly and slow down the camera movement to enhance the calming effect.

설명: 조명을 약간 밝게 하고 카메라 움직임을 천천히 해 장면의 평온함을 더 잘 전달하도록 수정한다.

이와 같은 반복적인 피드백 루프는 최종 콘텐츠의 완성도를 높이는 핵심 전략이다. 결과물이 점점 더 목적에 부합하도록 AI에게 구체적인 지시를 내릴 수 있다.

(3) 프롬프트와 AI의 상호작용을 통한 창의성 증대

AI 영상 제작은 단순한 자동화 작업을 넘어서, 창의성을 극대화하는 도구로 활용될 수 있다. AI는 사용자의 프롬프트에 따라 새로운 접근 방식을 제안하고 창의적이고 독창적인 영상을 만들 수 있다. 프롬프트와 AI의 상호작용을 통해 더 다양한 결과를 만들어낼 수 있는 것이다.

〈창의성 증대 예시〉

프롬프트를 사용해 AI에게 더 창의적인 연출을 요청할 수 있다.

Prompt: A bird's-eye view of a woman standing at the edge of a cliff. The camera slowly zooms out to reveal the vast ocean below, creating a sense of awe and solitude.

설명: 여성이 절벽 끝에 서 있는 모습을 드론 시점으로 보여주고 카메라가 천천히 줌아웃해 아래 펼쳐진 광활한 바다를 드러내며 경외감과 고독감을 연출한다.

이 프롬프트는 AI의 창의적인 연출을 요청해, 영상의 시각적 효과를 극대화한다. 프롬프트와 AI의 상호작용을 통해 다양한 감정과 메시지를 전달할 수 있는 독창적인 콘텐츠를 만들 수 있다.

(4) 프롬프트와 AI를 통한 콘텐츠 제작 최적화

최종적으로, AI 영상 제작은 프롬프트의 질에 따라 결과물의 질이 결정된다. 효과적인 프롬프트 작성, 피드백을 통한 수정 그리고 창의적인 전략 활용은 AI가 더 나은 결과물을 만드는 데 필수적이다. 이러한 과정을 통해 AI 영상 제작이 단순한 자동화 작업이 아닌, 창의적이고 효율적인 콘텐츠 제작 프로세스로 자리 잡을 수 있다.

〈최종 정리 예시〉

AI가 생성한 콘텐츠가 점점 더 목표에 부합하게 되며 사용자는 이를 통해 더 높은 품질의 영상을 얻게 된다. 반복적인 프롬프트 수정과 피드백은 AI 영상 제작의 필수적인 과정이며 이를 통해 효율성과 창의성을 모두 극대화할 수 있다.

4. 마케팅 효율성을 극대화하는 영상 제작 프로세스

1) 세션 관리를 통한 협업 강화

세션 관리는 마케팅 영상 제작에서 다양한 버전의 콘텐츠를 체계적으로 관리할 수 있게 해주는 중요한 도구이다. AI 도구를 사용해 영상을 제작할 때, 한 번에 여러 버전의 영상을 테스트하거나, 특정 콘텐츠를 수정할 때 발생하는 다양한 버전을 효과적으로 관리할 필요가 있다. Gen-3 Alpha의 세션 관리 기능은 이러한 상황에서 팀이 효율적으로 협업하고 버전 관리를 용이하게 만들어 준다.

(1) 세션 관리 도구의 활용

세션 관리 도구는 여러 버전의 영상을 각각의 세션에 저장해 각각의 수정 사항과 결과물을 별도로 관리할 수 있도록 돕는다. 이를 통해 팀원들은 동일한 프로젝트 내에서도 다양한 접근 방식을 시도할 수 있으며 이후 어느 버전이 더 효과적인지 쉽게 비교할 수 있다.

마케팅 팀이 A/B 테스트를 위해 두 가지 버전의 광고 영상을 제작하는 상황을 생각해 보자. 한 버전(A)에서는 영상의 컬러 톤을 따뜻하게 설정하고 다른 버전(B)에서는 차가운 톤으로 연출할 수 있다. 이러한 두 버전을 각각의 세션에 저장한 후, 각 버전의 성과를 분석해 어느 쪽이 타겟 고객에게 더 효과적인지 평가할 수 있다.

세션 관리는 이러한 테스트를 빠르고 효율적으로 실행하는 데 필수적이며 각 세션은 자동으로 기록되기 때문에 사용자는 필요할 때마다 이전 세션으로 돌아가 작업을 재검토할 수 있다. 이는 특히 마케팅 캠페인이 여러 가지 버전을 빠르게 비교하고 최적화할 수 있는 환경을 제공한다.

(2) 실시간 협업을 통한 작업 효율성 증대

세션 관리의 또 다른 장점은 실시간 협업을 통해 팀 간 작업을 효율적으로 조정할 수 있다는 점이다. 마케팅 영상 제작은 일반적으로 다양한 팀이 협력해 이루어지며 각 팀은 자신이 담당한 부분에 대한 피드백을 제공하거나 수정을 해야 할 경우가 많다. 세션을 활용하면 여러 팀이 동시에 동일한 세션 내에서 작업을 진행할 수 있다.

디자인 팀이 영상의 시각적 요소를 편집하는 동안, 마케팅 팀은 동시에 메시지 수정을 하고 클라이언트가 실시간으로 피드백을 제공할 수 있다. 세션 관리 도구를 통해 각각의 작업을 실시간으로 반영하고 피드백할 수 있어, 작업 속도는 물론 콘텐츠의 질도 크게 향상된다.

세션 관리를 통해 프로젝트의 다양한 버전을 즉각적으로 확인하고 수정 사항을 반영하며 협업을 강화할 수 있다. 각 팀원은 실시간으로 변화된 부분을 쉽게 확인하고 그에 맞춰 자신이 작업하는 부분을 수정할 수 있다. 이는 작업의 효율성을 크게 높여, 최종 콘텐츠를 더 빠르게 완성할 수 있도록 돕는다.

(3) 콘텐츠 버전 관리의 효율성

세션 관리는 버전 관리를 더욱 체계적이고 효율적으로 만들어준다. 많은 경우 마케팅 영상은 여러 차례의 수정과 개선을 거치며 그 과정에서 각각의 버전을 잘 관리하지 못하면 혼란이 발생할 수 있다. 세션 관리 도구는 이러한 문제를 해결해 준다.

한 광고 영상에서 클라이언트가 첫 번째 버전에서 텍스트 스타일을 변경하고 싶다고 요청한 경우, 기존 버전은 그대로 유지하면서 새로운 세션에서 텍스트만 수정할 수 있다. 이후 클라이언트가 다시 피드백을 줄 때, 두 버전을 쉽게 비교해 어느 쪽이 더 나은지 선택할 수 있다.

이와 같이, 세션 관리는 버전 간의 차이를 명확히 추적하고 필요할 경우 이전 버전으로 되돌아가는 것도 가능하게 만든다. 이는 특히 여러 버전의 콘텐츠를 동시에 작업하는 경우 효율적인 관리를 가능하게 한다.

5. AI와 인간의 협업으로 창의적 콘텐츠 제작

AI와 인간의 협업은 오늘날 콘텐츠 제작 과정에서 매우 중요한 요소로 자리 잡았다. AI는 반복적이고 구조적인 작업을 자동화하는 데 뛰어난 능력을 발휘하며 이를 통해 인간의 창의적 작업에 더 많은 시간을 할애할 수 있는 환경을 조성한다. AI가 단순한 도구로만 기능하는 것이 아니라, 인간의 창의성을 극대화하는 협력자로서 작동하는 방법에 대해 설명한다.

1) AI의 지원을 받는 창의적 작업

AI는 자동화된 반복 작업을 처리함으로써 창의적인 작업에서 인간의 역할을 더욱 강조할 수 있는 환경을 만들어 준다. 콘텐츠 제작에서는 종종 구조적인 작업과 창의적인 작업이 혼합되는데 AI는 특히 반복적이거나 예측 가능한 작업을 대신 처리해 준다. 이로 인해 인간은 더 창의적이고 혁신적인 부분에 집중할 수 있게 된다.

(1) AI 도구를 활용한 작업 흐름 최적화

AI는 다양한 도구와 기능을 통해 작업의 효율성을 극대화한다. 예를 들어, 영상 제작에서 AI는 복잡한 영상 편집 과정을 단축시키고 콘텐츠의 기본 구성 작업을 처리할 수 있다. AI는 템플릿을 자동으로 생성하거나, 자동 편집 및 임펙트 적용과 같은 작업을 통해 콘텐츠 제작의 시간을 절감할 수 있다.

광고 영상을 제작할 때, AI는 다양한 버전의 템플릿을 자동으로 생성하고 이를 기반으로 다양한 스타일의 영상을 만들어낸다. AI는 각 버전의 타깃 그룹에 맞는 편집을 자동으로 적용해 사람이 일일이 수작업으로 해야 할 반복 작업을 대신 수행한다. 이를 통해 마케터와 크리에이터는 창의적 연출과 스토리텔링에 집중할 수 있다.

(2) 창의성을 위한 공간 제공

AI가 반복적인 작업을 처리하는 동안, 인간의 창의적 작업은 더욱 깊이 있고 자유롭게 이뤄질 수 있다. AI는 단순히 작업을 대신 처리하는 것이 아니라, 인간의 창의적 역량을 강화하는 방향으로 지원한다. 예를 들어, AI가 자동으로 생성한 기본 영상을 바탕으로 크리에이터는 더욱 독창적이고 감성적인 연출을 더할 수 있다.

자동화된 키프레임 기능을 활용해 AI가 기본적인 영상 전환을 설정한 후, 사용자는 이 위에 창의적인 카메라 움직임과 색감 변화를 추가할 수 있다. 이러한 작업은 AI가 생성한 기본 프레임을 기반으로 더 창의적인 요소를 추가해 최종적으로 복잡하면서도 독창적인 결과물을 만들어낼 수 있게 된다.

2) 팀과 AI의 공동 작업

팀과 AI의 협업은 창의적인 콘텐츠 제작에서 필수적인 요소로 자리 잡았다. AI는 콘텐츠 제작 과정에서 반복적이고 시간 소모적인 작업을 자동화해 팀 간의 협업을 원활하게 한다. 인간은 창의적이고 전략적인 작업에 더 집중할 수 있으며 AI가 처리하는 작업을 통해 생산성을 극대화할 수 있다.

(1) AI와 팀의 역할 분담

AI는 자동화된 작업을 주로 담당하고 팀은 그 위에 창의적 요소를 추가하는 방식으로 작업을 나눌 수 있다. AI는 영상 편집, 데이터 분석, 타겟팅

된 마케팅 캠페인 설계 등에서 반복적인 작업을 수행하고 인간은 기획, 스토리보드 작성, 창의적 연출과 같은 더 복잡하고 창의적인 작업을 맡는다. 이렇게 효율적인 역할 분담을 통해 팀과 AI가 협력해 최고의 결과물을 도출할 수 있다.

마케팅 팀은 AI가 자동으로 생성한 프롬프트 기반 영상을 기반으로 추가적인 창의적 요소를 결합할 수 있다. AI는 여러 가지 버전의 템플릿을 제안하고 팀은 이를 활용해 더욱 개성 있는 스토리라인을 완성할 수 있다. AI는 분석된 데이터를 통해 최적의 광고 전략을 추천하고 이를 기반으로 마케터는 더 창의적이고 맞춤형 메시지를 전달할 수 있게 된다.

(2) 실시간 협업과 피드백 반영

AI 도구는 실시간으로 팀 간의 협업을 가능하게 한다. 특히 영상 제작이나 마케팅 콘텐츠 작업에서 세션 관리 기능을 통해 다양한 버전의 콘텐츠를 동시에 제작할 수 있으며 각 팀원들이 실시간으로 수정 작업을 반영할 수 있다. AI는 이 과정에서 자동으로 반복 작업을 처리하고 팀원들이 창의적인 피드백을 즉시 반영할 수 있도록 돕는다.

팀은 Gen-3 Alpha의 세션 관리 도구를 통해 여러 버전의 영상을 동시에 작업할 수 있다. 영상의 컬러 그레이딩 작업을 담당하는 팀은 AI가 자동으로 설정한 기본 컬러 톤을 바탕으로 각 장면을 수정하고 마케팅 팀은 메시지 구성을 실시간으로 업데이트할 수 있다. AI는 이 과정에서 중복 작업을 제거하고 실시간으로 팀 간의 피드백을 반영해 최종 결과물을 신속하게 완성한다.

3) 창의성의 증대

AI는 콘텐츠 제작에서 단순한 작업 도구를 넘어 창의성을 극대화하는 도구로 작동할 수 있다. AI가 제공하는 다양한 기능을 통해 인간은 더 복잡하고 정교한 콘텐츠를 제작할 수 있게 되며 AI의 지원을 통해 더 자유롭고 실험적인 창의적 시도를 할 수 있게 된다.

(1) 복잡한 영상 제작에서의 AI의 역할

AI는 반복적인 작업을 처리할 뿐만 아니라, 창의적 작업을 돕는 도구로도 활용될 수 있다. 특히 영상 제작에서 복잡한 전환 효과, 키프레임 설정, 특수 효과와 같은 작업은 AI의 도움을 받아 더욱 쉽게 처리할 수 있다. 이를 통해 인간은 더욱 창의적인 요소에 집중할 수 있다.

AI 키프레임 기능을 통해 사용자는 영상을 더욱 창의적으로 연출할 수 있다. AI는 자동 전환 효과를 설정해주고 사용자는 이 위에 색상 보정이나 특수 효과를 추가해 영상을 더욱 복잡하고 독창적으로 완성할 수 있다. 이러한 방식은 AI의 자동화 기능과 인간의 창의성이 결합된 사례이다.

(2) 창의적 실험을 통한 혁신적 콘텐츠 제작

AI는 사용자가 더 창의적이고 실험적인 시도를 할 수 있도록 돕는다. AI는 자동으로 빠른 피드백을 제공하고 다양한 아이디어를 신속하게 테스트할 수 있게 한다. 이로 인해 인간은 여러 가지 창의적 아이디어를 동시에 시도하고 AI의 지원을 통해 최적의 콘텐츠를 선택할 수 있다.

AI는 마케팅 팀이 다양한 버전의 시나리오를 신속하게 제작할 수 있도록 돕는다. 예를 들어, A/B 테스트를 통해 두 가지 다른 광고 영상을 동시에 생성하고 타겟 고객의 반응을 바탕으로 가장 효과적인 버전을 선택할 수 있다. 이를 통해 마케팅 팀은 효과적인 전략을 빠르게 실행할 수 있으며 창의적 실험을 통해 더욱 혁신적인 콘텐츠를 제작할 수 있다.

AI와 인간이 협업해 창의적이고 효율적인 콘텐츠를 제작하는 방법에 대해 설명했다. AI는 반복적이고 자동화된 작업을 처리해 인간의 창의성을 극대화할 수 있는 환경을 조성하며 팀과 AI의 협업을 통해 더욱 복잡하고 정교한 콘텐츠를 제작할 수 있게 한다. AI의 자동화 기능은 인간의 창의적 작업을 돕고 더 나은 결과물을 만들어내는 데 중요한 역할을 한다.

Epilogue

인공지능(AI)은 영상 제작의 패러다임을 변화시키며 새로운 시대를 열어가고 있다. Gen-3 Alpha와 같은 AI 도구는 영상 제작의 효율성을 크게 향상시켰으며 그 속도와 창의적 가능성을 극대화했다. AI를 활용하면 이전에는 불가능했던 작업을 짧은 시간 안에 처리할 수 있을 뿐만 아니라, 반복적인 작업을 자동화해 창작자들이 더 창의적인 부분에 집중할 수 있게 됐다.

그러나 이러한 AI 기술의 발전은 단순히 효율성 향상에 그치지 않는다. AI는 콘텐츠 제작의 새로운 기회를 열어줌과 동시에 해결해야 할 여러 도전 과제도 동반하고 있다. 앞으로 AI 영상 제작이 직면할 주요 도전과 그 속에서 찾을 수 있는 기회를 살펴보겠다.

AI는 영상 제작의 여러 복잡한 과정을 자동화하고 단순화하지만, 완벽한 창작 도구가 될 수는 없다. Gen-3 Alpha와 같은 AI 모델은 프롬프트에 기반해 특정 스타일이나 장면을 빠르게 만들어낼 수 있지만, 창의적 감각과 인간의 독창성은 여전히 중요한 요소로 남아 있다. AI는 창의적인 도구로서 인간의 작업을 보완하고 촉진하는 역할을 하며 사람과 AI 간의 협업이 더 큰 창작적 성과를 가져올 것이다. 따라서 미래의 영상 제작은 AI와 인간이 서로의 강점을 극대화하는 방식으로 협력하는 새로운 창작 생태계를 형성하게 될 것이다.

현재 AI 영상 제작 기술은 매우 정교하지만 몇 가지 기술적 한계도 남아 있다. 예를 들어, AI가 아직 복잡한 내러티브 구조나 감정적인 디테일을 완전히 표현하지 못하는 경우가 종종 있다. 또한 긴 형식의 영상이나 고해상도 작업에서 처리 능력의 한계도 존재한다. 이러한 기술적 한계를 극복하기 위해서는 AI 기술이 더 발전해야 하며 이를 통해 AI가 더 정교하고 복잡한 콘텐츠도 처리할 수 있게 될 것이다.

AI 영상 제작이 발전하면서 윤리적 문제도 대두되고 있다. AI가 생성하는 콘텐츠의 저작권 문제, 데이터 활용의 투명성 그리고 AI로 제작된 영상의 신뢰성 등은 앞으로 해결해야 할 중요한 과제다. 특히 AI가 창작한 콘텐츠가 인간의 창의성과 어떻게 구별될 수 있을지에 대한 논의도 필요하다. 따라서 AI 기술이 발전하는 만큼, 이를 책임감 있게 사용하는 법적·윤리적 기준도 함께 발전해야 한다.

AI 영상 제작 기술은 많은 도전과 과제를 안고 있지만 그와 동시에 무한한 가능성도 제공한다. Gen-3 Alpha와 같은 도구는 마케팅, 광고 영화, 교육 등 다양한 분야에서 새로운 창의적 기회를 열어주고 있다. 특히 AI를 통해 맞춤형 콘텐츠를 자동으로 제작하는 방식은 그 잠재력이 크다. AI가 데이터를 분석해 개별 소비자의 취향에 맞는 영상을 제작하고 개인화된 콘텐츠를 제공하는 방식은 마케팅과 광고 분야에서 중요한 혁신이 될 것이다.

AI 영상 제작은 이제 막 시작 단계에 있지만 그 발전 가능성은 무궁무진하다. 앞으로 AI는 더 정교한 프롬프트 해석과 콘텐츠 확장 능력을 통해 긴 형식의 영상과 복잡한 스토리 구조를 지원할 수 있을 것이다. 또한 윤리적 문제를 해결하기 위한 법적·기술적 장치가 마련되면, AI가 생성하는 콘텐츠에 대한 신뢰성이 높아지고 이를 활용한 다양한 산업이 발전할 것이다.

결국, AI와 영상 제작의 결합은 단순히 작업 속도를 높이는 것이 아니라, 인간의 창의성을 증대시키고 새로운 형태의 스토리텔링을 가능하게 할 것이다. Gen-3 Alpha와 같은 도구는 이러한 미래를 열어가는 중요한 역할을 할 것이며 앞으로 우리는 AI와 협력해 더 혁신적이고 감동적인 콘텐츠를 제작할 수 있을 것이다.

7

시간과 비용을 절약하는 영상 제작의 비결 'InVideo AI'

이 도 혜

001010011001010

제7장
시간과 비용을 절약하는 영상 제작의 비결 'InVideo AI'

Prologue

디지털 시대에 영상 콘텐츠는 마케팅과 소통의 핵심 수단으로 자리 잡고 있다. 특히 인공지능(AI)의 도입으로 인해 영상 제작의 접근성이 크게 개선됐고, 더 많은 사람이 쉽게 고품질의 영상을 제작할 수 있게 됐다. 'InVideo'는 이러한 흐름의 중심에서 사용자들에게 강력한 편집 도구와 자동화 기능을 제공해 영상 제작의 진입 장벽을 낮추고 있다. 본 글에서는 InVideo의 기능과 역량을 중심으로 AI 기반 영상 제작이 어떻게 비즈니스 성장에 기여할 수 있는지를 살펴보고자 한다.

InVideo는 다양한 템플릿과 자동화 기능을 통해 초보자부터 전문가까지 누구나 손쉽게 사용할 수 있는 플랫폼이다. 이 플랫폼을 활용하면 복잡한 영상 편집 과정을 단순화하고, AI 기술을 이용해 영상 제작 시간을 크게 줄일 수 있다. AI 기반의 개인화된 콘텐츠 제작, 협업 기능, 멀티 플랫폼 최적화 등 InVideo의 다양한 기능을 활용해 비즈니스는 더 나은 고객 경험을 제공하고 마케팅 효율성을 높일 수 있다. 이러한 기능들은 오늘날 기업들이 경쟁력 있는 마케팅 전략을 구축하고 지속 가능한 성장을 이루는 데 큰 도움을 준다.

영상 제작에서 AI의 도입은 단순한 기술 혁신을 넘어, 창의적인 가능성을 확장하고 효율성을 극대화하는 중요한 변화로 자리 잡았다. 본 글은 이러한 AI 기반 영상 제작의 현황과 미래 가능성 그리고 InVideo가 제공하는 다양한 도구와 기능을 통해 비즈니스 성장을 어떻게 촉진할 수 있는지를 종합적으로 다룬다.

1. 영상 제작에서 AI의 도입

영상 제작에서 인공지능(AI)의 도입은 최근 몇 년간 영상 산업에 큰 변화를 가져왔다. AI는 영상 제작 과정의 여러 측면을 자동화하고 창의적 가능성을 확장하며, 전반적인 효율성을 향상시키는 데 기여하고 있다. 이러한 기술 혁신은 영상 제작자들에게 시간과 비용을 절약할 수 있는 다양한 도구와 방법을 제공한다.

1) 디지털 마케팅에서 AI의 부상

디지털 마케팅에서 인공지능(AI)의 부상은 마케팅 전략의 혁신을 가져오고 있으며, 이는 기업들이 고객과의 상호작용을 보다 개인화하고 효율적으로 만들 수 있도록 돕고 있다. AI는 데이터 분석, 예측 분석, 자동화, 개인화 등 다양한 분야에서 디지털 마케팅을 변모시키고 있다. 구체적인 예시를 통해 AI가 디지털 마케팅에 어떻게 영향을 미치고 있는지 자세히 살펴보자.

먼저, 데이터 분석과 예측 분석에서 AI의 역할은 매우 중요하다. AI는 방대한 양의 데이터를 빠르게 분석해 고객의 행동 패턴과 선호도를 파악할 수 있다. 이를 통해 기업은 고객의 미래 행동을 예측하고, 이에 맞춰 제품이나 서비스를 개발할 수 있다. 예를 들어, '넷플릭스'는 AI 알고리즘을 사용해 사용자의 시청 기록을 분석하고, 이를 기반으로 개인 맞춤형 콘텐츠 추천을 제공한다. 이러한 예측 분석은 고객 만족도를 높이고 사용자 참여를 증가시키는 데 중요한 역할을 한다.

또한 개인화된 경험 제공은 AI가 디지털 마케팅에 가져온 가장 큰 변화 중 하나이다. AI는 고객 데이터를 분석해 개인별로 맞춤형 콘텐츠와 추천을 제공할 수 있다. 아마존은 AI를 활용해 고객의 구매 이력을 분석하고, 이를 기반으로 관련 제품을 추천하는 시스템을 운영하고 있다. 이러한 개인화된 추천 시스템은 고객의 구매 전환율을 높이고, 충성도를 강화하는 데 기여한다.

자동화 또한 디지털 마케팅에서 AI의 중요한 기능 중 하나이다. AI는 반복적인 작업을 자동화해 마케터들이 더 전략적이고 창의적인 작업에 집중할 수 있도록 도와준다. 예를 들어, 'HubSpot'과 같은 마케팅 자동화 플랫폼은 AI를 사용해 이메일 캠페인을 자동으로 관리하고 최적화한다. 이러한 자동화는 시간과 비용을 절감할 뿐만 아니라 마케팅 캠페인의 효율성을 크게 향상시킨다.

AI는 광고와 판매 성과를 향상시키는 데에도 기여하고 있다. '구글 광고(Google Ads)'는 AI를 활용해 광고 타겟팅을 정밀하게 하고 실시간으로 캠페인을 최적화한다. 이를 통해 기업은 광고 예산을 보다 효율적으로 사용하고 캠페인 성과를 개선할 수 있다. 예를 들어, 구글의 '스마트

비딩(Smart Bidding)' 기능은 머신러닝을 사용해 각 클릭에 대한 최적의 입찰가를 자동으로 설정함으로써 광고주가 더 나은 ROI(Return on Investment)를 얻도록 돕는다.

더 나아가 대화형 마케팅과 같은 새로운 형태의 마케팅도 AI를 통해 가능해졌다. 자연어 처리와 챗봇, 음성 비서 등을 활용한 대화형 마케팅은 고객과 실시간으로 상호작용하며 개인화된 경험을 제공한다. 페이스북 메신저 챗봇은 고객 지원뿐만 아니라 제품 추천 및 주문 처리까지 다양한 기능을 수행하며 사용자 경험을 향상시킨다.

마지막으로, AI 기반 콘텐츠 생성은 고품질의 콘텐츠를 효율적으로 생산하는 데 도움을 준다. OpenAI의 GPT-3와 같은 언어 모델은 블로그 게시물, 소셜 미디어 콘텐츠 및 광고 카피 등을 생성하는 데 활용되고 있다. 이러한 도구들은 데이터 기반 인사이트를 활용해 효과적인 콘텐츠를 제작할 수 있도록 지원한다. 이는 창의적인 블록을 극복하고 경쟁사와 차별화된 콘텐츠를 제공하는 데 유리하다.

결론적으로, 디지털 마케팅에서 AI의 부상은 기업들이 더 나은 고객 경험을 제공하고 경쟁력을 유지하는 데 필수적인 요소가 되고 있다. AI 기술이 발전함에 따라 디지털 마케팅 전략도 더욱 정교해지고 있으며 이는 기업들이 데이터 기반 의사결정을 통해 고객과의 관계를 강화하고 시장에서 성공할 수 있는 기회를 제공한다. 앞으로도 AI는 디지털 마케팅 분야에서 더욱 중요한 역할을 하게 될 것이며 기업들은 이러한 기술적 발전을 적극적으로 활용해야 할 것이다.

2) AI를 활용한 영상 제작의 장점

AI를 활용한 영상 제작은 전통적인 제작 방식에 비해 여러 가지 장점을 제공하며 이는 영상 산업 전반에 걸쳐 혁신을 가져오고 있다. AI 기술은 영상 제작의 여러 단계에서 효율성을 높이고 창의성을 확장하며 비용을 절감하는 데 기여한다. 이러한 장점들을 구체적으로 살펴보자.

첫째, '효율성 향상'이다. AI는 영상 편집의 많은 부분을 자동화해 제작 시간을 단축시킨다. 예를 들어, AI 기반 편집 소프트웨어는 자동으로 영상 클립을 분석하고, 중요한 장면을 식별해 러프 컷을 생성할 수 있다. 이러한 자동화는 편집자가 반복적이고 시간이 많이 소요되는 작업에서 벗어나 더 창의적인 작업에 집중할 수 있도록 돕는다. Adobe Premiere Pro의 Auto Reframe 기능은 다양한 플랫폼에 맞춰 비디오의 화면 비율을 자동으로 조정해 편집 과정을 간소화한다.

둘째, '비용 절감'이다. AI는 영상 제작 과정에서 인력과 시간을 절약함으로써 비용을 줄일 수 있다. 전통적으로 많은 인력이 필요한 작업들이 AI를 통해 자동화되면서 인건비가 절감된다. 또한 AI는 빠른 속도로 작업을 처리할 수 있어 프로젝트의 전체적인 타임라인을 단축시킨다. 이는 특히 예산이 제한된 중소기업이나 개인 창작자들에게 큰 장점이 된다.

셋째, '창의성 확장'이다. AI는 새로운 창의적 가능성을 탐색할 수 있도록 지원한다. 시각 효과 생성부터 색 보정까지, AI 기반 도구는 영상의 시각적 품질을 향상시킬 수 있다. 예를 들어, DaVinci Resolve의 AI 기반 색 보정 도구는 샷 간 색상을 자동으로 맞춰줘 색상 보정 과정을 더 빠르고 정확하게 만든다. 또한 AI는 다양한 스타일과 효과를 적용해 독창적인 비주얼 콘텐츠를 쉽게 제작할 수 있도록 돕는다.

넷째, '개인화된 콘텐츠 제작'이다. AI는 시청자의 취향과 행동 데이터를 분석해 개인화된 콘텐츠를 제공할 수 있다. 이는 특히 마케팅 영상에서 효과적이다. 기업들은 AI를 활용해 고객 세그먼트별로 맞춤형 메시지를 전달함으로써 참여도를 높이고 전환율을 증가시킬 수 있다. 예를 들어, 넷플릭스는 사용자의 시청 기록을 분석해 개인 맞춤형 추천 콘텐츠를 제공함으로써 사용자 경험을 개선하고 있다.

다섯째, '접근성 향상'이다. AI는 자동 자막 생성 및 번역 기능을 통해 더 넓은 관객에게 접근성을 제공한다. 이는 청각 장애가 있는 시청자나 다양한 언어권의 사용자에게도 콘텐츠를 제공할 수 있도록 한다. YouTube의 자동 자막 기능은 이러한 접근성을 높이는 좋은 예이다.

여섯째, '실시간 피드백 및 수정 가능성'이다. AI는 실시간으로 영상을 분석하고 피드백을 제공함으로써 제작 과정에서 즉각적인 수정이 가능하도록 한다. 이는 특히 라이브 스트리밍이나 실시간 방송에서 유용하다. 실시간 얼굴 인식 및 배경 제거 기술은 방송 품질을 높이는 데 기여한다.

마지막으로, '데이터 기반 의사 결정'이다. AI는 방대한 양의 데이터를 분석해 인사이트를 제공하고 이를 기반으로 한 의사 결정을 지원한다. 이는 콘텐츠 전략 수립과 마케팅 캠페인 최적화에 유용하다. 예를 들어, 어떤 유형의 콘텐츠가 특정 타겟 그룹에게 가장 효과적인지 파악해 전략적으로 접근할 수 있다.

결론적으로, AI를 활용한 영상 제작은 효율성, 비용 절감, 창의성 확장 등 여러 측면에서 전통적인 방법에 비해 많은 장점을 제공한다. 이러한 기술적 발전은 영상 산업에 새로운 가능성을 열어주며, 앞으로도 더욱 발전할 것으로 기대된다. 기업과 창작자들은 이러한 AI 기술을 적극적으로 활용해 경쟁력을 강화하고 보다 혁신적인 콘텐츠를 제작해야 할 것이다.

2. AI 홍보 영상의 중요성

AI 홍보 영상의 중요성은 현대 마케팅 전략에서 점점 더 두드러지고 있다. AI 기술을 활용한 홍보 영상은 기업들이 고객과의 소통을 강화하고, 브랜드 가치를 효과적으로 전달하는 데 중요한 역할을 한다.

1) AI가 영상 마케팅의 효과를 높이는 방법

AI는 영상 마케팅의 효과를 높이는 데 있어 여러 가지 혁신적인 방법을 제공하고 있다. AI 기술은 콘텐츠 개인화, 자동화된 제작, 실시간 분석 등 다양한 측면에서 마케팅 전략을 강화해 기업이 보다 효율적이고 효과적으로 고객과 소통할 수 있도록 돕는다. 아래에서는 AI가 영상 마케팅의 효과를 높이는 구체적인 방법들을 살펴보겠다.

(1) 콘텐츠 개인화

AI는 사용자 데이터를 분석해 '개인화된 콘텐츠'를 제공함으로써 시청자 참여를 높인다. 예를 들어, 유튜브와 넷플릭스는 AI 알고리즘을 사용해 사용자의 시청 기록을 기반으로 맞춤형 비디오 추천을 제공한다. 이러한 개인화는 콘텐츠의 관련성을 높여 사용자 유지율과 참여도를 증가시킨다. 기업은 AI를 활용해 각 고객의 관심사와 행동에 맞춘 맞춤형 비디오 광고를 제작함으로써 브랜드 인지도를 높이고 전환율을 향상시킬 수 있다.

(2) 자동화된 제작 및 편집

AI 기반 도구는 영상 제작과 편집 과정을 '자동화'해 생산성을 높인다. 예를 들어, Adidas와 같은 브랜드는 AI 도구를 사용해 영상을 자동으로 편집하고 최적의 장면을 선택해 매력적인 최종 제품을 만들었다. 이러한 자동화는 인력과 시간을 절약하고, 정기적으로 콘텐츠를 제작해야 하는 기업에게 특히 유용하다.

(3) 실시간 분석 및 최적화

AI는 '실시간으로 영상 데이터를 분석'해 마케팅 전략을 최적화할 수 있도록 돕는다. 예를 들어, Wistia와 Vidyard 같은 플랫폼은 AI 기반 분석 기능을 제공해 시청자가 비디오와 어떻게 상호작용하는지를 이해할 수 있게 한다. 이러한 인사이트는 기업이 콘텐츠 전략을 조정하고 캠페인 성과를 개선하는 데 중요한 역할을 한다.

(4) 추천 엔진

'AI 추천 알고리즘'은 사용자의 시청 이력을 기반으로 관련 비디오를 제안함으로써 시청자 참여를 유지한다. 넷플릭스와 유튜브에서 볼 수 있는 이러한 시스템은 사용자에게 지속적으로 관심 있는 콘텐츠를 제공해 플랫폼에 머무르는 시간을 늘린다.

(5) 상호작용 및 몰입 경험

AI는 '인터랙티브 비디오 경험'을 통해 시청자 참여를 촉진한다. 예를 들어, AI 기반 챗봇이나 퀴즈 등을 비디오에 통합해 시청자가 더 깊이 몰입할 수 있는 경험을 제공할 수 있다. 이러한 상호작용은 브랜드와의 연결을 강화하고 더 강력한 사용자 경험을 만든다.

(6) 비디오 SEO 최적화

AI 도구는 키워드, 트렌드, 메타데이터를 식별해 '비디오 SEO'를 개선한다. 이는 비디오가 검색 결과에서 더 높은 순위를 차지하도록 해 사용자에게 더 잘 발견되게 한다. 결과적으로 트래픽과 참여도를 증가시킬 수 있다.

(7) 가상 인플루언서 활용

AI로 생성된 '가상 인플루언서'는 보다 매력적이고 인터랙티브한 방식으로 마케팅 메시지를 전달할 수 있다. 이러한 가상 캐릭터들은 브랜드 이미지와 타겟 고객에 맞춰 커스터마이징 가능하며, 독특하고 기억에 남는 마케팅 경험을 제공한다.

(8) 윤리적 고려사항

AI 기술의 활용은 '윤리적인 측면'에서도 신중한 접근이 필요하다. AI가 생성한 콘텐츠나 이미지의 사용 여부에 대해 투명하게 공개하는 것이 중요하다. 이는 소비자 신뢰 구축과 브랜드 이미지 보호에 기여한다.

결론적으로, AI는 영상 마케팅의 여러 측면에서 혁신적인 변화를 가져오고 있으며, 기업들이 고객과 더 깊이 연결되고 더 나은 성과를 달성할 수 있도록 돕고 있다. AI 기반 데이터 분석과 개인화된 콘텐츠 제공은 현대 마케팅 전략에서 필수적인 요소로 자리 잡고 있으며, 앞으로도 그 중요성은 더욱 커질 것이다. 기업들은 이러한 AI 기술을 적극 활용해 경쟁력을 강화하고 시장에서 성공할 수 있는 기회를 잡아야 할 것이다.

2) 사례 연, AI 기반 캠페인의 성공 사례

AI 기반 캠페인의 성공 사례는 다양한 산업에서 AI 기술이 어떻게 혁신을 이끌어내고 있는지를 보여준다. 이러한 사례들은 AI가 광고와 마케팅에서 어떻게 효과적으로 활용될 수 있는지를 잘 설명하며, 기업들이 AI를 통해 얻을 수 있는 이점을 명확히 보여준다.

(1) 버거킹의 'Mouldy Whopper' 캠페인

'버거킹'의 'Mouldy Whopper' 캠페인은 AI를 활용한 디지털 마케팅의 대표적인 성공 사례 중 하나이다. 이 캠페인은 인공 방부제를 사용하지 않는다는 메시지를 전달하기 위해 곰팡이가 핀 햄버거를 공개하는 파격적인 방법을 사용했다. AI는 소셜 미디어의 감정 분석과 검색 트렌드를 스캔해 이러한 광고가 어떤 반응을 불러일으킬지 예측하는 데 중요한 역할을 했다. AI를 통해 위험 요소를 사전에 평가하고, 캠페인의 성공 가능성을 높였다. 이 광고는 국제적인 주목을 받으며 브랜드 인지도를 크게 향상시켰고, 여러 광고 상을 수상하는 성과를 거두었다.

[그림1] 버거킹의 'Mouldy Whopper' 캠페인예시(출처 : lINKED IN)

(2) 할리데이비슨의 '#FindYourFreedom' 캠페인

'할리데이비슨'은 AI를 활용해 고객 데이터를 분석하고, 잠재 구매자를 식별해 맞춤형 광고 콘텐츠를 제공하는 '#FindYourFreedom' 캠페인을 진행했다. 이 캠페인은 할리데이비슨 커뮤니티의 결속력을 강화하고 새로운 고객층을 유치하는 데 성공적이었다. AI 기반 타겟팅은 판매와 브랜드 참여도를 크게 높였으며, 고객 중심의 마케팅 전략을 강화하는 데 기여했다.

(3) 쉐이크쉑의 레딧 광고 캠페인

'쉐이크쉑'은 레딧에서 생성형 AI 챗봇을 활용한 광고 캠페인을 통해 큰 성과를 거두었다. 이 캠페인은 레딧 내 사용자 대화를 분석해 전략적 타겟 광고를 집행함으로써 평균 31% 이상의 클릭률을 기록했다. AI는 문맥적 의도를 파악해 가장 적합한 서브레딧을 선정하고, 치킨 샌드위치 프로모션을 효과적으로 홍보했다. 이로 인해 매출이 기대치를 초과하며 실질적인 비즈니스 성과를 창출했다.

©Shake Shack

[그림2] 쉐이크쉑의 레딧 광고 캠페인 예시(출처 : BrandBrief)

(4) LG전자의 AI 기반 검색 광고

'LG전자'는 Google의 AI 기반 검색 광고를 통해 소비자의 숨은 니즈를 파악하고 개인 맞춤형 광고를 제공함으로써 매출 성과를 크게 향상시켰다. AI는 다양한 사용자 신호를 실시간으로 분석해 타겟팅 정확도를 높였고, 이를 통해 ROAS(광고 투자 수익률)를 2.3배 상승시키며 매출은 3.4배 증가하는 성과를 달성했다.

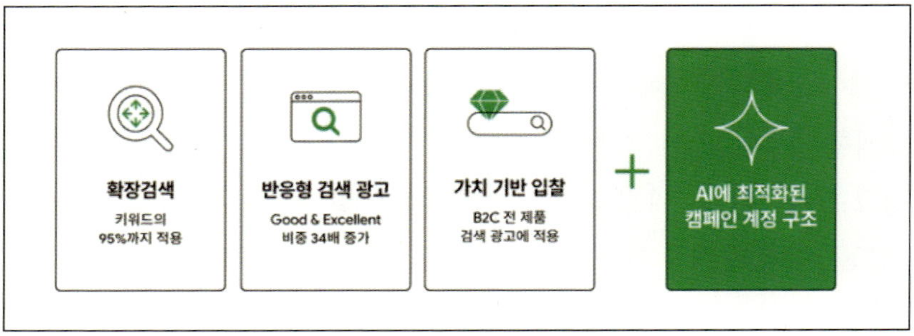

[그림3] LG전자의 AI 기반 검색 광고 예시(출처 : Think with Google)

(5) 하인즈의 'Draw Ketchup Campaign'

'하인즈'는 텍스트-이미지 변환 AI 기술을 활용해 케첩 브랜드에 대한 독특한 캠페인을 진행했다. 사람들에게 케첩을 그려달라고 요청했을 때 대부분 하인즈 케첩을 그린다는 점에 착안해, AI에게도 케첩 이미지를 생성하게 했다. 이를 통해 하인즈는 브랜드 인지도를 강화하고, 소비자들에게 신뢰성을 전달하는 데 성공했다.

이러한 사례들은 AI가 마케팅에서 단순한 도구 이상의 역할을 하고 있음을 보여준다. AI는 데이터 분석, 개인화된 콘텐츠 제공, 실시간 피드백 및 최적화 등 다양한 방식으로 마케팅 전략을 강화하고 있다. 기업들은 이러한 기술을 활용해 더욱 효과적이고 혁신적인 마케팅 활동을 펼칠 수 있으며 이는 궁극적으로 브랜드 성장과 매출 증대로 이어진다. 앞으로도 AI는 광고와 마케팅 분야에서 중요한 역할을 할 것이며, 기업들은 이러한 기술적 발전을 적극적으로 활용해야 할 것이다.

[그림4] 하인즈의 'Draw Ketchup Campaign' 예시(출처 : Heins)

3. InVideo AI 소개

1) InVideo의 기능과 역량 개요

InVideo는 다양한 기능과 역량을 갖춘 온라인 비디오 편집 플랫폼으로 사용자가 손쉽게 고품질의 비디오 콘텐츠를 제작할 수 있도록 돕는다. 특히 InVideo는 방대한 템플릿 라이브러리를 제공해 다양한 목적과 산업에 맞춘 비디오 제작을 지원한다. 이 글에서는 InVideo의 주요 기능과 역량을 자세히 살펴보겠다.

(1) 방대한 템플릿 라이브러리

InVideo는 5,000개 이상의 '템플릿'을 제공하며, 이는 다양한 카테고리와 틈새 시장에 맞춰 설계돼 있다. 이 템플릿들은 소셜 미디어 비디오, 유튜브 비디오, 기업 프레젠테이션, 광고, 교육 비디오 등 여러 용도로 활용 가능하다. 사용자는 이러한 템플릿을 통해 빠르고 쉽게 비디오를 제작할 수 있으며, 드래그 앤 드롭 방식으로 간편하게 커스터마이즈할 수 있다.

(2) 사용자 친화적인 인터페이스

InVideo의 '인터페이스'는 직관적이고 사용하기 쉬워서 비디오 편집 경험이 없는 사람도 쉽게 접근할 수 있다. 사용자는 템플릿을 선택하고 자신의 미디어 파일을 업로드해 텍스트, 이미지, 음악 등을 추가할 수 있다. 이러한 사용자 친화적인 디자인은 복잡한 기능을 간단하게 사용할 수 있게 해 비디오 제작 과정을 크게 단순화 한다.

(3) AI 기반 기능

InVideo는 'AI 기술'을 활용해 영상 제작 과정을 더욱 효율적으로 만든다. 예를 들어, AI 기반의 자동 음성 변환 기능은 텍스트를 음성으로 변환해 내레이션을 추가할 수 있게 한다. 또한 AI는 사용자가 입력한 스크립트에 맞춰 적절한 장면을 제안하는 기능도 제공해 편집 시간을 단축시킨다.

(4) 협업 기능

InVideo는 팀 '협업을 지원'하는 기능도 제공한다. 여러 사용자가 동시에 프로젝트에 참여할 수 있으며, 실시간 피드백과 수정이 가능하다. 이는 특히 기업이나 팀 단위로 작업하는 경우 유용하며, 프로젝트 진행 속도를 높이고 결과물의 일관성을 유지하는 데 도움을 준다.

(5) 멀티플랫폼 지원

InVideo는 '다양한 플랫폼'에서 비디오를 최적화해 배포할 수 있는 기능을 제공한다. YouTube, Instagram, Facebook 등 주요 소셜 미디어 플랫폼에 맞춘 비디오 형식을 지원하며, 각 플랫폼의 요구 사항에 맞게 자동으로 조정된다. 이를 통해 사용자는 각 플랫폼에 최적화된 콘텐츠를 손쉽게 제작할 수 있다.

(6) 고급 편집 도구

InVideo는 기본적인 컷 편집 외에도 '고급 편집 도구'를 제공한다. 트랜지션 효과, 애니메이션, 필터, 텍스트 오버레이 등 다양한 시각적 효과를 추가할 수 있으며 이러한 기능들은 비디오의 품질과 매력을 높이는 데 기여한다. 또한 사용자는 자신의 미디어 파일을 업로드해 더욱 개인화된 콘텐츠를 제작할 수 있다.

(7) 광범위한 미디어 라이브러리

InVideo는 스톡 이미지, 비디오 클립, 음악 트랙 등 '방대한 미디어 라이브러리'를 제공한다. 이러한 자원들은 로열티 프리로 제공되며, 사용자는 이를 활용해 더욱 풍부한 콘텐츠를 제작할 수 있다. 이는 특히 자체 미디어 자원이 부족한 사용자에게 매우 유용하다.

결론적으로, InVideo는 강력하고 다양한 기능을 갖춘 비디오 편집 플랫폼으로 개인 사용자부터 대규모 기업에 이르기까지 널리 활용될 수 있다. 직관적인 인터페이스와 AI 기반의 혁신적인 기능들은 사용자들이 보다 효율적으로 고품질의 비디오 콘텐츠를 제작할 수 있도록 지원한다. 이는 디지털 마케팅 및 브랜딩 전략에서 중요한 역할을 한다. InVideo를 통해 사용자는 창의성을 발휘하고 보다 매력적이고 영향력 있는 영상을 손쉽게 제작할 수 있다.

2) 전통적인 영상 편집 도구와의 비교

InVideo는 전통적인 영상 편집 도구와 비교했을 때 여러 가지 면에서 차별화되는 현대적인 클라우드 기반 영상 편집 플랫폼이다. 이 플랫폼은 AI 기술을 활용해 사용자에게 쉽고 효율적인 영상 제작 경험을 제공한다. InVideo와 전통적인 영상 편집 도구를 비교하면서, 그 차이점과 장단점을 살펴본다.

(1) InVideo의 주요 특징

① 클라우드 기반 플랫폼

InVideo는 웹 기반으로 작동해 사용자가 인터넷 연결만 있으면 어디서든 접근할 수 있다. 이는 전통적인 데스크톱 기반 편집 소프트웨어와의 큰 차이점으로, 하드웨어 제한 없이 다양한 기기에서 작업이 가능하다.

② AI 지원 기능

InVideo는 AI를 활용해 스크립트 생성, 보이스오버 추가, 장면 전환 등을 자동화한다. 이는 사용자가 영상 제작의 복잡한 과정을 간소화할 수 있도록 돕는다.

③ 템플릿과 미디어 라이브러리

5,000개 이상의 사용자 지정 가능한 템플릿과 800만 개 이상의 스톡 비디오, 사진 및 음악을 제공해 다양한 스타일과 요구에 맞는 콘텐츠 제작이 가능하다.

④ 사용자 친화적 인터페이스

드래그 앤 드롭 방식의 직관적인 인터페이스를 통해 초보자도 쉽게 사용할 수 있으며, 텍스트 명령 기반의 편집 기능을 제공한다. 이는 복잡한 기능을 제공하는 전통적인 소프트웨어에 비해 접근성이 높다.

(2) 전통적인 영상 편집 도구와의 비교

특징	InVideo	전통적인 영상 편집 도구
플랫폼	클라우드 기반	데스크톱 기반
AI 지원	있음 (자동화 기능)	제한적 또는 없음
템플릿 및 리소스	방대한 라이브러리 제공	제한적 또는 별도 구매 필요
사용자 인터페이스	직관적, 드래그 앤 드롭	복잡하고 학습 곡선이 큼
협업 기능	실시간 협업 가능	제한적 또는 없음
가격	저렴하거나 무료 플랜 제공	고가의 라이선스 필요

[그림5] 인비디오와 전통적인 영상 편집 도구 비교

(3) 장점

① 접근성 및 유연성

클라우드 기반으로 어디서나 접근 가능하며, 다양한 기기에서 작업할 수 있다.

② 효율성 및 생산성

AI 기술로 인해 영상 제작 시간이 단축되며, 자동화된 기능으로 반복 작업이 줄어든다.

③ 비용 효율성
무료 플랜과 저렴한 유료 플랜을 제공해 다양한 사용자층에게 적합하다.

(4) 단점

① 제한된 고급 기능
일부 고급 편집 기능은 전통적인 소프트웨어에 비해 부족할 수 있다.

② 인터넷 의존성
클라우드 기반 특성상 인터넷 연결이 필수적이다.

③ 초보자에 대한 부담감
제공되는 기능이 많아 초보자에게는 다소 부담스러울 수 있다.

InVideo는 현대적인 콘텐츠 제작 환경에 적합한 도구로, 특히 소셜 미디어 콘텐츠 제작이나 마케팅 비디오 제작에 강점을 보인다. 반면, 고급 편집이나 영화 제작 등에는 여전히 전통적인 영상 편집 도구가 더 적합할 수 있다. 각 도구의 특성과 사용 목적에 따라 선택하는 것이 중요하다.

4. InVideo AI 시작하기

1) 시작 및 회원가입하기

(1) 시작하기
언제나 구글 크롬 브라우저를 이용하는 것을 추천한다. 특히 맥 유저분들에게는 사파리 대신 크롬 사용을 권장한다. 구글 크롬에서 'InVideo AI'를 검색한다.

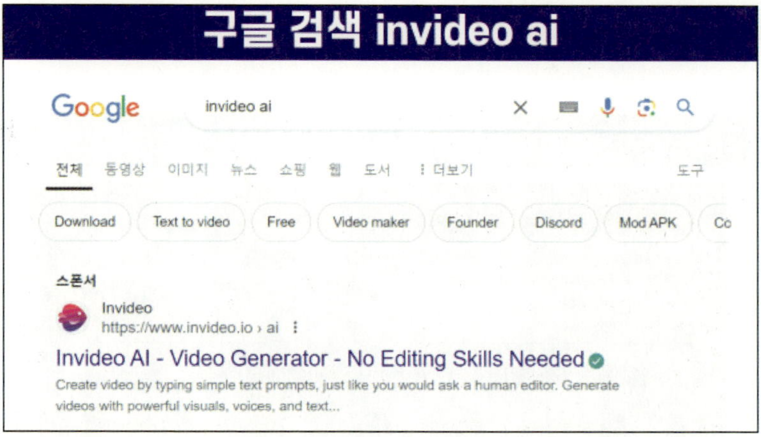

[그림6] 구글 검색

'Try InVideo AI' 버튼을 클릭해 시작할 수 있다.

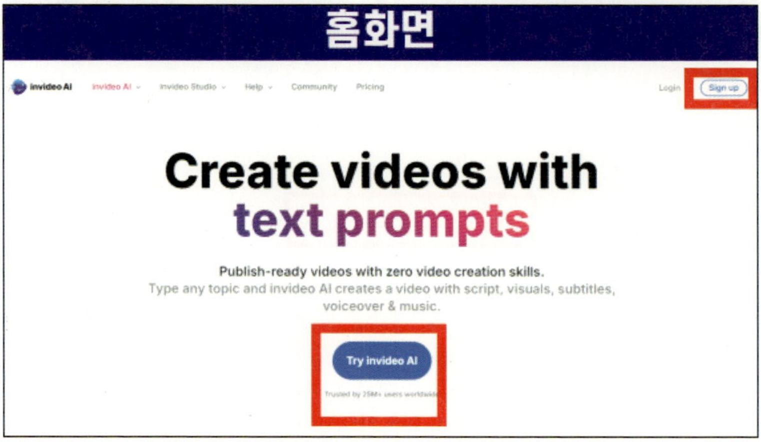

[그림7] Try invideo ai

(2) 회원가입하기

회원 가입 절차는 매우 간단하다. 언제나 구글 계정으로 가입하기를 권장하며 연동된 구글 계정을 선택한 후 '사용자'와 '작업 공간 이름'을 입력하면 된다.

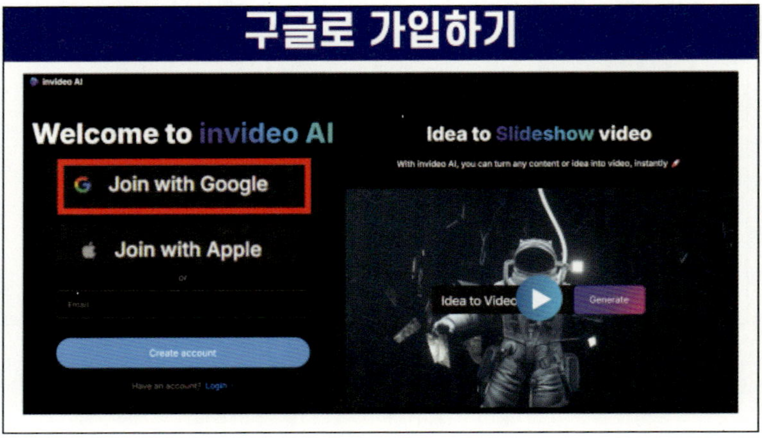

[그림8] 구글 계정으로 가입

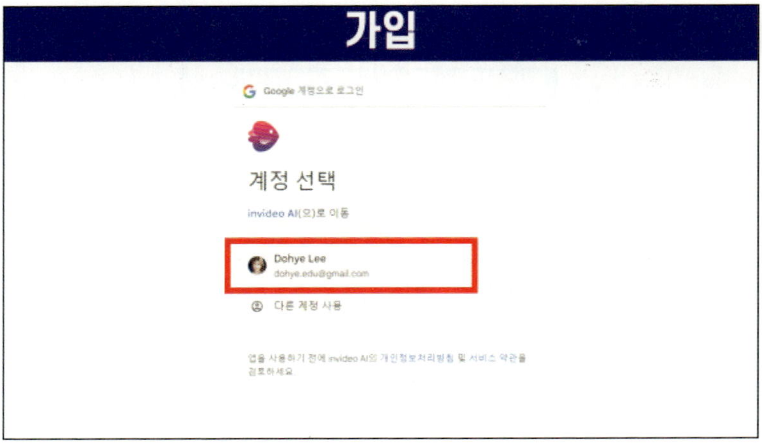

[그림9] 연동된 계정 선택

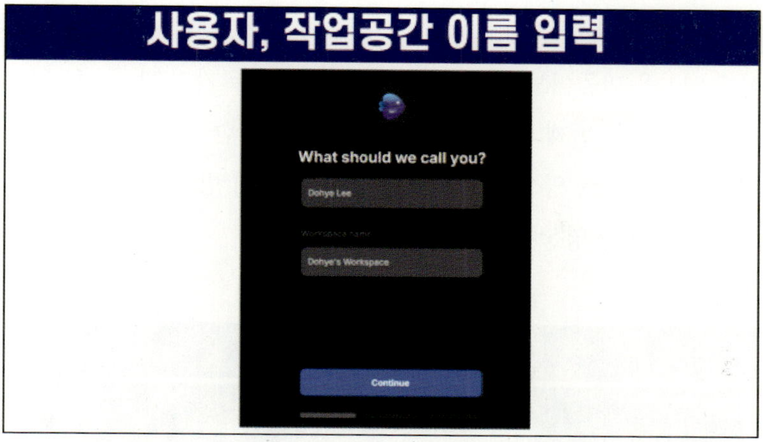

[그림10] 사용자, 작업공간 이름 입력

이후 두 가지 설문이 나오는데, InVideo를 알게 된 경로와 InVideo AI를 어떻게 사용하고 싶은지에 대한 질문에 답하면 회원 가입이 완료된다.

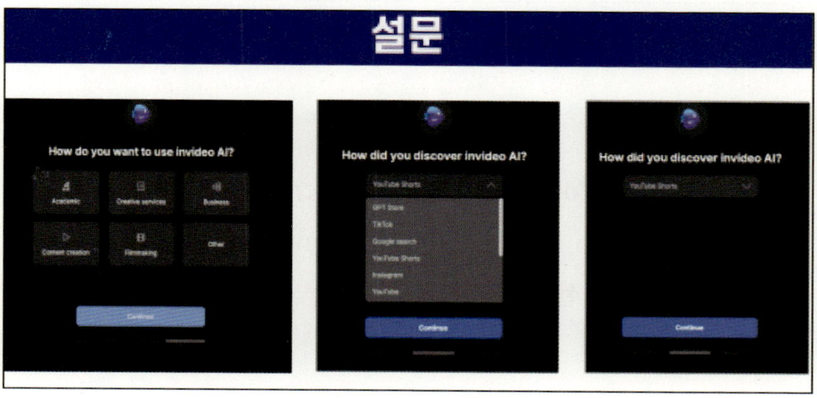

[그림11] 설문

2) 영상 만들기

이제 영상을 만들어보자. InVideo에서는 크게 두 가지 방식으로 영상을 만들 수 있다. 첫 번째 방식은 프롬프트 란에 간단한 주제나 한 줄 설명만 입력해도 자동으로 영상이 생성되는 방식이다. 이 방식은 주제를 구체화 할수록 더 정교한 영상이 만들어진다.

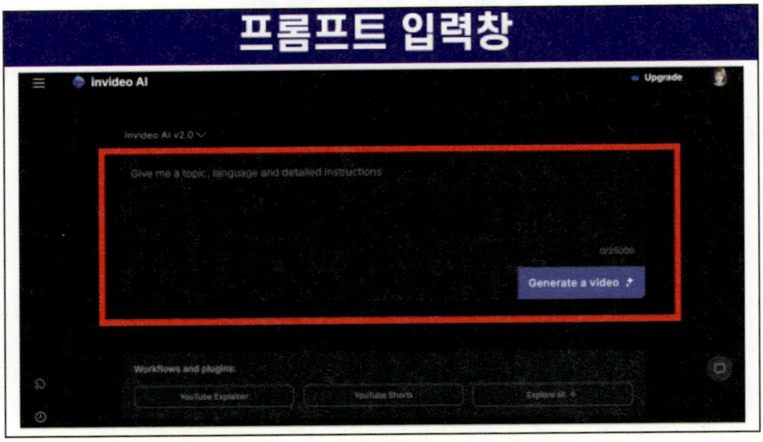

[그림12] 프롬프트 입력창

두 번째 방식은 'YouTube Explainer, Script to Video, YouTube Shorts, News Video, TikTok Video, Instagram Reel' 등 다양한 워크플로우 중 원하는 것을 선택해 영상을 만드는 방법이다.

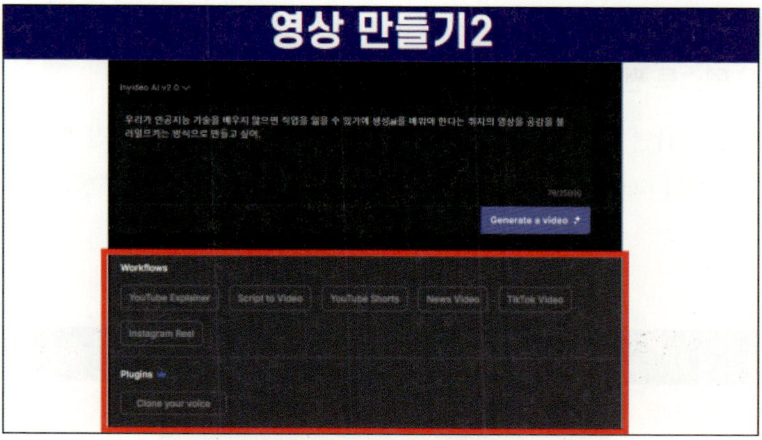

[그림13] 워크플로우를 선택해 시작

이렇게 만들어진 영상은 '숏폼' 형식으로 선택했지만 대부분 1분이 넘는 영상이 생성된다.

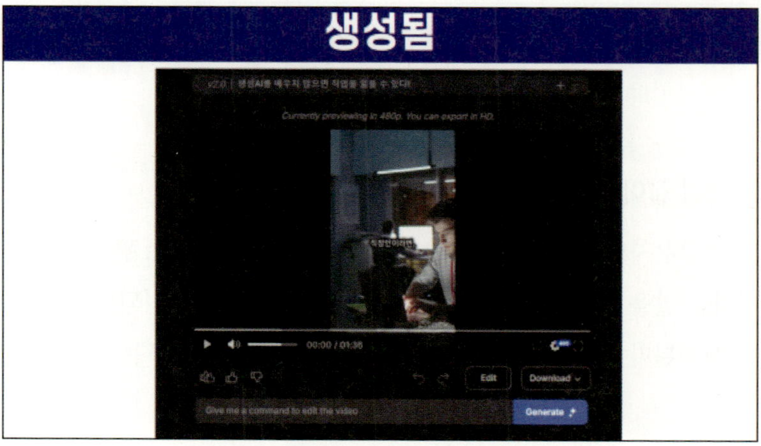

[그림14] 생성된 화면

3) 편집 및 수정하기

(1) 텍스트 편집 및 수정

영상은 간단한 텍스트 편집을 통해 수정할 수 있다. 만들어진 영상에서 '멈춤'이라는 멘션이 자주 나타나는데 이 멘션을 삭제해 달라고 요청해보겠다.

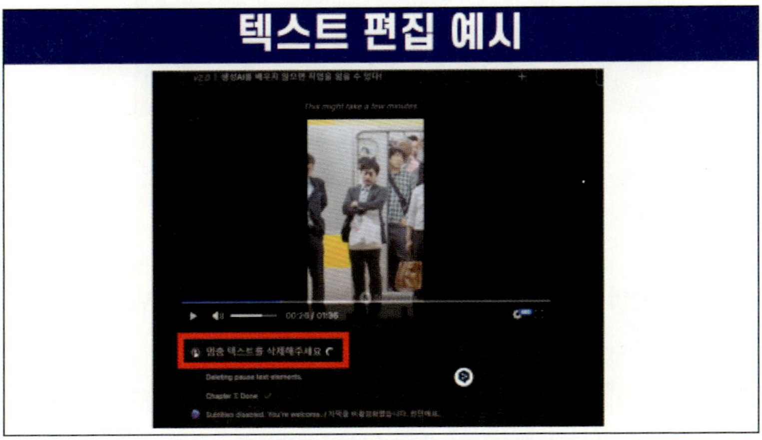

[그림15] 텍스트 편집

(2) 영상 길이 조절하기

그랬더니 자막 전체가 사라져버렸다. 이때는 '텍스트는 활성화하고 멈춤이라는 말을 삭제해 달라'고 요청하면, 자막이 다시 생성되면서 해당 멘션만 삭제된다. 이렇게 함으로써 영상 길이도 조금 줄어드는 것을 확인할 수 있다.

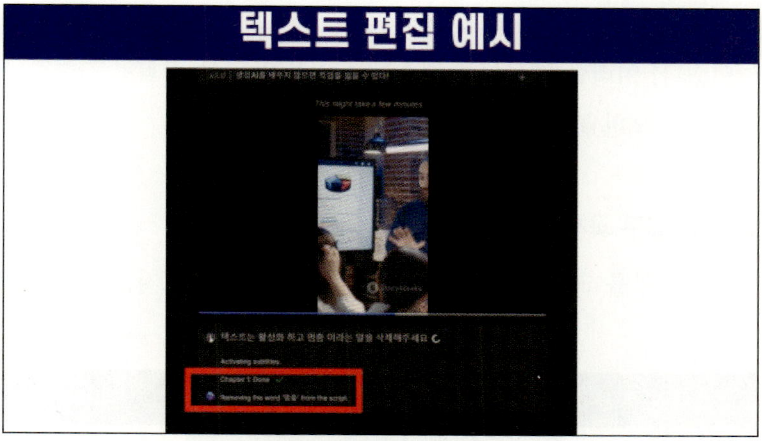

[그림16] 텍스트 편집 예시

또한 1분짜리 쇼츠 영상을 만들고자 할 때 또는 속도가 다소 느리다고 느낄 때 속도를 조절하는 방식을 택할 수 있다. 1.2배속으로 하면 너무 빠를까 싶어 속도를 1.1배속으로 빠르게 해줘 라고 지시했다. 그랬더니 아주 조금 길이가 짧아졌다.

[그림17] 텍스트 편집 예시2

그래서 영상 길이를 반으로 줄여달라고 요청했더니 30초짜리 영상으로 만들어줬다. 이러한 방식으로 텍스트를 이용한 영상 편집이 가능하다는 점이 인비디오의 놀라운 특징 중 하나이다.

(3) 영상 일부 교체하기

영상의 일부를 교체하고 싶다면 'Edit' 버튼을 클릭해보자.

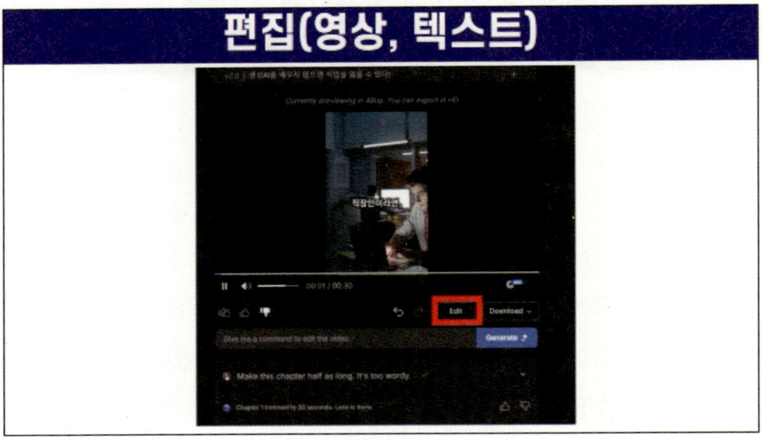

[그림18] Edit 버튼

이 후 원하는 영상을 업로드해 교체하고자 하는 장면을 선택하면 된다. 이후 오른쪽 하단의 'Apply Changes' 버튼을 누르면 영상 교체가 완료된다. 물론, '스톡 영상'을 검색해 원하는 영상을 선택할 수도 있다.

[그림19] 영상 교체 화면 예시

(4) 자막 및 배경 음악 편집하기

상단 메뉴에서는 'Edit Script'를 활용해 자막을 일괄 편집할 수 있다.

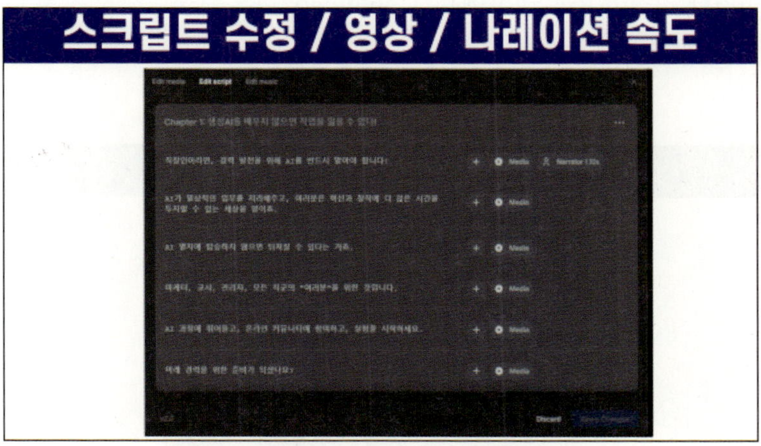

[그림20] 나레이션 편집

'Edit Music' 탭을 통해 배경 음악을 쉽게 교체할 수 있다.

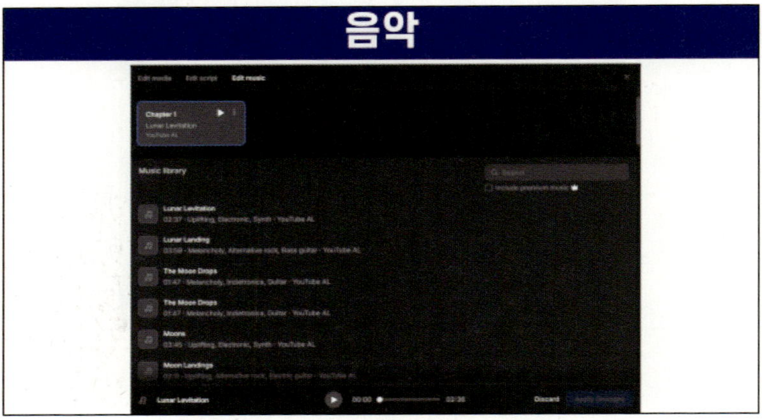

[그림21] 음악편집

(5) 다운로드 하기

이러한 편집이 완료된 후에는 'Download' 버튼을 클릭해 영상을 다운로드할 수 있다.

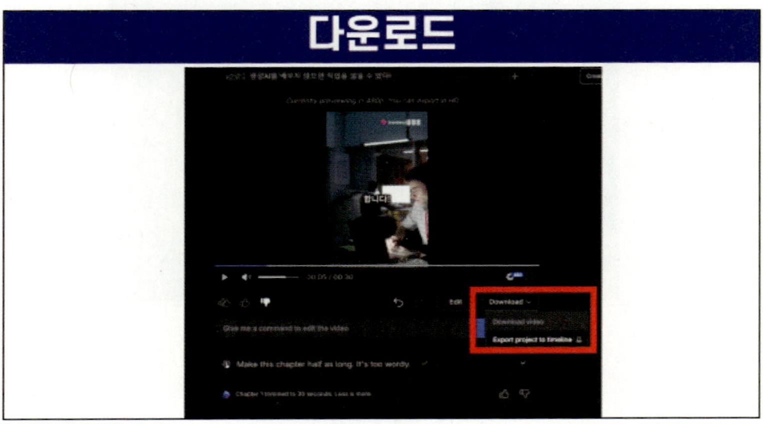

[그림22] 다운로드

필자는 집필 중 유료 결제를 진행해 보았는데, 다운로드 세팅에서 '워터마크'를 제거하는 것은 유료 사용자만 가능한 기능이다. 또한 화소 설정도 가능해 고화질로 영상을 저장할 수 있다.

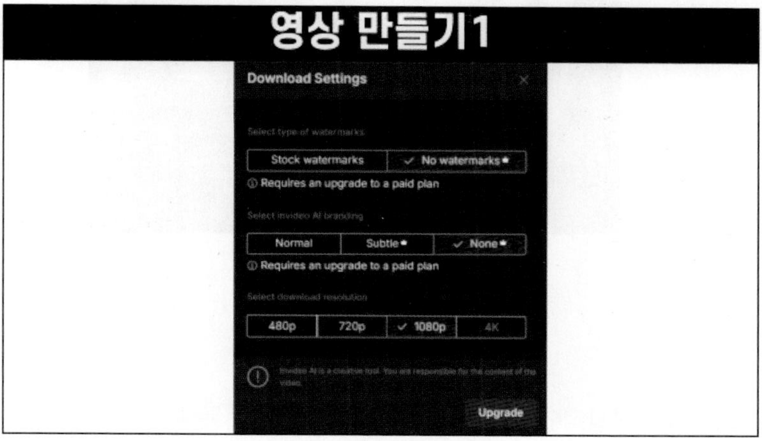

[그림23] 영상 다운로드 세팅

4) 요금제

InVideo의 요금제를 보면 무료로도 충분히 활용 가능한 점이 가장 큰 장점으로 다가온다. 무료 사용자는 일주일에 10분, 한 달에 40분 정도의 영상을 제작할 수 있다. 유료 플랜의 경우 한 달에 50분으로 비교적 적은 차이만 있다.

필자가 유료 플랜을 사용한 이유는 두 가지가 있다. 첫 번째는 워터마크를 제거하기 위해서였고, 두 번째는 내 목소리를 입혀서 영상을 만들어보고 싶었기 때문이다.

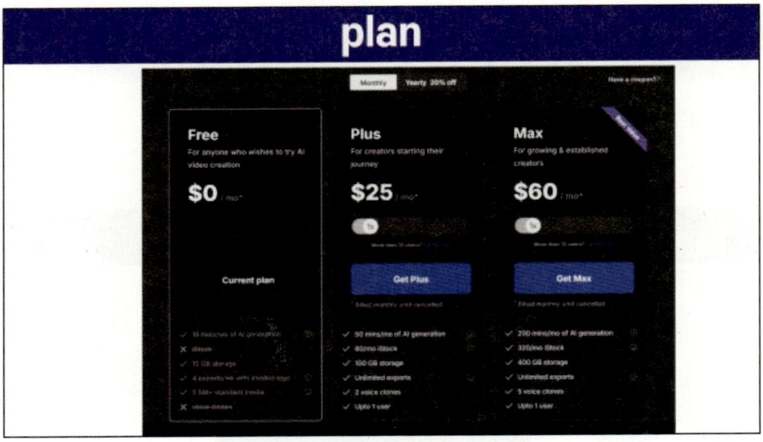

[그림24] 요금제

InVideo는 직관적인 편집 도구와 다양한 기능을 통해 사용자가 쉽게 고품질의 영상을 제작할 수 있도록 돕는다. 이 튜토리얼을 통해 InVideo의 기본적인 사용 방법과 기능들을 익히고, 실제로 활용해 보면서 창의적인 비디오 콘텐츠를 제작해 보길 바란다.

5. 다양한 플랫폼에 맞춘 영상 최적화

1) 멀티 플랫폼 최적화 전략

오늘날 콘텐츠 제작자들은 다양한 플랫폼에서 시청자들과 소통해야 하며 각 플랫폼의 특성에 맞춘 '영상 최적화'가 매우 중요하다. InVideo는 이러한 멀티 플랫폼 전략에 적합한 도구로 여러 소셜 미디어 채널에 맞춰 영상을 최적화하는 다양한 기능을 제공하고 있다.

각 소셜 미디어 플랫폼은 고유한 시청자 성향과 콘텐츠 소비 패턴을 갖고 있다. 예를 들어, YouTube는 긴 형식의 설명 영상이나 튜토리얼이 효과적인 반면, Instagram과 TikTok은 짧고 시각적으로 매력적인 콘텐츠가 더욱 인기를 끈다. 이러한 차이를 인식하고 각각의 플랫폼에 맞는 '최적화된 영상'을 제작하는 것이 중요하다.

InVideo는 다양한 플랫폼에 적합한 템플릿과 규격을 제공함으로써 사용자가 쉽게 멀티 플랫폼에 맞는 콘텐츠를 제작할 수 있도록 돕는다. 예를 들어, YouTube를 위한 와이드스크린 형식의 템플릿과 Instagram Reel이나 TikTok을 위한 세로형 템플릿을 제공해 플랫폼별 규격에 맞는 영상을 제작할 수 있다. 이를 통해 사용자는 하나의 콘텐츠를 제작하더라도 각 플랫폼에 맞게 변형해 최대의 도달 범위를 확보할 수 있다.

멀티 플랫폼 '최적화의 핵심'은 각 플랫폼의 콘텐츠 소비 방식을 이해하고, 이를 기반으로 영상을 제작하는 것이다. 예를 들어, TikTok과 Instagram에서는 짧고 임팩트 있는 클립이 필수적이다. InVideo를 활용하면 이러한 짧은 영상에 적합한 효과와 텍스트 오버레이를 추가해 시청자의 이목을 집중시킬 수 있다. 반면, YouTube에서는 상세한 설명과 스토리텔링이 중요하다. 이때 InVideo의 스크립트 기반 자동화 기능을 활용해 긴 형식의 콘텐츠를 쉽게 제작할 수 있다.

또한 각 플랫폼의 '알고리즘 특성을 이해'하는 것도 멀티 플랫폼 최적화에 중요하다. 예를 들어, Instagram과 TikTok의 경우 사용자의 참여도를 높이는 것이 중요하며, 이를 위해 영상의 초반 몇 초 동안 시청자의 관심을 끌 수 있는 요소를 배치해야 한다. InVideo는 다양한 애니메이션 효과와 전환 기능을 제공해 이러한 목적에 맞게 영상을 구성할 수 있다. 반면,

YouTube의 경우 시청 지속 시간이 중요한 요소이므로 시청자가 영상을 끝까지 볼 수 있도록 흥미로운 스토리와 고퀄리티의 편집이 필요하다.

InVideo의 '편집 기능'은 이러한 멀티 플랫폼 전략을 실행하는 데 있어 큰 장점을 제공한다. 사용자는 하나의 프로젝트 내에서 쉽게 다양한 버전의 영상을 만들 수 있으며, 플랫폼별로 필요한 부분을 수정하거나 재구성할 수 있다. 예를 들어, 동일한 영상을 TikTok과 YouTube에서 모두 사용하려는 경우, InVideo의 'Edit Script' 기능을 통해 각 플랫폼에 맞게 영상의 길이나 내용을 조정할 수 있다. 또한 'Edit Music' 기능을 통해 각 플랫폼의 분위기에 맞는 음악을 추가해 더욱 적합한 콘텐츠를 제작할 수 있다.

마지막으로, 멀티 플랫폼 최적화에서 중요한 부분은 '일관된 브랜드 아이덴티티를 유지'하는 것이다. InVideo는 사용자 정의 기능을 통해 로고, 색상, 폰트 등을 일관되게 유지할 수 있도록 돕는다. 이를 통해 사용자는 여러 플랫폼에 영상을 게시하더라도 브랜드 일관성을 유지할 수 있으며, 시청자에게 더 큰 신뢰감을 줄 수 있다.

결론적으로, InVideo는 다양한 소셜 미디어 플랫폼에 맞춘 최적화된 영상을 쉽게 제작할 수 있는 강력한 도구이다. 다양한 템플릿과 편집 기능 그리고 사용자 친화적인 인터페이스를 통해 멀티 플랫폼 전략을 효과적으로 실행할 수 있다. 콘텐츠 제작자는 InVideo를 활용해 각 플랫폼의 특성에 맞춘 최적화된 영상을 제작함으로써 더 넓은 도달 범위를 확보하고, 더 많은 시청자와 소통할 수 있을 것이다.

2) 영상 SEO 및 발견 가능성을 높이는 팁

영상 콘텐츠가 온라인에서 성공적으로 발견되고 많은 시청자에게 도달하기 위해서는 '검색 엔진 최적화(SEO)'가 필수적이다. 영상 SEO는 YouTube와 같은 비디오 플랫폼뿐만 아니라 Google과 같은 검색 엔진에서도 영상이 상위에 노출될 수 있도록 하는 전략이다.

첫째, 영상의 '제목'과 '설명'을 신중하게 작성해야 한다. 영상 제목은 시청자의 관심을 끌 수 있어야 하며, 동시에 관련 키워드를 포함해야 한다. 검색 엔진은 제목에 포함된 키워드를 바탕으로 영상을 인덱싱하므로 주제와 관련된 핵심 키워드를 자연스럽게 포함시키는 것이 중요하다. 예를 들어, 'InVideo로 쉽게 만드는 Instagram Reel 가이드'와 같이 영상의 주제를 명확히 하고 검색 빈도가 높은 키워드를 포함한 제목을 사용하는 것이 좋다. 또한 설명란에는 영상의 내용을 상세히 설명하고 관련 키워드를 추가해 검색 엔진이 영상을 더 잘 이해할 수 있도록 해야 한다.

둘째, '태그'를 효과적으로 활용해야 한다. YouTube와 같은 플랫폼에서는 태그를 사용해 영상을 분류하고 관련 검색어에 매칭할 수 있도록 돕는다. 태그에는 영상의 주요 주제, 관련 키워드 그리고 잠재적인 검색어를 포함해야 한다. 예를 들어, 'InVideo 튜토리얼', '영상 편집 도구', '소셜 미디어 마케팅' 등의 태그를 추가함으로써 더 많은 잠재 시청자에게 도달할 수 있다. 태그는 영상의 발견 가능성을 높이는 중요한 요소이므로, 관련성 높은 태그를 선택하는 것이 필수적이다.

셋째, '썸네일 이미지'의 중요성도 간과해서는 안 된다. 시각적으로 매력적인 썸네일은 시청자의 클릭을 유도하는 중요한 요소 중 하나이다. InVideo를 사용하면 썸네일에 텍스트 오버레이와 그래픽 요소를 쉽게 추가해 더욱 눈에 띄는 이미지를 만들 수 있다. 썸네일에는 영상의 핵심 내용을 시각적으로 전달할 수 있는 이미지와 함께 간결한 문구를 포함해, 시청자가 어떤 내용을 기대할 수 있는지 명확히 알 수 있도록 해야 한다. 이는 클릭률을 높이는 데 큰 도움이 된다.

넷째, '자막과 스크립트'를 활용하는 것도 SEO를 강화하는 좋은 방법이다. 검색 엔진은 영상의 오디오 내용을 직접 분석하지 못하므로, 자막과 스크립트는 영상의 내용을 검색 엔진이 이해할 수 있도록 돕는 중요한 요소이다. InVideo의 자동 자막 생성 기능을 사용해 자막을 추가하고, 이를 통해 검색 엔진이 영상의 내용을 더 잘 파악할 수 있도록 할 수 있다. 또한 영상의 스크립트를 설명란에 추가하면 시청자가 내용을 더 쉽게 이해할 수 있을 뿐만 아니라 SEO 측면에서도 긍정적인 효과를 얻을 수 있다.

다섯째, '영상의 길이와 시청 지속 시간'도 중요한 요소이다. YouTube와 같은 플랫폼에서는 시청 지속 시간이 영상의 순위를 결정하는 중요한 기준 중 하나이다. 따라서 시청자가 영상을 끝까지 볼 수 있도록 흥미롭고 유익한 콘텐츠를 제공하는 것이 중요하다. InVideo를 활용해 전환 효과, 애니메이션, 배경 음악 등을 추가함으로써 영상의 완성도를 높이고 시청자가 지루함을 느끼지 않도록 할 수 있다. 시청자가 영상에 오래 머무를수록 검색 엔진은 해당 영상을 더 가치 있는 콘텐츠로 평가하게 된다.

여섯째, '소셜 미디어와의 연동'을 통한 발견 가능성 강화도 필요하다. YouTube, Facebook, Instagram 등 다양한 소셜 미디어 플랫폼에 영상을 공유함으로써 더 많은 시청자에게 도달할 수 있다. InVideo는 제작한 영상을 여러 플랫폼에 쉽게 공유할 수 있는 기능을 제공하며, 이를 통해 영상의 도달 범위를 넓힐 수 있다. 또한 각 플랫폼의 특성에 맞춰 영상을 최적화해 게시하면 더 큰 효과를 얻을 수 있다. 예를 들어, Instagram에서는 짧고 시각적으로 강렬한 클립이 더 효과적이며, YouTube에서는 긴 형식의 설명 영상이 더 적합하다.

일곱째, '시청자와의 소통'을 활성화하는 것도 SEO에 긍정적인 영향을 미친다. 댓글, 좋아요, 공유 등 시청자의 참여는 영상의 순위를 높이는 중요한 요소이다. 시청자에게 질문을 던지거나 의견을 남기도록 유도함으로써 참여도를 높일 수 있다. InVideo를 활용해 영상의 끝부분에 시청자에게 질문을 던지는 메시지나 행동 유도(Call to Action)를 추가하면 시청자의 반응을 이끌어낼 수 있다.

마지막으로, '메타데이터 최적화와 정기적인 업로드'도 중요하다. 영상의 제목, 설명, 태그와 같은 메타데이터를 최적화하고, 정기적으로 새로운 콘텐츠를 업로드해 시청자와의 지속적인 소통을 유지하는 것이 필요하다. 검색 엔진은 정기적으로 업데이트되는 채널을 더 신뢰하며, 이는 영상의 노출 빈도를 높이는 데 기여한다.

결론적으로, InVideo로 제작한 영상을 SEO에 최적화하기 위해서는 제목, 설명, 태그, 썸네일, 자막 등 다양한 요소를 신중히 고려해야 한다. 이러한 요소들을 적절히 활용하면 더 많은 시청자에게 도달할 수 있으며, 영상의 가치를 극대화할 수 있다. InVideo의 다양한 기능을 활용해 SEO에 최적화된 영상을 제작하고, 이를 통해 더 많은 시청자와 효과적으로 소통해 보자.

6. 결론

1) 영상 제작에서 AI의 미래

AI는 영상 제작 분야에서 혁신적인 변화를 가져오고 있다. 과거에는 전문가들이 수많은 시간을 들여야만 가능했던 영상 편집과 제작이 이제는 AI 기술의 발전 덕분에 누구나 손쉽게 접근할 수 있는 일이 됐다. InVideo와 같은 플랫폼은 이러한 AI 기술을 활용해 영상 제작의 진입 장벽을 낮추고 있다. AI는 영상 제작에서 텍스트 분석, 이미지 선택, 음악 삽입 등 복잡한 과정을 자동화하며, 사용자에게 최적의 편집 옵션을 추천한다. 이러한 기능은 초보자도 고품질의 비디오를 쉽게 제작할 수 있도록 돕는다.

AI의 미래는 영상 제작에서 더욱 다양한 가능성을 열어줄 것이다. 현재는 템플릿 기반의 자동화가 중심이지만, 미래에는 AI가 사용자의 스타일과 선호도에 맞춰 맞춤형 편집을 제공할 수 있을 것이다. 예를 들어, AI는 사용자의 이전 작업을 학습해 어떤 스타일을 선호하는지 파악하고, 이에 맞춘 영상 편집 옵션을 자동으로 제안할 수 있다. 또한 AI는 실시간으로 시청자의 반응을 분석하고 이를 바탕으로 콘텐츠를 개선하는 방향으로 발전할 가능성도 크다. 이러한 기술은 개인화된 콘텐츠 제작을 가능하게 해, 시청자에게 더욱 매력적이고 맞춤형 경험을 제공할 수 있을 것이다.

또한 AI는 영상 제작뿐만 아니라 영상 콘텐츠의 배포와 마케팅에도 중요한 역할을 할 것이다. AI는 시청자 데이터를 분석해 어떤 시간대에 어떤 플랫폼에서 영상을 게시하는 것이 효과적인지 추천할 수 있다. 이를 통해 콘텐츠 제작자는 더 큰 효율성을 가지고 마케팅 전략을 수립할 수 있으며, 시청자와의 상호작용을 극대화할 수 있다. 예를 들어, AI는 특정 주제의 영상이 특정 연령대와 성별의 시청자에게 더 잘 반응하는지 분석하고, 이를 바탕으로 마케팅 캠페인을 최적화할 수 있다.

AI는 또한 새로운 형식의 콘텐츠 제작을 가능하게 할 것이다. 현재는 주로 정형화된 영상 편집에 집중하고 있지만, 앞으로는 VR(가상현실), AR(증강현실)과 같은 몰입형 콘텐츠 제작에서도 AI의 역할이 커질 것이다. 이러한 기술은 사용자에게 더욱 현실감 있고 상호작용적인 경험을 제공할 수 있게 하며 콘텐츠의 몰입도를 높일 수 있다. AI는 이와 같은 몰입형 콘텐츠를 제작하는 과정에서 복잡한 요소들을 간소화하고 사용자가 원하는 경험을 쉽게 구현할 수 있도록 도와줄 것이다.

결론적으로, AI는 영상 제작의 모든 과정에서 혁신적인 도구로 자리 잡고 있으며 앞으로의 발전 가능성도 무궁무진하다. InVideo와 같은 AI 기반 플랫폼은 영상 제작의 효율성을 크게 높이고, 다양한 사용자들이 창의적인 콘텐츠를 제작할 수 있도록 돕는다. AI 기술은 개인 창작자부터 대기업에 이르기까지 모든 콘텐츠 제작자들에게 새로운 기회를 제공하며, 영상 제작의 미래를 더욱 밝고 혁신적으로 만들어 갈 것이다.

2) InVideo AI를 활용한 비즈니스 성장에 대한 최종 생각

InVideo AI는 비즈니스 성장에 매우 유용한 도구로, 특히 마케팅과 홍보에서 큰 잠재력을 갖고 있다. 비즈니스는 고객과의 소통에서 시작되며 이러한 소통의 핵심 도구로써 영상 콘텐츠의 중요성은 날로 커지고 있다. InVideo AI는 영상 제작 과정을 간소화해 누구나 쉽게 고품질의 영상을 제작할 수 있도록 하며 이를 통해 비즈니스는 보다 효과적인 마케팅 전략을 구축할 수 있다.

InVideo AI는 비즈니스의 마케팅 효율성을 극대화할 수 있다. 예를 들어, 제품이나 서비스의 소개 영상을 제작할 때 AI 기반 템플릿을 사용하면 짧은 시간 내에 높은 품질의 홍보 영상을 완성할 수 있다. 이러한 영상은 소셜 미디어 플랫폼에서 빠르게 확산되며 잠재 고객들에게 강력한 인상을 남길 수 있다. 특히 InVideo의 다양한 소셜 미디어 최적화 템플릿을 사용하면 각 플랫폼에 맞춘 영상을 제작해 고객의 참여도를 높일 수 있다. 이는 브랜드 인지도를 높이고 더 많은 고객을 유치하는 데 큰 도움이 된다.

또한 InVideo AI는 콘텐츠 제작의 비용을 절감하는 데 기여한다. 전통적인 영상 제작 방식은 많은 시간과 비용이 소요되지만, InVideo AI를 사용하면 이러한 자원을 크게 절약할 수 있다. 특히 중소기업이나 스타트업과 같이 마케팅 예산이 제한적인 기업에게 InVideo AI는 매우 유용한 도구가 된다. 간단한 드래그 앤 드롭 방식과 AI 기반 자동화 기능을 통해 최소한의 비용으로 최대한의 효과를 얻을 수 있는 고품질의 콘텐츠를 제작할 수 있다.

InVideo AI의 협업 기능도 비즈니스 성장에 중요한 역할을 한다. 여러 팀원이 동시에 프로젝트에 접근해 편집 작업을 할 수 있기 때문에 마케팅팀, 디자인팀 그리고 콘텐츠팀이 협력해 효율적으로 작업을 진행할 수 있다. 이러한 협업 기능은 프로젝트 진행 속도를 높이고 더 나은 결과물을 만들어내는데 기여한다. 특히 원격 근무가 보편화 된 현재의 업무 환경에서 InVideo AI의 협업 기능은 더욱 큰 가치를 갖는다.

InVideo AI는 또한 고객 맞춤형 콘텐츠 제작을 가능하게 한다. AI는 시청자 데이터를 분석해 각 시청자의 취향과 행동을 파악하고 이에 맞춘 맞춤형 콘텐츠를 제작할 수 있다. 예를 들어, 특정 제품에 관심을 보인 고객을 대상으로 해당 제품의 상세 설명 영상을 자동으로 제작하고, 이를 이메일 마케팅이나 소셜 미디어를 통해 제공함으로써 고객의 관심을 끌 수 있다. 이러한 맞춤형 마케팅은 고객과의 유대감을 강화하고, 전환율을 높이는 데 큰 도움이 된다.

비즈니스 성장에서 중요한 또 다른 요소는 브랜드 일관성이다. InVideo AI는 사용자가 브랜드의 로고, 색상, 폰트 등을 일관되게 유지할 수 있도록 도와주며, 이를 통해 모든 영상에서 브랜드 아이덴티티를 확고히 할 수 있다. 일관된 브랜드 이미지와 메시지는 고객에게 신뢰감을 주며 이는 장기적인 브랜드 충성도를 구축하는 데 중요한 역할을 한다.

또한 InVideo AI는 새로운 비즈니스 기회를 창출하는 데 도움을 준다. 예를 들어, 프리랜서 영상 편집자나 소규모 마케팅 에이전시는 InVideo AI를 활용해 빠르고 효율적으로 클라이언트를 위한 영상을 제작할 수 있다. 이를 통해 더 많은 프로젝트를 수주하고 비즈니스를 확장할 수 있는 기회를 얻을 수 있다. InVideo의 간단한 사용법과 강력한 기능은 전문가뿐만 아니라 영상 제작 경험이 없는 사람들에게도 새로운 수익 창출의 기회를 제공한다.

결론적으로, InVideo AI는 비즈니스 성장에 있어 매우 중요한 도구로 자리 잡고 있다. 마케팅 효율성의 극대화, 비용 절감, 협업 강화, 맞춤형 콘텐츠 제작, 브랜드 일관성 유지 그리고 새로운 비즈니스 기회 창출 등 다양한 측면에서 InVideo AI는 비즈니스에 큰 가치를 제공한다.

InVideo AI를 활용해 비즈니스는 더 많은 고객과 효과적으로 소통하고, 브랜드 가치를 높이며, 궁극적으로 지속 가능한 성장을 이룰 수 있을 것이다.

Epilogue

AI 기술의 발전은 영상 제작을 비롯한 다양한 산업에서 새로운 기회를 열어주고 있다. InVideo와 같은 플랫폼은 이러한 AI 기술을 통해 영상 제작의 진입 장벽을 낮추고, 누구나 창의적인 콘텐츠를 제작할 수 있는 환경을 제공하고 있다. 본 글에서 다룬 바와 같이, InVideo AI는 비즈니스 성장과 마케팅 효율성을 극대화하는 데 큰 기여를 할 수 있는 강력한 도구이다.

InVideo를 통해 영상 제작 과정이 간소화되고, 보다 많은 사람이 창의적인 아이디어를 실현할 수 있게 됐다. 이는 단순히 기술적 발전을 넘어, 개인과 기업 모두가 더 넓은 세상과 소통하고 가치를 전달하는 방식을 변화시키고 있다. AI 기술이 가져올 영상 제작의 미래는 무궁무진하며, 이를 통해 더욱 많은 창작자가 새로운 가능성을 탐색하고 실현해 나갈 수 있을 것이다.

앞으로도 InVideo와 같은 AI 기반 도구들이 다양한 분야에서 어떻게 활용될 수 있을지에 대해 지속적인 관심을 갖고 연구하며, 이를 통해 더 많은 사람이 창의성과 효율성을 결합한 혁신적인 콘텐츠를 제작해 나가길 바란다.

8

AI로 창조하는 영상 사운드, 다양한 미디어에서의 혁신적인 활용법

양 진 향

001010011001010

제8장

AI로 창조하는 영상 사운드, 다양한 미디어에서의 혁신적인 활용법

Prologue

오늘날 영상 콘텐츠의 제작 과정은 과거와는 비교할 수 없을 만큼 빠르고 혁신적인 변화를 겪고 있다. 그중에서도 AI(인공지능) 기술의 도입은 영화, 광고, 홍보 영상, 소셜미디어 콘텐츠에서 필수적인 사운드 작업을 더욱 효율적이고 창의적인 방식으로 변화시키고 있다. AI는 음악, 음성, 효과음을 신속하게 생성해내며 제작자들에게 시간과 비용을 절감할 수 있는 강력한 도구를 제공한다. 이제 더이상 사운드 디자인은 전문적인 지식이나 높은 비용이 필요한 영역만이 아니다. 누구나 AI 도구를 활용해 고품질의 사운드를 제작할 수 있는 시대가 열렸다.

AI 사운드 생성 도구들은 이미 많은 크리에이터와 기업들에 의해 널리 사용되고 있으며 그 사용 범위는 점차 확대되고 있다. 짧은 유튜브 영상부터 대규모 영화 제작에 이르기까지 AI는 다양한 영상 콘텐츠의 사운드 디자인에 중요한 역할을 하고 있다. ElevenLabs, Suno, AIVA, Capcut, Descript 등 다양한 AI 도구들이 각각의 특화된 기능을 통해 음악, 음성, 효과음을 쉽게 제공하고 있으며, 이는 영상 제작자들이 더 창의적이고 완성도 높은 작품을 만들 수 있도록 돕고 있다. 또한 이러한 기술들은 단순히 사운드를 자동으로 생성하는 것을 넘어서, 영상의 감정적 분위기와 메시지를 전달하는 데 중요한 역할을 하고 있다.

앞으로 AI 사운드 생성 기술은 더 발전해 인간의 창의력과 더욱 깊이 있는 협업을 이루게 될 것이다. AI는 복잡한 작업을 자동화하며 창작자는 더 창의적인 작업에 집중할 수 있는 환경을 제공 받는다. 동시에 윤리적 문제나 저작권 문제 등 새로운 도전 과제도 발생할 수 있다. 하지만 AI와 인간의 협업을 통해 더 나은 창작 환경이 만들어지고 이를 통해 시청자들은 더 감동적이고 몰입감 있는 경험을 하게 될 것이다.

1. AI 사운드 생성의 시대

영상 콘텐츠 제작에서 '사운드'는 단순한 배경 역할을 넘어, 시청자의 감정과 몰입을 유도하는 중요한 요소로 자리 잡고 있다. 전통적인 사운드 제작 방식은 많은 시간과 비용이 소요됐지만, AI 사운드 생성 기술의 등장으로 이러한 과정은 혁신적으로 변화했다. 이제 창작자는 AI 도구를 통해 더욱 빠르고 효율적으로 고품질의 사운드를 제작할 수 있으며 이를 통해 더 창의적이고 몰입감 있는 콘텐츠를 제공할 수 있다. AI는 단순히 기술적 도구에 그치지 않고 창작자의 상상력과 결합해 새로운 예술적 가능성을 열어가고 있다.

1) AI 사운드의 개념과 중요성

인공지능(AI) 기술은 다양한 분야에서 혁신을 일으키고 있으며 그중에서도 특히 사운드 생성 분야에서 큰 변화를 가져오고 있다. AI 사운드 생성은 인공지능 알고리즘을 통해 사운드 트랙, 효과음, 배경음악, 음성 합성 등을 자동으로 만들어내는 기술이다. 이 기술은 사용자가 별도의 전문적 지식 없이도 높은 품질의 소리를 손쉽게 제작할 수 있도록 돕는다.

전통적으로 사운드 디자인은 오랜 시간과 큰 노력이 필요한 작업이었다. 영화, 광고, 홍보 영상에서 사용되는 소리 하나하나가 청중의 몰입도를 결정짓는 중요한 요소이기 때문이다. 그러나 AI 사운드 생성 기술을 활용하면 그 과정이 훨씬 간편해진다. 사용자는 특정한 주제나 감정에 맞는 음악을 요청하거나 특정한 장면에 적합한 효과음을 자동으로 생성할 수 있다. 이렇게 생성된 소리는 고도의 창의성과 기술력이 결합 돼 완성된다.

예를 들어, AI 도구 중 하나인 'Suno'는 간단한 텍스트 입력만으로도 사용자에게 맞춤형 사운드를 제공한다. 사용자는 '부드럽고 감성적인 음악' 혹은 '강렬한 액션 장면에 어울리는 배경음악' 등을 요청할 수 있으며 Suno는 이에 맞는 음향을 자동으로 생성한다. 이러한 도구는 영화, 광고, 홍보 영상에서 효율적으로 사운드를 디자인하는 데 필수적인 역할을 하고 있다.

2) AI 기술이 영상 콘텐츠에 미치는 영향

AI 사운드 생성 기술이 등장하면서, 영상 콘텐츠 제작에 미치는 영향은 매우 크다. 사운드는 영상의 분위기를 결정짓는 중요한 요소로 적절한 사운드 트랙이나 효과음은 시청자의 몰입감을 극대화할 수 있다. 전통적인 방식에서는 수많은 시간이 소요됐지만 AI를 활용하면 시간과 비용을 크게 절감할 수 있다. 이는 소규모 제작자부터 대규모 스튜디오까지 모두에게 이익이 된다.

특히 AI 사운드 생성은 광고와 홍보 영상에서 큰 혁신을 이루고 있다. 예를 들어, 짧은 시간 내에 다양한 스타일의 음악을 제작해야 하는 광고 제작자는 AI 도구를 사용해 원하는 분위기의 사운드를 쉽게 찾아낼 수 있다. 광고주의 요청에 맞춰 '활기찬 느낌의 30초 배경음악'과 같은 요구를 할 수 있으며 AI 도구는 이를 빠르고 정확하게 구현한다. 이러한 기능은 사용자가 원하는 사운드를 맞춤형으로 제공하므로 창작의 효율성을 높이는 데 크게 기여한다.

또한 홍보 영상에서는 기업의 정체성을 반영한 음향 디자인이 중요한데, AI는 이를 최적화된 방식으로 제공한다. 예를 들어, 브랜드 아이덴티티를 강화하기 위해 특정 음색이나 리듬을 적용한 배경음악을 빠르게 제작할 수 있다. 이러한 방식은 시간이 부족한 제작 환경에서 특히 유용하다.

3) AI 사운드 생성 도구의 실제 활용 예시

AI 사운드 생성 도구는 단순한 음성 합성을 넘어 복잡한 음악 트랙과 효과음 제작까지 가능하다. 사용자 친화적인 AI 도구들은 직관적인 인터페이스를 제공하며 비전문가도 손쉽게 사용할 수 있다. 아래는 몇 가지 대표적인 AI 사운드 생성 도구와 그 활용 방법에 대한 예시이다.

(1) Suno

텍스트 입력 창에 '차분하고 평화로운 배경음악을 생성해 줘'와 같은 구체적인 요청을 입력한다. 생성된 음악은 다양한 장르와 스타일을 지원하며 사용자가 원하는 분위기를 즉각적으로 반영한다.

▶ 사용 예시: 자연 다큐멘터리 영상에서 평온한 배경음악이 필요한 경우, Suno를 사용해 손쉽게 자연의 소리를 연상시키는 음악을 제작할 수 있다.

(2) ElevenLabs

텍스트를 음성으로 변환하는 기능을 제공하는데 '이번 제품은 혁신적이고 특별합니다'와 같은 문구를 입력하면 자연스럽고 전문적인 음성으로 변환된다. 다양한 목소리와 억양 선택이 가능하다.

▶ 사용 예시: 제품 홍보 영상에서 전문 성우를 고용할 필요 없이, AI 음성을 통해 고객의 신뢰를 얻을 수 있는 음향효과를 구현할 수 있다.

(3) Capcut

간단한 인터페이스로 제공되는 영상 편집 도구이지만, AI 사운드 효과와 배경음악을 자동으로 추가하는 기능을 제공한다. 영상 클립을 불러온 뒤, AI 사운드 생성 버튼을 클릭하면 자동으로 적합한 음악이 추가된다.

▶ 사용 예시: 짧은 유튜브 영상이나 소셜 미디어 광고에서 빠르게 사운드를 삽입해야 할 때, Capcut의 AI 기능을 사용해 자동으로 영상의 분위기와 맞는 음악을 추가할 수 있다.

AI 도구들은 점점 더 다양한 기능과 사용자 편의를 제공하고 있다. 이들은 영상 제작자의 창의적 과정을 보완하며 더 빠르고 효율적인 사운드 제작을 가능하게 한다. AI 사운드 생성은 이제 더이상 전문가의 영역에만 머물지 않고 누구나 쉽게 접근할 수 있는 기술이 됐다. 이로 인해 영상 콘텐츠의 질은 물론 제작 과정도 혁신적으로 변하고 있다.

[그림1] AI 기반 다양한 미디어콘텐츠 사운드 생성

2. 영화 속 AI 사운드: 감정과 몰입을 높이는 기술

영화에서 사운드는 관객의 감정과 몰입을 크게 좌우하는 중요한 요소다. 적절한 사운드 트랙, 효과음 그리고 음성은 영화의 장면을 더욱 생동감 있게 만들고 관객이 감정적으로 몰입할 수 있도록 돕는다. AI 사운드 생성 기술은 영화 제작자에게 이러한 요소들을 더 쉽게, 더 빠르게 구현할 수 있는 강력한 도구로 자리 잡고 있다. 이 장에서는 AI 사운드가 영화 속에서 어떻게 활용되는지, 그 기술이 영화의 감정 전달과 몰입을 높이는 데 어떤 기여를 하고 있는지 살펴본다.

1) 영화에서의 AI 사운드 디자인 트렌드

AI 기술은 단순한 사운드 생성에서 벗어나 복잡한 사운드 디자인까지 가능하게 한다. 영화 사운드 디자인의 핵심은 관객의 감정을 유도하고 영화의 장면을 강화하는 데 있다. AI는 이러한 사운드 디자인 과정을 효율적으로 처리하며 다양한 분위기와 감정 상태에 맞는 사운드를 자동으로 생성해 준다.

예를 들어, Suno와 같은 AI 도구는 사용자가 원하는 감정이나 장면에 맞는 음악을 실시간으로 생성할 수 있다. 영화 속에서 긴장감이 고조되는 장면에서는 빠르고 강렬한 비트의 음악을, 로맨틱한 장면에서는 부드럽고 감성적인 멜로디를 자동으로 생성해준다. 이는 기존의 사운드 디자인 과정에서 소요되던 많은 시간과 비용을 크게 절감할 수 있게 한다.

▶ 사용 예시 프롬프트: '영화 속 갈등 장면에 어울리는 긴장감 넘치는 배경 음악을 생성해 줘.'

Suno는 이 요청에 따라 긴장감을 조성하는 강렬한 배경음악을 만들어 주며, 사용자는 이를 필요에 따라 편집해 사용할 수 있다.

또한 AI는 영화의 전반적인 분위기와 주제에 맞춰 사운드를 일관되게 생성할 수 있다. 이를 통해 사운드의 질적 일관성을 유지하면서도, 각 장면마다 적절한 사운드를 제공하는 것이 가능하다. 이는 특히 예산이 제한된 독립 영화나 소규모 제작팀에서 큰 도움이 된다.

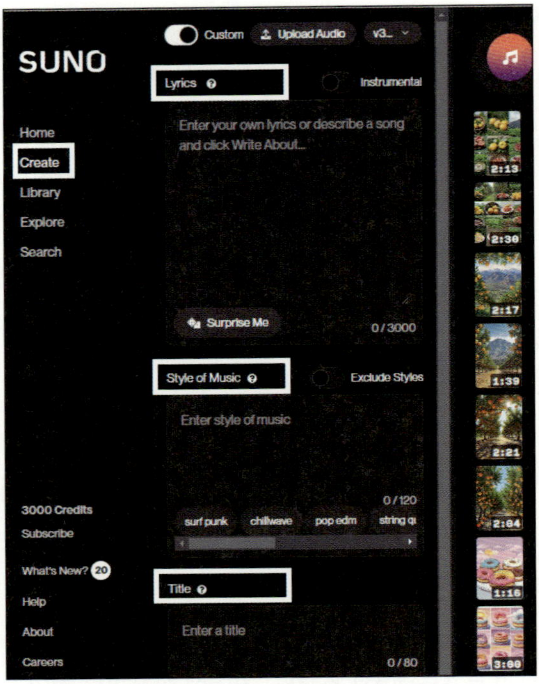

[그림2] Suno 음악 생성 화면(출처: https://suno.com/)

2) AI로 만드는 사운드트랙과 효과음

AI는 단순한 배경음악을 넘어 영화에서 자주 사용되는 다양한 효과음도 자동으로 생성할 수 있다. 효과음은 장면의 생동감을 높이고 현실성을 부여하는 데 중요한 역할을 한다. 전통적으로 효과음을 만드는 과정은 복잡하고 많은 시간이 필요했지만, AI는 이를 자동화해 신속하게 필요한 소리를 제공할 수 있다.

예를 들어, Boom Library와 같은 AI 기반 효과음 생성 도구는 영화 제작자가 필요로 하는 다양한 소리를 손쉽게 생성해 준다. 폭발음, 바람 소리, 발자국소리 등 영화 속에서 필요한 각종 효과음을 몇 번의 클릭만으로 자동 생성할 수 있다. 이러한 도구는 특히 판타지나 SF 영화처럼 현실에서 쉽게 구할 수 없는 소리를 만들어야 하는 경우에 매우 유용하다.

▶ 사용 예시 프롬프트: '우주선이 이륙하는 장면에 어울리는 거대한 폭발음을 생성해 줘.'

Boom Library는 이 요청에 맞춰 우주선 이륙 장면에 필요한 강렬한 폭발음을 제공하며 사용자는 이를 영상에 바로 적용할 수 있다.

또한 영화에서 효과음을 통해 분위기를 한층 더 강조할 수 있다. 예를 들어, 공포 영화에서는 인공지능이 미묘한 배경 소음이나 갑작스러운 음향효과를 자동으로 생성해 줘 관객의 긴장감을 극대화한다. 이때 AI는 영화의 톤과 주제에 맞는 효과음을 실시간으로 조절할 수 있어, 장면에 맞는 완벽한 사운드 디자인을 제공할 수 있다.

[그림3] Boom Library 홈페이지

(출처: https://www.boomlibrary.com/sound-effects)

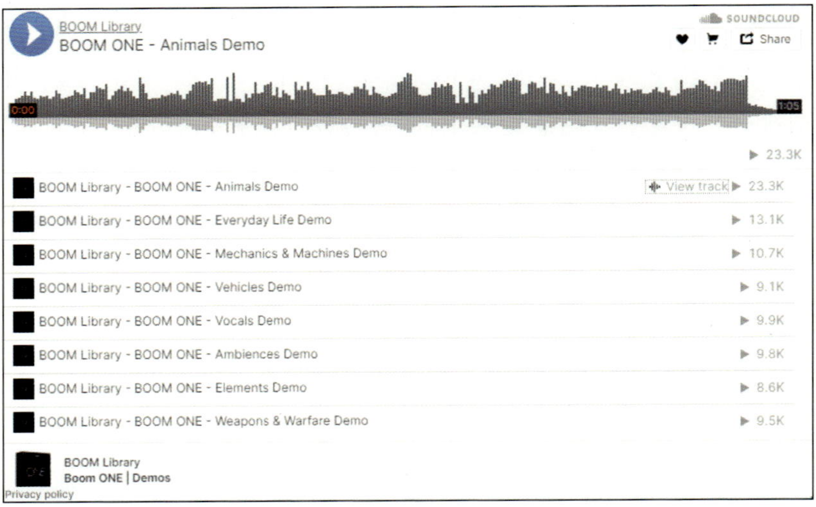

[그림4] Boom Library의 효과음 예시

(출처: https://www.boomlibrary.com/sound-effects/boom-one/)

3) 영화 제작에 AI 사운드를 활용한 성공 사례

AI 사운드 생성 기술은 이미 다양한 영화에서 성공적으로 활용되고 있으며 이로 인해 영화 제작 과정은 더욱 효율적이고 창의적인 방향으로 변화하고 있다. 몇몇 독립 영화나 단편 영화에서는 제한된 예산으로도 고품질의 사운드 디자인을 구현할 수 있었던 대표적인 사례가 있다.

예를 들어, 2022년 개봉한 독립 영화 '리버스'는 AI 사운드 생성 도구를 적극적으로 활용해 사운드 트랙과 효과음을 제작했다. 이 영화의 감독은 AI를 통해 제작 비용을 대폭 절감했으며 사운드 트랙의 질적 완성도를 높일 수 있었다. 기존에 수작업으로 진행되던 사운드 디자인 작업을 AI로 대체하면서, 짧은 시간 안에 고퀄리티의 사운드를 완성할 수 있었다.

또 다른 사례로는 '마더보드'라는 단편 영화가 있다. 이 영화는 인공지능이 주제인 SF 장르로 AI 사운드를 통해 미래적인 분위기를 강조했다. AI가 생성한 전자음과 기계적 효과음은 영화의 분위기와 완벽하게 어우러지며 기존에 인간 사운드 디자이너가 구현하기 어려웠던 복잡한 소리들을 재현했다. 이를 통해 관객들은 한층 더 몰입감 있는 시청 경험을 할 수 있었다.

이처럼 AI 사운드는 영화 제작에서 중요한 혁신 기술로 자리 잡고 있으며 이를 통해 제작 시간과 비용을 절감하면서도 창의적이고 몰입감 있는 사운드를 구현할 수 있다. AI 사운드 생성은 이제 소규모 독립 영화부터 대규모 블록버스터까지 다양한 범위의 영화 제작에서 필수적인 도구로 사용되고 있다.

3. 광고 영상에서의 AI 사운드 활용

광고 영상에서 사운드는 소비자의 감정을 자극하고 메시지를 더욱 강력하게 전달하는 중요한 요소다. 적절한 사운드 트랙과 효과음은 제품이나 서비스의 이미지를 강화하며 소비자의 기억에 오래 남게 만든다. AI 사운드 생성 기술은 이러한 광고 제작 과정에서 매우 중요한 역할을 한다. AI는 효율적으로 맞춤형 사운드를 생성하며 제작자가 원하는 특정한 분위기와 감정에 맞는 소리를 제공해준다. 이 장에서는 광고 영상에서 AI 사운드가 어떻게 활용될 수 있는지, 구체적인 도구와 사용 방법을 중심으로 설명한다.

1) 광고에서의 사운드와 청각적 브랜드 경험

사운드는 광고에서 매우 중요한 요소로, 청각적 브랜드 경험을 통해 제품이나 서비스의 이미지를 강화할 수 있다. 특히 광고에서 사운드는 시청자의 감정적 반응을 유도하고 브랜드의 정체성을 청각적으로 표현하는 데 중요한 역할을 한다. AI 사운드 생성 기술을 활용하면 이러한 청각적 브랜드 경험을 더 빠르고 정교하게 만들어낼 수 있다.

예를 들어, ElevenLabs와 같은 AI 음성 합성 도구를 사용하면 브랜드에 적합한 목소리 톤과 스타일을 쉽게 설정할 수 있다. AI는 다양한 목소리와 억양을 제공해 소비자와의 감정적 연결을 돕는다. 이를 통해 광고주는 브랜드 메시지를 전달할 때, 타깃 소비자에게 가장 적합한 음성톤을 선택할 수 있다.

▶ 사용 예시 프롬프트: '부드럽고 친근한 남성 목소리로 이 제품은 여러분의 일상을 더욱 편리하게 만들어 드립니다를 읽어줘.'

이 프롬프트를 통해 생성된 AI 음성은 청중에게 자연스럽게 전달되며, 광고의 메시지를 효과적으로 전달할 수 있다.

또한 광고에서 반복적으로 사용되는 징글(jingle)이나 브랜드 사운드는 브랜드 정체성을 청각적으로 각인시키는 데 매우 중요하다. AI 도구는 이러한 징글이나 배경음악을 짧은 시간 안에 생성해, 브랜드의 독창적이고 기억에 남는 소리를 만들어 준다.

(*징글: 주로 광고나 홍보용으로 짧고 기억하기 쉬운 음악 또는 노래를 의미하는데, 멜로디가 단순하고 반복적이어서 쉽게 기억에 남는다. 예를 들어, 특정 기업의 로고나 슬로건이 징글의 가사로 사용되기도 한다.)

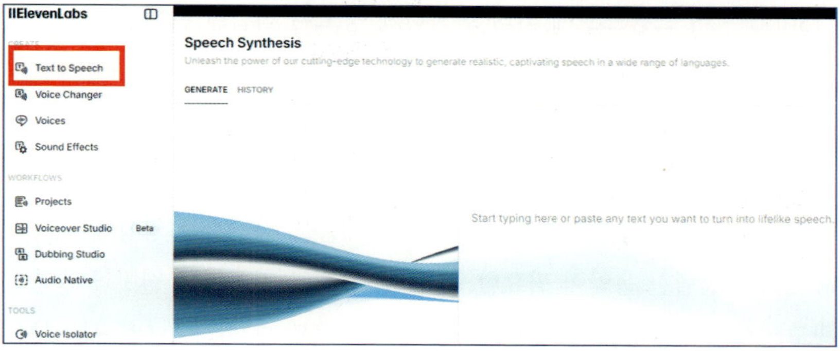

[그림5] ElevenLabs의 음성 생성 화면

(출처: https://elevenlabs.io/app/speech-synthesis/text-to-speech)

2) AI로 신속하게 생성하는 맞춤형 광고 음악

광고에서는 짧은 시간 안에 시청자의 주의를 끌고 제품이나 서비스를 홍보해야 하기 때문에 빠르고 효율적인 사운드 제작이 필수적이다. AI를 활용하면 짧은 시간 안에 고품질의 맞춤형 광고 음악을 생성할 수 있다. 이는 광고 제작자가 더 많은 시간을 창의적인 작업에 투자할 수 있도록 돕는다.

Suno와 같은 AI 기반 음악 생성 도구는 광고에 적합한 배경음악을 신속하게 제공한다. 사용자는 특정 분위기나 스타일을 요청하면 Suno는 이에 맞는 음악을 자동으로 생성해 준다. 이는 기존의 방식으로 제작하던 음악보다 훨씬 더 빠르고 효율적이다. 광고 제작자는 AI가 생성한 음악을 바탕으로 광고 영상을 더욱 다채롭게 완성할 수 있다.

▶ 사용 예시 프롬프트: '활기차고 에너지가 넘치는 광고 음악을 30초 길이로 생성해 줘.'

Suno는 이 프롬프트에 따라 신속하게 광고에 적합한 활기찬 배경음악을 제공하며 사용자는 이를 광고 영상에 쉽게 삽입할 수 있다.

AI 음악 생성 도구는 광고에서 자주 요구되는 다양한 음악 스타일을 제공할 수 있다. 예를 들어, 새로운 스포츠 제품을 광고하는 영상에서는 역동적이고 강렬한 음악이 필요할 수 있다. 반대로 건강이나 웰빙과 관련된 광고에서는 차분하고 평화로운 음악이 더 어울릴 수 있다. AI 도구는 사용자가 요구하는 스타일에 맞춰 음악을 신속하게 제공하며 다양한 광고 영상에 맞는 맞춤형 음악을 손쉽게 생성할 수 있다.

3) 광고 사운드 제작에서의 AI 도구와 플랫폼

광고 사운드 제작에 활용할 수 있는 다양한 AI 도구와 플랫폼이 존재한다. 이러한 도구들은 직관적이고 사용자 친화적인 인터페이스를 제공하며 비전문가도 쉽게 사용할 수 있도록 설계돼 있다. 이 절에서는 광고 사운드 제작에 자주 사용되는 주요 AI 도구와 그 활용 방법을 설명한다.

(1) ElevenLabs

AI 기반 음성 합성 도구로 광고에서 자주 요구되는 다양한 목소리 톤과 억양을 제공한다. 이를 통해 광고주들은 브랜드에 맞는 목소리를 선택할 수 있으며 목소리의 톤과 스타일을 세밀하게 조정할 수 있다.

▶ 사용 예시: 제품 설명이나 광고 내레이션에서 부드러운 여성 목소리를 사용하고자 할 때 ElevenLabs는 원하는 톤의 음성을 빠르고 자연스럽게 생성해 준다. 텍스트를 입력하고 원하는 목소리 스타일을 선택하면 AI가 이를 음성으로 변환해 제공한다.

(2) Suno

AI 음악 생성 도구로 광고의 스타일에 맞춘 다양한 음악을 생성할 수 있다. 사용자가 요청한 스타일에 맞춰 신속하게 배경음악을 생성해 주며, 이를 광고 영상에 바로 사용할 수 있다.

▶ 사용 예시: '활기차고 경쾌한 분위기의 광고 음악'을 요청하면 Suno는 광고에서 자주 사용되는 경쾌한 배경음악을 빠르게 제공한다. 텍스트 프롬프트를 입력한 후 생성된 음악을 다운로드해 광고 영상에 삽입할 수 있다.

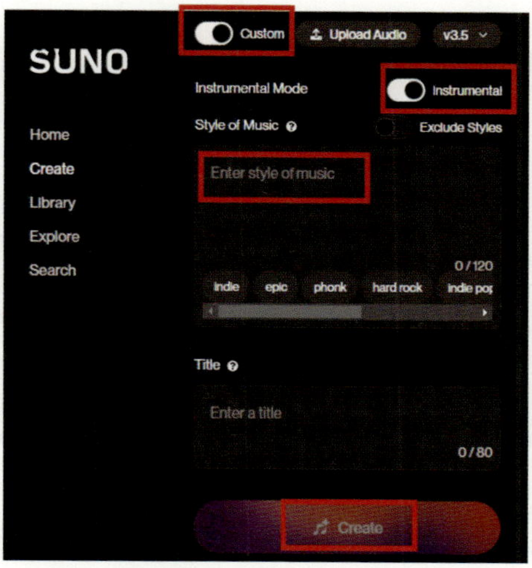

[그림6] Suno 배경음악 생성 화면(출처: https://suno.com/create)

(3) Capcut

간편한 영상 편집 도구로, AI 기반 사운드 트랙 및 효과음을 추가할 수 있는 기능을 제공한다. 광고 제작자가 영상 편집과 동시에 적절한 사운드를 자동으로 생성해 추가할 수 있어 매우 편리하다.

▶ 사용 예시: 짧은 소셜 미디어 광고를 제작할 때 Capcut은 자동으로 적절한 배경음악과 효과음을 삽입해 광고 제작 시간을 절약해준다. 광고 영상을 편집한 후 AI 사운드 생성 기능을 사용해 자동으로 음악과 효과음을 추가할 수 있다.

이 외에도 AI 사운드 생성 도구들은 광고 제작 과정을 효율화하고 사용자가 보다 창의적인 작업에 집중할 수 있도록 돕는다. AI 기술을 활용하면 광고 영상에서 필요한 사운드를 더 빠르게 더 높은 품질로 완성할 수 있으며 소비자의 감정을 자극하는 강력한 메시지를 전달할 수 있다.

[그림7] Capcut 앱 실행 첫 화면

(출처: https://www.capcut.com/ko-kr/tools/desktop-video-editor)

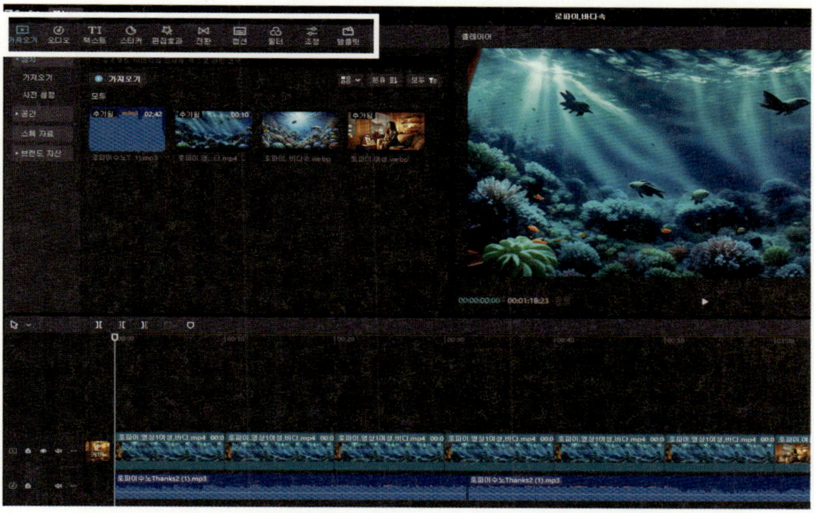

[그림8] Capcut 앱 프로젝트 화면

(출처: https://www.capcut.com/ko-kr/tools/desktop-video-editor)

4. 홍보 영상에 AI 사운드 적용하기

홍보 영상은 브랜드나 제품, 서비스의 가치를 전달하고 이미지를 강화하는 중요한 수단이다. 사운드는 시청자의 감정에 큰 영향을 미치며 메시지를 더 효과적으로 전달하는 데 중요한 역할을 한다. AI 사운드 생성 기술을 활용하면 이러한 사운드 작업을 빠르고 효율적으로 수행할 수 있다. 이번 절에서는 한국에서 많이 사용되는 도구들과 함께 다양한 AI 도구들을 통해 홍보 영상에서 사운드를 어떻게 활용할 수 있는지 살펴보겠다.

1) 기업 브랜딩을 위한 AI 사운드 디자인

홍보 영상에서 브랜드의 정체성을 강화하는 중요한 요소는 사운드 디자인이다. 음성, 음악, 효과음 등은 브랜드 이미지를 청각적으로 표현하며 소비자들에게 직관적으로 다가갈 수 있다. AI 사운드 도구들은 이를 빠르고 효과적으로 제작할 수 있는 다양한 솔루션을 제공한다.

예를 들어, AIVA는 AI 기반 음악 생성 도구로 홍보 영상에 적합한 맞춤형 배경음악을 제작할 수 있다. 사용자는 간단한 설정을 통해 필요한 분위기나 스타일의 음악을 빠르게 생성할 수 있다. 이를 통해 기업은 브랜드의 감성에 맞는 배경음악을 빠르게 얻을 수 있다.

▶ 사용 예시 프롬프트: '우아하고 세련된 배경음악을 생성해 줘.'

AIVA는 이 요청에 맞춰 홍보 영상에서 고급스러움을 강조하는 음악을 자동으로 생성해 주며 사용자는 이를 즉시 영상에 사용할 수 있다.

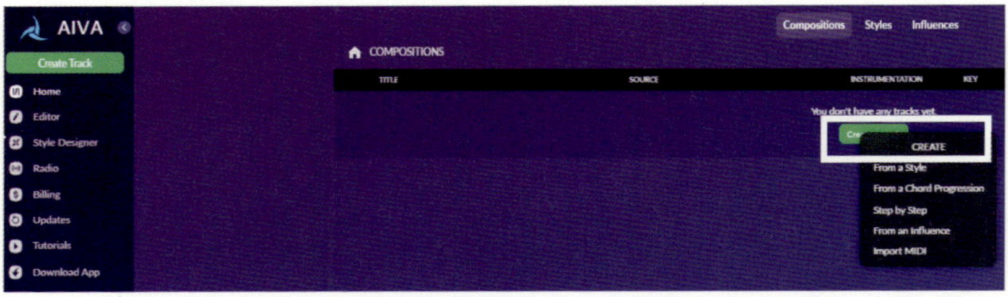

[그림9] AIVA의 음악 생성 화면(출처: https://creators.aiva.ai/)

또한 ElevenLabs는 AI 음성 합성뿐 아니라 다양한 음향효과를 제공한다. 기업의 톤과 맞는 자연스러운 음성을 빠르게 제공하면서 수준 높은 효과음을 생성할 수 있다.

▶ 사용 예시 프롬프트: 자연의 소리로 '바닷가에서 파도가 잔잔히 치는 소리'나, 주변 환경 소리로 '도심 한복판에서 자동차 경적소리와 사람들의 발소리가 섞인 소리'의 생성을 요청할 수 있다.

ElevenLabs는 이 프롬프트에 맞는 효과적인 음성과 음향효과를 제공해 브랜드의 메시지를 명확하게 전달한다.

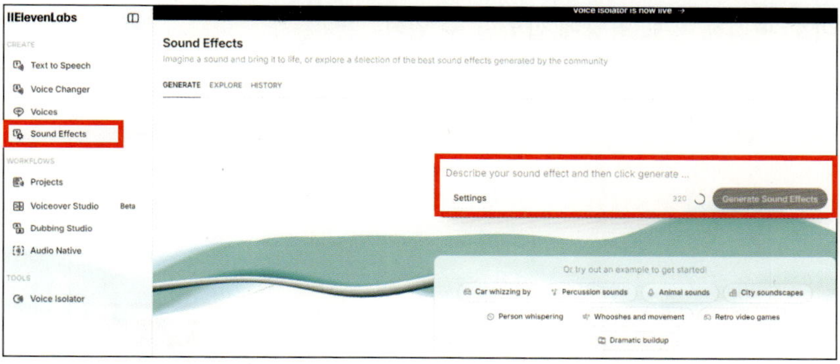

[그림10] ElevenLabs의 음향효과 생성 화면

(출처: https://elevenlabs.io/app/sound-effects/generate)

2) 홍보 영상에서의 효과적인 AI 음성 합성 활용법

AI 음성 합성 기술은 홍보 영상의 내레이션을 빠르고 쉽게 생성할 수 있도록 돕는다. 기존에는 전문 성우를 고용해 제작하던 음성을 이제는 AI를 통해 즉시 생성할 수 있다. 특히 여러 버전의 음성을 제작하거나 다국어로 콘텐츠를 제작할 때 유용하다.

Descript는 사용하기 쉬운 편집 도구로 AI 기반 음성 합성 기능과 함께 간편한 영상 및 오디오 편집 기능을 제공한다. Descript를 통해 내레이션을 빠르게 생성하고 영상에 맞춰 편집할 수 있다. 또한 AI 음성을 사용하는 경우에도 사용자가 원하는 억양과 톤을 쉽게 조정할 수 있다.

▶ 사용 예시 프롬프트: '밝고 에너지가 넘치는 여성 목소리로 이번 프로모션에서 특별 혜택을 만나보세요! 라고 읽어줘.'

Descript는 이 요청에 맞는 밝은 목소리의 내레이션을 제공하며, 이를 바로 편집해 홍보 영상에 삽입할 수 있다.

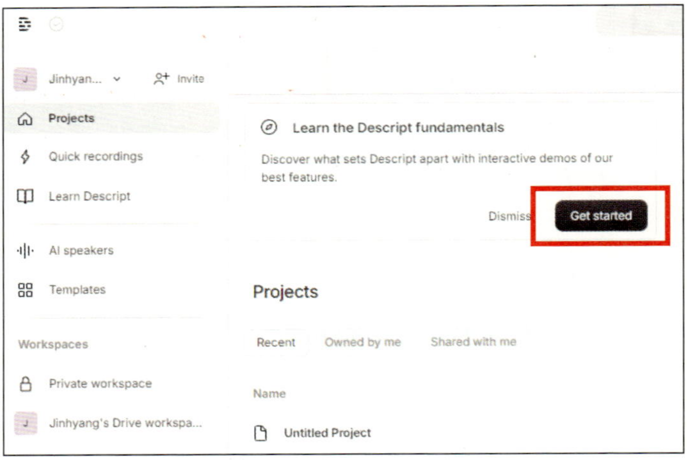

[그림11] Descript의 음성 생성 화면(출처: https://web.descript.com)

또한 Google Cloud Text-to-Speech와 같은 AI 음성 도구는 다국어 지원을 통해 글로벌 마케팅 전략을 위한 홍보 영상 제작에 적합하다. AI를 활용하면 다양한 언어로 음성을 빠르게 생성하고, 이를 각국의 시장에 맞는 형태로 제공할 수 있다.

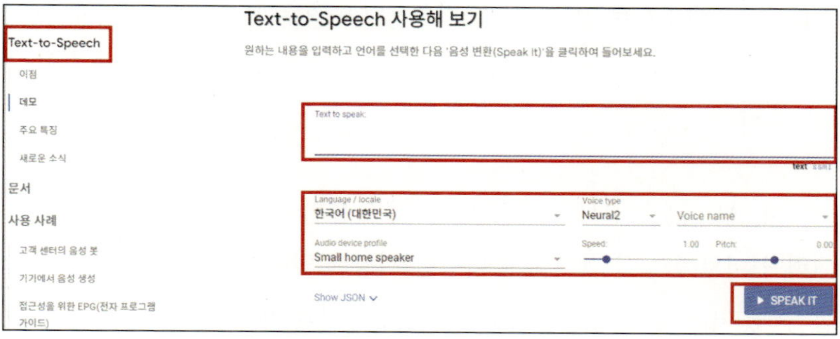

[그림12] 구글 클라우드 Text-to-Speech 화면

(출처: https://cloud.google.com/text-to-speech)

3) AI 사운드가 홍보 전략에 미치는 장점

AI 사운드 생성 기술을 사용하면 홍보 전략에서 여러 가지 이점을 얻을 수 있다.

첫째, 빠르고 효율적인 사운드 제작이 가능하다. 전통적인 방식으로는 시간이 많이 소요됐던 배경음악이나 내레이션 제작이 AI 도구를 통해 훨씬 짧은 시간 안에 가능하다. 이는 특히 홍보 영상 제작 일정이 촉박할 때 유리하다.

둘째, AI는 맞춤형 사운드를 제공한다. 브랜드 이미지에 맞는 음성, 음악, 효과음을 쉽게 생성할 수 있으며 이를 통해 기업은 소비자에게 더 강력한 인상을 줄 수 있다. 예를 들어, Adobe Audition과 같은 도구는 고급 사운드 편집 기능을 제공해 AI로 생성된 사운드를 세밀하게 조정할 수 있다. 이를 통해 AI가 제공한 사운드를 편집하고 브랜드에 맞게 세밀하게 다듬을 수 있다.

▶ 사용 예시: 홍보 영상에서 AI로 생성된 배경음악을 Adobe Audition에서 편집해 특정 구간에서 음악의 볼륨을 조절하거나 효과음을 추가할 수 있다.

셋째, AI 사운드 생성은 다국어 지원을 통한 글로벌 홍보에 적합하다. 여러 언어로 음성을 생성하고 다양한 시장에 맞는 콘텐츠를 빠르게 제작할 수 있다. 예를 들어, Play.ht는 다양한 언어와 억양을 지원하는 AI 음성 합성 도구로 글로벌 마케팅 캠페인을 위한 다국어 음성을 신속하게 제작할 수 있다.

▶ 사용 예시 프롬프트: '프랑스어로 '이 제품은 혁신적인 디자인과 성능을 제공합니다라고 말해줘.'

Play.ht는 이 요청에 맞는 자연스러운 프랑스어 음성을 제공하며 이를 프랑스어 홍보 영상에 활용할 수 있다.

또한 Capcut은 AI를 활용한 영상 편집 기능과 함께 자동으로 적합한 사운드를 삽입하는 기능을 제공한다. 이는 홍보 영상에서 편집 시간을 줄이고 영상의 분위기에 맞는 사운드를 자동으로 추천하는 등의 기능을 통해 제작자가 더 창의적인 작업에 집중할 수 있게 돕는다.

▶ 사용 예시: 홍보 영상을 편집하는 과정에서 Capcut의 AI 기반 배경음악 추천 기능을 사용해, 영상의 분위기와 일치하는 사운드를 자동으로 삽입할 수 있다.

AI 사운드 생성 기술은 홍보 영상 제작 과정에서 필수적인 도구로 자리잡고 있으며 이를 통해 기업은 더 효율적이고 창의적인 방식으로 소비자와 소통할 수 있다. 맞춤형 사운드 디자인, 빠른 제작 속도 그리고 다국어 지원 기능은 홍보 전략을 더욱 강화하는 요소가 될 것이다.

5. 유튜브와 소셜미디어 영상 콘텐츠의 AI 사운드

유튜브와 소셜미디어는 짧고 임팩트 있는 영상 콘텐츠가 필수적인 플랫폼이다. 특히 짧은 영상에서 사운드는 시청자의 이목을 집중시키고, 감정적 반응을 유도하는 데 중요한 역할을 한다. AI 사운드 생성 기술은 이러한 짧은 콘텐츠에 맞는 맞춤형 음악, 음성, 효과음을 신속하게 제공할 수 있으며, 콘텐츠 제작자의 작업 시간을 줄여주고 창의성을 극대화하는 데 기여한다. 이번 장에서는 유튜브와 소셜미디어에서 AI 사운드를 어떻게 활용할 수 있는지 다양한 도구와 함께 살펴보겠다.

1) 크리에이터를 위한 AI 사운드의 손쉬운 접근법

유튜브와 소셜미디어에서 짧은 영상 콘텐츠를 제작하는 크리에이터는 빠른 시간 안에 고품질의 사운드를 필요로 한다. 짧은 콘텐츠는 영상의 길이가 제한적이기 때문에 초반부터 시청자의 주목을 끌어야 하며, 그 과정에서 사운드가 큰 역할을 한다. AI 사운드 생성 기술을 활용하면 크리에이터는 별도의 음악 작곡가나 성우 없이도 필요한 사운드를 바로 생성할 수 있다.

Suno는 다양한 스타일의 음악을 빠르게 생성하는 AI 도구로 짧은 유튜브 영상이나 소셜미디어 광고에서 자주 사용된다. 사용자는 단순한 요청만으로도 10초에서 30초 길이의 맞춤형 배경음악을 생성할 수 있다.

▶ 사용 예시 프롬프트: '경쾌하고 트렌디한 15초 배경음악을 생성해줘.'

Suno는 이 요청에 맞는 배경음악을 제공하며, 크리에이터는 이를 짧은 영상에 바로 사용할 수 있다.

또한 ElevenLabs는 자연스러운 음성을 제공하는 AI 음성 합성 도구로, 짧은 내레이션을 신속하게 생성할 수 있다. 콘텐츠 제작자는 다양한 억양과 목소리 스타일을 선택해 짧은 영상에 맞는 음성을 빠르게 삽입할 수 있다.

▶ 사용 예시 프롬프트: '밝고 경쾌한 남성 목소리로 여러분, 좋아요와 구독 부탁드립니다! 라고 말해줘.'

ElevenLabs는 이 프롬프트에 맞는 음성을 제공해, 크리에이터가 영상에 자연스럽게 삽입할 수 있다.

2) 짧은 영상 콘텐츠에서 AI 사운드의 역할

짧은 영상은 길이가 짧은 만큼 사운드가 시청자의 감정을 빠르게 자극하는 역할을 한다. 특히, 소셜미디어에서는 수많은 영상이 경쟁하는 가운데 사운드가 영상의 경쟁력을 높이는 중요한 요소가 된다. AI 도구를 활용하면 짧은 영상에 맞춤형 사운드를 신속하게 삽입할 수 있으며 이를 통해 콘텐츠 제작자는 시간과 비용을 절감할 수 있다.

Descript는 짧은 영상 콘텐츠에서 자주 활용되는 AI 도구로 음성 합성과 오디오 편집 기능을 제공한다. 특히 영상과 오디오를 쉽게 편집할 수 있어 크리에이터가 빠른 속도로 콘텐츠를 제작할 때 유용하다. 또한, AI

기반으로 텍스트를 음성으로 변환하고 이를 즉시 영상에 삽입할 수 있는 기능을 제공한다.

▶ 사용 예시 프롬프트: '밝은 여성 목소리로 이 영상을 공유해 주세요! 라고 말해줘.'

Descript는 이 요청에 따라 자연스러운 음성을 생성하고, 이를 쉽게 영상에 삽입할 수 있는 편집 기능을 제공한다.

Capcut 또한 짧은 영상 콘텐츠 제작에 유용한 AI 도구로 영상과 사운드를 함께 편집할 수 있는 기능을 제공한다. Capcut은 영상 길이에 맞는 배경음악을 자동으로 추천하고 삽입해주며 사용자가 수동으로 조정할 필요 없이 빠르고 쉽게 완성된 결과물을 얻을 수 있다.

▶ 사용 예시: 유튜브 쇼츠 영상에서 Capcut을 사용해 자동으로 배경음악을 추가하고, 음악의 시작과 끝을 영상의 흐름에 맞춰 자동으로 조정할 수 있다.

3) 소셜미디어 광고의 AI 사운드 적용 사례

소셜미디어 광고는 짧은 시간 안에 시청자의 주목을 끌어야 하기 때문에 적절한 사운드 디자인이 필수적이다. AI 사운드 생성 도구는 광고 영상에서 빠르게 음악, 음성, 효과음을 제공할 수 있으며 다양한 크리에이티브 옵션을 통해 시청자의 관심을 끌 수 있다. 특히 한국에서 많이 사용되는 AI 도구들은 소셜미디어 광고 제작에서도 큰 역할을 하고 있다.

AIVA는 광고에서 자주 사용되는 다양한 스타일의 배경음악을 제공하는 AI 음악 생성 도구다. 광고주는 단순한 텍스트 입력으로 브랜드 이미지에 맞는 음악을 손쉽게 생성할 수 있으며, 음악 스타일과 길이를 맞춤형으로 설정할 수 있다.

▶ 사용 예시 프롬프트: '강렬하고 에너지가 넘치는 10초 광고 음악을 생성해줘.'

AIVA는 이 요청에 맞춰 강렬한 광고 음악을 생성하며, 광고 영상에서 시청자의 주목을 끌 수 있다.

또한 Adobe Audition은 AI 기반 편집 도구로 광고 영상에서 사용된 AI 사운드를 세밀하게 조정하고 편집할 수 있는 기능을 제공한다. 광고 제작자는 Adobe Audition을 사용해 사운드의 음량, 음질, 리버브 효과 등을 조절해 최적화된 사운드를 완성할 수 있다.

▶ 사용 예시: AI로 생성된 배경음악을 Adobe Audition에서 편집해 광고 영상의 길이에 맞춰 음악을 조정하거나 특정 부분에서 소리를 강화할 수 있다.

Play.ht는 다양한 언어를 지원하는 AI 음성 합성 도구로 글로벌 소셜미디어 광고 제작에 유리하다. 다국어 음성을 신속하게 생성할 수 있으며 광고 제작자는 이를 통해 각국의 소비자에게 맞춘 내레이션을 제공할 수 있다.

▶ 사용 예시 프롬프트: '일본어로 이 특별한 혜택을 지금 만나보세요! 라고 말해줘.'

Play.ht는 자연스러운 일본어 음성을 제공하며, 광고 영상에서 즉시 사용 가능하다.

AI 사운드 생성 기술은 유튜브와 소셜미디어에서 짧은 시간 안에 큰 효과를 발휘할 수 있는 중요한 도구다. 짧은 콘텐츠에 맞는 배경음악, 내레이션, 효과음을 신속하게 생성하고 이를 편집할 수 있는 다양한 도구들이 크리에이터의 작업을 지원한다. 이를 통해 더욱 창의적이고 효과적인 콘텐츠를 제작할 수 있으며 시청자의 관심을 끌 수 있다.

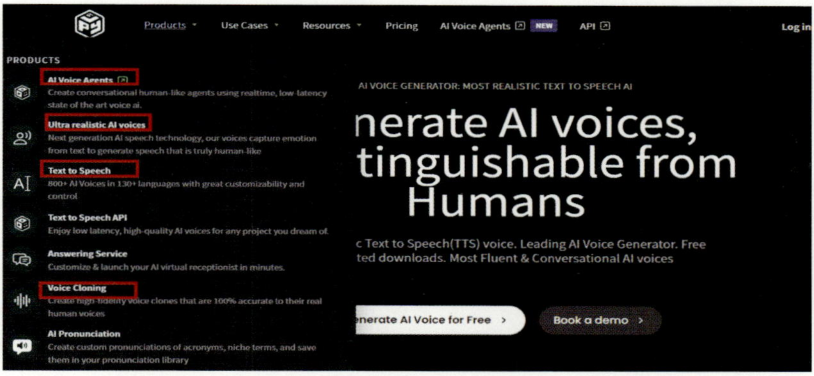

[그림13] play.ht의 홈페이지(출처: https://play.ht/)

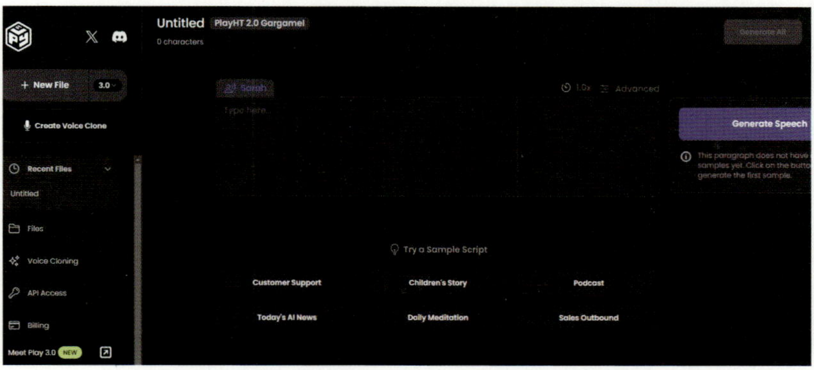

[그림14] play.ht의 음성 생성 화면(출처: https://play.ht/studio/files/)

6. AI 사운드 생성 도구와 활용법

AI 사운드 생성 도구는 영화, 광고, 홍보 영상, 소셜미디어 콘텐츠에서 사용되는 다양한 사운드를 빠르고 효율적으로 생성할 수 있는 중요한 도구다. 이 장에서는 각 도구별 기능과 활용법을 살펴보고, AI 사운드 생성 과정에서 도구를 어떻게 활용할 수 있는지 구체적인 예시와 함께 설명한다. 또한 사용자가 쉽게 접근할 수 있고 구독자 수가 많은 도구들 중심으로 소개하겠다.

1) 영화, 광고, 홍보 영상 제작을 위한 AI 사운드 도구

AI 사운드 도구들은 각기 다른 기능과 목적을 갖고 있으며 이를 통해 다양한 영상 콘텐츠에 맞춤형 사운드를 제공할 수 있다. 다음은 영화, 광고, 홍보 영상에서 자주 사용되는 대표적인 AI 사운드 도구들이다.

(1) AIVA

AIVA는 인공지능을 활용해 맞춤형 음악을 생성할 수 있는 도구다. 사용자는 자신이 원하는 음악의 스타일과 분위기를 설정해 영화, 광고, 홍보 영상에 맞는 배경음악을 자동으로 생성할 수 있다.

▶ 사용 예시: '잔잔하고 감성적인 영화 배경음악을 만들어줘.'

AIVA는 요청에 맞는 음악을 신속하게 생성해 주며, 사용자는 이를 바로 영상에 삽입할 수 있다.

(2) ElevenLabs

ElevenLabs는 음성 합성에 특화된 AI 도구로 자연스러운 내레이션과 대사를 자동으로 생성할 수 있다. 다양한 억양과 목소리 스타일을 제공하며, 영화 내레이션이나 홍보 영상에서 자주 사용한다.

▶ 사용 예시: '신뢰감을 주는 남성 목소리로 이 제품은 최고의 품질을 자랑합니다 라고 말해줘.'

ElevenLabs는 자연스럽고 전문적인 음성을 제공해, 홍보 영상의 메시지를 명확하게 전달할 수 있다.

(3) Capcut

Capcut은 영상 편집 도구로 AI 기반으로 사운드를 자동으로 삽입하는 기능을 제공한다. 특히 유튜브와 소셜미디어용 짧은 영상에서 적합한 배경음악과 효과음을 자동으로 추가할 수 있다.

▶ 사용 예시: 영상 클립에 적합한 배경음악을 자동으로 추천하고 음악의 시작과 끝을 영상 길이에 맞춰 조정할 수 있다.

(4) Descript

Descript는 음성 합성 기능과 더불어 영상 및 오디오 편집 도구를 제공한다. 텍스트를 기반으로 음성을 생성하고, 이를 영상에 바로 적용할 수 있는 편리한 편집 도구다. 짧은 유튜브 콘텐츠나 광고에서 자주 활용된다.

▶ 사용 예시: '밝고 경쾌한 여성 목소리로 이 프로모션을 놓치지 마세요! 라고 말해줘.'

Descript는 이를 자연스러운 음성으로 변환해주며, 사용자는 이를 영상에 바로 적용할 수 있다.

(5) Adobe Audition

Adobe Audition은 고급 오디오 편집 도구로, AI로 생성된 사운드를 세밀하게 편집할 수 있다. 음량, 음질, 리버브 효과 등을 조정할 수 있으며, 영화나 광고에서 사용된 사운드를 더욱 정교하게 다듬을 수 있다.

▶ 사용 예시: AI로 생성된 음악의 특정 구간에서 볼륨을 조절하거나, 사운드를 자연스럽게 연결하는 편집 작업을 할 수 있다.

2) 각 도구별 기능 비교와 활용법

각 AI 사운드 생성 도구들은 고유한 기능을 갖고 있으며 사용자가 제작하는 콘텐츠의 종류와 목적에 따라 적합한 도구를 선택하는 것이 중요하다. 다음은 주요 AI 도구들의 기능을 비교한 내용이다.

도구명	주요 기능	활용 콘텐츠
AIVA	AI 기반 음악 생성, 다양한 스타일의 배경음악 제공	영화, 광고, 홍보 영상, 소셜미디어
ElevenLabs	자연스러운 음성 합성, 억양 및 목소리 스타일 제공	광고, 홍보 영상, 내레이션
Capcut	AI 자동 사운드 삽입, 영상 편집 기능	소셜미디어, 유튜브, 광고
Descript	음성 합성 및 오디오 편집, 텍스트 기반 음성 생성	짧은 영상 콘텐츠, 광고
Adobe Audition	고급 오디오 편집, 음질 및 음량 조정	영화, 광고, 홍보 영상

[표1] AI 사운드 생성 도구

이와 같은 도구들을 활용하면 콘텐츠의 특성에 맞는 사운드를 신속하게 생성하고 편집할 수 있으며, 창의적인 작업에 집중할 수 있다.

3) AI 사운드 생성에 필요한 기본 과정과 팁

AI 도구를 활용한 사운드 생성은 몇 가지 단계를 거쳐 진행된다. 이 과정에서 효과적인 사운드를 얻기 위한 몇 가지 팁을 소개한다.

(1) 필요한 사운드 유형 파악

먼저 영상의 목적과 분위기에 맞는 사운드를 정의해야 한다. 배경음악, 음성 내레이션, 효과음 등 필요한 사운드의 유형을 파악하고 이에 맞는 AI 도구를 선택한다.

(2) 텍스트 프롬프트 작성

AI 도구에 입력할 텍스트 프롬프트를 구체적으로 작성하는 것이 중요하다. 예를 들어, AIVA에서 '활기차고 에너지가 넘치는 배경음악'을 생성할 때, 구체적인 감정이나 분위기를 설명하는 것이 결과물의 질을 높일 수 있다.

(3) 사운드 편집 및 최적화

AI 도구가 생성한 사운드를 필요한 경우 추가적으로 편집해 최적화한다. Adobe Audition이나 Descript와 같은 도구를 사용해 음량, 음질, 리버브 등을 조정함으로써 더욱 완성도 높은 사운드를 얻을 수 있다.

(4) 적용 및 테스트

완성된 사운드를 영상에 삽입한 후, 시청자에게 어떻게 전달되는지 확인하고, 필요하면 추가적으로 수정해 최적의 결과를 얻는다.

AI 사운드 도구들은 사용자가 보다 창의적이고 효과적인 사운드를 신속하게 제작할 수 있도록 돕는다. 이를 통해 콘텐츠 제작자는 더 나은 품질의 영상 콘텐츠를 제작할 수 있으며, 작업 시간을 크게 줄일 수 있다.

7. 미래의 AI 사운드, 더 나은 경험을 위한 발전 방향

AI 사운드 생성 기술은 이제 시작에 불과하다. 앞으로 AI 사운드 기술이 더욱 발전하면서 영화, 광고, 홍보 영상, 소셜미디어 콘텐츠에 어떻게 적용될지 그리고 이로 인해 창작 과정과 소비자 경험이 어떻게 변화할지에 대한 관심이 높아지고 있다. 이 장에서는 AI 사운드 기술의 발전 가능성과 미래의 활용 방안 그리고 이에 따른 윤리적 문제들을 살펴보겠다.

1) AI 사운드 기술의 발전 전망

AI 사운드 기술은 빠른 속도로 발전하고 있으며 앞으로의 변화는 더욱 혁신적일 것이다. 현재 AI는 주로 음악, 음성 합성, 효과음 생성에 사용되고 있지만 앞으로는 더 복잡한 작업들도 자동화할 수 있을 것으로 예상된다. 예를 들어, AI가 감정을 분석하고 그에 맞는 사운드를 실시간으로 조절하거나 시청자의 반응에 따라 음악의 흐름을 변경하는 등의 기능이 가능해질 것이다.

또한 딥러닝 기술의 발전으로 인해 AI가 더 창의적이고 독창적인 사운드를 생성할 수 있는 능력이 강화될 것이다. 지금까지는 인간이 만든 음악이나 사운드의 패턴을 학습해 유사한 결과물을 생성하는 것이 주였지만 앞으로는 AI가 완전히 새로운 스타일의 음악과 사운드를 창조할 수 있을 것으로 보인다.

▶ 예시: AI가 영화의 시나리오를 읽고 장면별로 감정을 분석해 실시간으로 맞춤형 배경음악을 생성하는 시스템이 등장할 수 있다. 이는 감독이 미리 음악을 선택하지 않더라도 AI가 장면에 맞는 최적의 음악을 자동으로 제공해줄 수 있다.

2) AI 사운드와 인간 창작자의 협업 가능성

AI 사운드 기술의 발전으로 인간 창작자와 AI 간의 협업이 더욱 강화될 것으로 보인다. AI는 더 빠르고 효율적으로 기초적인 작업을 처리할 수 있으며 창작자는 이를 기반으로 더 창의적이고 세밀한 작업에 집중할 수 있다. 즉, AI가 음악이나 사운드 디자인의 기초를 제공하고, 인간은 이를 바탕으로 더 깊이 있는 창작을 하는 방식이다.

이미 Adobe Audition과 같은 도구들은 인간과 AI의 협업을 위한 플랫폼을 제공하고 있다. AI가 생성한 사운드를 인간이 세밀하게 편집하고 그 과정에서 새로운 아이디어를 더하는 방식으로 창작의 질을 높일 수 있다. AI는 시간을 절약하고 인간은 창의적인 작업에 더 집중할 수 있는 환경을 제공받는다.

또한 AIVA와 같은 AI 음악 도구들은 창작자에게 영감을 주는 도구로 활용될 수 있다. 창작자는 AI가 제공하는 음악 샘플을 바탕으로 자신의 아이디어를 발전시키고, 이를 통해 보다 독창적인 작품을 완성할 수 있다.

▶ 예시: 광고 영상에서 AI가 기본적인 배경음악을 제공한 후 인간 창작자가 이를 바탕으로 특정 제품이나 브랜드의 정체성을 반영한 독특한 음악을 더하는 방식으로 협업이 이뤄질 수 있다.

3) 윤리적 문제와 AI 사운드의 미래

AI 사운드 생성 기술의 발전은 여러 윤리적 문제도 함께 동반하고 있다. 특히 저작권 문제, AI가 인간의 창작 영역을 대체할 가능성 그리고 AI로 생성된 음악과 사운드의 진정성에 대한 논의가 중요한 이슈로 떠오르고 있다.

(1) 저작권 문제

AI가 생성한 음악이나 사운드는 기존 음악을 학습해 만들어진 결과물이기 때문에 원저작자의 권리 침해 가능성이 있다. 이는 AI가 기존 음악을 무단으로 복제하거나 변형할 수 있기 때문에 발생하는 문제다. 앞으로 AI 사운드 생성 기술이 더욱 발전함에 따라 AI가 생성한 작품의 저작권 문제를 어떻게 해결할지에 대한 논의가 필요하다.

(2) 인간 창작자의 대체 가능성

AI가 더욱 창의적인 작업을 처리할 수 있게 되면서 인간 창작자의 역할이 줄어들 수 있다는 우려도 있다. 음악 작곡가, 사운드 디자이너와 같은 직업이 AI로 대체될 가능성이 있다는 것은 창작자들 사이에서 큰 논란이 되고 있다. 그러나 AI는 기계적인 작업을 자동화하는 데 주로 사용될 것이며 인간의 창의성을 완전히 대체하기보다는 보조적인 역할을 할 것이라는 의견도 존재한다.

(3) AI 사운드의 진정성 문제

AI로 생성된 음악과 사운드는 종종 감정이 없거나 기계적이라는 비판을 받을 수 있다. 이는 AI가 인간처럼 감정적인 경험을 바탕으로 음악을 만들지 않기 때문에 발생하는 문제다. 미래에는 AI가 더 감정적으로 풍부한 사운드를 생성할 수 있도록 기술이 발전할 것이며 이를 통해 인간과의 차이를 극복할 수 있을 것으로 기대된다.

▶ 예시: 영화에서 중요한 감정적 장면에서 AI가 생성한 음악이 인간의 감정을 제대로 표현하지 못하는 경우 창작자가 AI 음악을 보완해 더 감동적인 음악으로 완성할 수 있다.

결론적으로, AI 사운드 기술은 앞으로 더 창의적이고 감정적인 콘텐츠를 제공할 가능성이 크다. 그러나 이러한 발전과 함께 윤리적 문제와 인간 창작자의 역할을 어떻게 정의할 것인지에 대한 논의가 병행돼야 할 것이다. 미래에는 AI와 인간이 서로 보완하며 더 나은 콘텐츠를 만들어가는 협업의 형태가 강화될 것으로 보인다.

Epilogue

AI 사운드 생성 기술은 영상 콘텐츠 제작의 새로운 기준을 제시하며 기존의 사운드 디자인 방식에 혁신을 가져왔다. 이제 창작자는 시간과 비용의 제약을 뛰어넘어 빠르게 고품질의 사운드를 제작하고 이를 영상에 적용할 수 있게 됐다. ElevenLabs, Suno, AIVA, Capcut, Descript와 같은 도구들은 음악, 음성, 효과음 등 다양한 사운드 요소를 손쉽게 제공하며 다양한 영상 콘텐츠에 맞춤형 사운드를 제공하는 데 중추적인 역할을 하고 있다. 이러한 기술의 도입으로 인해 창작 과정은 더 빠르고 창의적으로 진화하고 있다.

그러나 AI 사운드 생성 기술의 발전과 함께 새로운 과제들도 떠오르고 있다. AI가 생성한 음악과 음성의 저작권 문제 그리고 인간 창작자의 역할 축소에 대한 우려는 여전히 남아 있다. 기술이 발전함에 따라 이러한 윤리적 문제들을 해결하는 방법도 모색돼야 하며 AI와 인간의 협업을 통해 창작의 균형을 맞추는 방안이 필요하다. AI는 인간의 창의성을 대체하기보다 이를 증진하는 도구로 자리 잡아야 한다는 인식이 중요하다.

미래에는 AI가 인간의 창작 과정에서 더욱 깊이 관여하게 될 것이며 이를 통해 더 많은 가능성이 열릴 것이다. AI는 사운드를 자동으로 생성하는 것을 넘어서 실시간으로 감정을 분석하고 이에 맞는 맞춤형 음악과 효과음을 제공하는 단계로 발전할 수 있다. 창작자는 AI를 활용해 더 창의적이고 감동적인 콘텐츠를 제작할 수 있을 것이며 시청자는 이를 통해 더욱 몰입감 있는 경험을 누리게 될 것이다. AI와 인간의 협업은 앞으로도 창작의 새로운 가능성을 열어가며 우리에게 더욱 풍부한 예술적 경험을 선사할 것이다.

[참고문헌]

- 민지영, 문수민, 전은재, 앤미디어. 『AI 영상 제작』. 2024. 길벗.
- 유세문, 정석현. 『AI와 영상 제작』. 2024. 커뮤니케이션.
- 김세원. 『생성형 AI 영상 제작』. 2024. 책바세
- Suno 음악 생성 화면. https://suno.com/
- Suno 배경음악 생성 화면. https://suno.com/create
- Boom Library 홈페이지. https://www.boomlibrary.com/sound-effects
- Boom Library의 소리 예시.
- https://www.boomlibrary.com/sound-effects/boom-one/
- ElevenLabs의 음성 생성 화면.
- https://elevenlabs.io/app/speech-synthesis/text-to-speech
- ElevenLabs의 음향효과 생성 화면. https://elevenlabs.io/app/sound-effects/generate
- Capcut 앱 실행 첫 화면.
- https://www.capcut.com/ko-kr/tools/desktop-video-editor
- AIVA의 음악 생성 화면. https://creators.aiva.ai/
- Descript의 음성 생성 화면. https://web.descript.com/
- play.ht의 첫 화면. https://play.ht/
- play.ht의 음성 생성 화면. https://play.ht/studio/files/
- 구글 클라우드 Text-to-Speech 화면. https://cloud.google.com/text-to-speech

9

나와 AI와 다큐멘터리, 미래를 기록하는 새로운 시선

신진주

001010011001010

제9장
나와 AI와 다큐멘터리, 미래를 기록하는 새로운 시선

Prologue

나의 여정, 다큐멘터리로 세상을 바라보다

인생은 끊임없는 탐험과 배움의 연속이다. 나는 미래학자이자 ESG 전문 컬럼니스트로서, 또 한 명의 다큐멘터리 감독으로서의 여정을 시작하게 됐다. 이 책은 필자의 이야기를 담은 기록이자 나의 다큐멘터리 작업을 통해 세상과 소통하고자 하는 열망의 표현이다. 필자는 사회 문제에 대한 깊은 이해를 바탕으로 다큐멘터리라는 매체를 통해 목소리가 필요한 이들의 이야기를 전하고자 한다. 특히 제주도, 울릉도, 독도 그리고 도서지역 같은 아름다운 지역의 현실을 담아내어, 그곳의 농민들과 어민들의 소중한 목소리를 사람들에게 알리고 싶다.

목표를 정해서 국내와 국외의 모든 도서지역을 살려내는 것이 글로벌 공헌에 있어 필자의 행보이다. 또한 나의 여정은 단순히 개인적인 성취를 넘어서 인류의 지속 가능한 발전을 위한 길이기도 하다. 이를 위해서 2025년도에는 스스로의 시간과 연구, 실증을 실행하면서 또 다른 현장의 목소리를 듣는 시간을 많이 가진 후 국내의 사각지대를 충분히 돌아본 후 영국의 마을들과 현장을 돌아보면서 대자연을 보는 가운데, 실제 한국 현장에 필요한 정책과 친환경 산업들도 구상할 예정이다.

그리고 최종적으로는 'IPCC 보고서 작성'에 기여하고 강대국과 약소국의 균형 잡힌 시각을 반영하고자 하는 나의 목표는, 결국 노벨 ESG상이 지정되고 그것을 수상할 정도로 사각지대에 공헌해 더 많은 사람들에게 실질적인 변화를 가져오는 데 기여할 것이다. 이 책을 통해 필자의 다큐멘터리 작업이 어떻게 시작됐고, 어떻게 성장해왔는지 그리고 앞으로의 비전을 공유하고자 한다.

[그림1] 우리 공동의 미래를 추구하는 선한 가치관이 좋은 다큐로

1. 나의 다큐멘터리 여정, 그 시작과 열정

1) 다큐멘터리 제작의 시작, 곧 내 꿈의 씨앗

어릴 적부터 다양한 사회 문제에 대한 관심을 가지고 있던 필자는 이 관심을 다큐멘터리 제작이라는 형태로 표현하게 됐다. 특히 제주도의 자연과 문화 그리고 그 이면에 있는 사회적 이슈에 대한 깊은 고민은 나를 이 길로 인도했다. 제주도는 단순한 아름다움만이 아니라 다양한 농축수산물과 그로 인한 지역 경제와의 연계성 그리고 환경 문제를 동시에 품고 있다. 이를 다큐멘터리로 표현하기 위해 나는 연구와 분석에 많은 시간을 투자했다.

(1) 유튜브 알녹달녹, 다양한 이해관계자와 제주의 목소리 전하기

필자가 운영하는 유튜브 채널 '알녹달녹'은 ESG에 대한 내용을 다루는 채널이다. 최근 제주도의 농축수산물과 관련된 이야기도 나눴고 제주도를 공헌하고 도서지역을 공헌하기 위해 많은 노력을 하는 플랫폼이다. 이 채널을 통해 지역 농민들과 어민들의 목소리를 전하고 그들이 겪는 어려움을 조명하는 데 주력하고 있다. 최근에는 제주도 농축수산물 공모전을 위한 영상을 제작해 제주 농업의 지속 가능한 미래를 소개했다.

이 영상은 제주도 주민들의 생활과 그들이 지키고자 하는 자연의 소중함을 담아내어 많은 사람에게 감동을 주었다. 비단 제주도뿐 아니라 도서지역 그리고 해양생태계의 파괴를 두고 큰 공헌을 위해 ESG에 대한 채널인 '알녹달녹(알아가자 녹색 달라지자 녹색-Change Green You&I)'을 유지하고 있다.

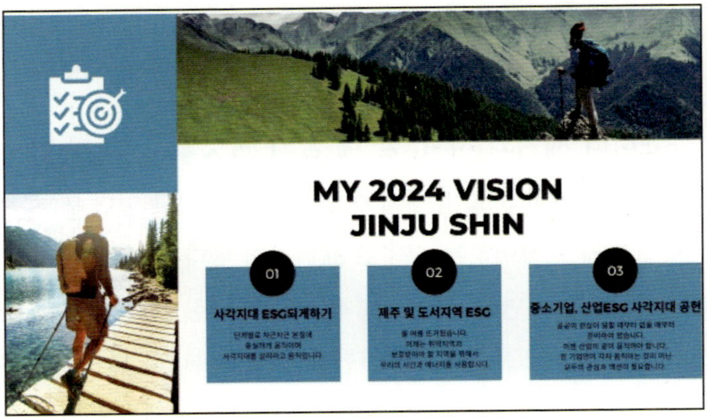

[그림2] 사각지대에 공헌하는 목표와 슬로건

(2) 국회의원 회관에서 발표, 제주도의 미래와 지속가능발전

얼마 전 국회의원회관에서 '제주도의 미래, 브랜딩과 지속 가능한 발전'이라는 제목으로 발표하는 기회를 가졌다. 이 발표는 나의 다큐멘터리 작업이 단순한 영상 제작에 그치지 않고 제주도의 지속 가능한 발전을 위한 논의의 장으로 나를 이끌었다는 점에서 매우 의미가 깊었다. 발표를 통해 제주의 농축수산물의 가치를 강조하고 이를 기반으로 한 지역 경제의 지속 가능성을 어떻게 이끌어 낼 수 있을지를 제안했다.

이 과정에서 나는 사회 문제 해결을 위한 실천적인 방안을 제시하며 정책 결정자들에게 제주의 미래에 대한 통찰을 제공할 수 있었다. 당시 AI 강사들이 많았는데, 필자가 가진 융합적인 사고와 수년간 학술대회를 통해 단련된 실력과 전문성으로 농축수산업 종사자분들과의 토론을 통해 패널 토의를 이끌어 갔다. 여기서 필자는 좌장으로서도 역할을 해 소비자와 생산자 등 양측이 서로 이해가 잘된 토론이 진행됐다.

[그림3] 좌장 신진주 미래학자 국회 제주농축수산물 포럼 이끌어

(3) MICE 순천 프로젝트, 순수한 창의력의 발현

2023년 문화체육관광부 2등 수상한 'MICE 순천 프로젝트(문화체육부 지역소멸을 막는 길 MICE사업 지역문화 찐 체험의 방법, MICE순천사례)'는 필자의 순수한 창의력에서 나온 작품이다. 이 프로젝트는 AI 기술을 활용하지 않고 필자가 직접 촬영한 사진을 기반으로 한 영상으로 완성됐다.

순천의 아름다움과 지역문화를 담아내기 위해 많은 시간을 들여 사진을 찍고 이를 편집해 지역의 정체성을 담은 이야기를 만들었다. 이 과정에서 필자의 상상력이 어떻게 시각적으로 표현될 수 있는지를 깊이 고민하게 됐고, 그 결과물은 관객들에게 강한 인상을 남겼다. 필자의 창의력과 열정이 결합된 이 작품은 단순한 영상이 아닌, 순천이라는 지역의 역사와 문화를 간직한 소중한 기록이 됐다.

[그림4] 2023년 신진주 SDGs 크리에이터 수상작

(4) 사각지대 공헌, 2024년 슬로건 실천

필자가 추구하는 목표는 단순히 개인적인 성공에 그치지 않는다. 필자는 사회적 약자와 소외된 이들의 목소리를 적극적으로 담아내며 그들이 겪는 고통을 세상에 알리고자 한다. 이러한 활동은 ESG 분야에서의 공헌으로 이어지며 궁극적으로는 노벨ESG상을 수상하는 것을 목표로 한다. 사각지대에 있는 이들에게 실질적인 도움을 주고 그들의 삶의 질을 향상시키기 위해 끊임없이 노력하고 있다. 이는 단순한 수상 목표가 아니라, 필자가 진정으로 이루고자 하는 비전이며 인류의 지속 가능한 발전에 기여하는 길이다.

2024년도는 '사각지대에도 ESG가 되게 하라'는 제목으로 공익활동과 사회공헌을 진행 중이며 영리와 비영리를 오가며 사회적 가치 증대에 힘쓰고 있으며 그 성과도 내고 있다.

(5) IPCC 보고서와 균형 잡힌 시각

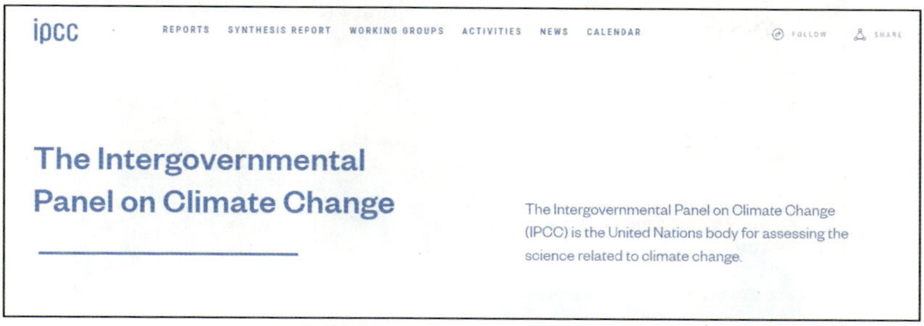

[그림5] 균형잡힌 시각으로 IPCC보고서 작성하기

필자는 IPCC(Intergovernmental Panel on Climate Change) 보고서 작성에 기여하며 강대국과 약소국의 편중된 시각이 아닌 균형 잡힌 관점을 담아내고자 한다. 기후 변화는 모든 국가에 영향을 미치는 문제이며 그 해결을 위한 접근은 각국의 상황을 공정하게 반영해야 한다. 따라서, 필자는 다양한 국가의 목소리를 균형 있게 담아내는 데 집중하며, 기후 변화의 복잡성을 이해하고 이를 바탕으로 한 실질적인 해결책을 제시하고자 한다. 이는 필자의 다큐멘터리 작업과도 연결되며 필자가 추구하는 사회적 책임의 일환이다.

[그림6] 균형잡힌 시각으로 IPCC보고 작성 및 글로벌 진출

2. 나의 다큐멘터리 인생, 사회문제와의 만남

1) 다큐멘터리와 나의 인연, 열정의 시작

필자 다큐멘터리 여정은 단순한 취미에서 시작됐다. 어릴 적, 다양한 사회 문제에 대한 뉴스 기사를 읽으며 많은 생각을 했다. 환경 문제와 사회적 불평등에 대한 이슈가 나의 마음을 깊이 파고들었다. 이러한 관심은 자연스럽게 다큐멘터리 제작으로 이어졌고 필자의 AI

다큐멘터리는 필자가 사랑하는 제주도에서 시작됐다. 제주도는 아름다운 자연과 독특한 문화를 지닌 곳이지만, 그 이면에는 환경 문제와 사회적 갈등이 존재했다. 이를 담아내고자 한 나의 열정은 필자를 다큐멘터리 제작의 길로 인도했다.

2) 여정의 첫걸음, 실수와 성장

필자가 처음 제작한 다큐멘터리는 초기의 실수로 가득 차 있었다. 기술적인 부족함과 경험 부족으로 인해 편집이 매끄럽지 않았고 이야기의 흐름도 어색했다. 하지만 이러한 실패들은 나에게 값진 교훈이 됐다. 실패는 성장의 씨앗이라는 말처럼, 필자는 그 과정을 통해 무엇이 잘못됐는지 분석하고 다음 작품에서는 더 나은 결과를 내기 위해 노력했다. 이 과정에서 내가 배운 것은 성공이 아닌 실패에서 오는 성장과 발전이었다. '실패는 성공의 어머니이다'. 기본에 충실하고 본질에 다가서면 그 다큐멘터리는 인정받는다.

3) 사회문제를 향한 열정, 나의 목표와 비전

필자의 다큐멘터리 제작은 단순히 영상물을 만드는 것을 넘어, '사회 문제를 해결'하는 데 기여하고자 하는 목표를 갖고 있다. 특히 필자는 사회적 약자와 소외된 이들의 목소리를 담아내는 데 주력하고 있다. 그들의 이야기를 세상에 알리고 사람들이 이 문제를 함께 고민할 수 있도록 유도하는 것이 필자의 사명이다. 이러한 목표는 나를 더욱 열정적으로 만들고 작품마다 새로운 도전과 기회를 제공한다.

[그림7] 2024 대한민국 환경공헌 대상을 수상한 신진주 AI 다큐멘터리 감독 1

[그림8~9] 2024 대한민국 환경공헌 대상을 수상한 신진주 AI 다큐멘터리 감독 1

4) 제주도 농축수산물 공모전, 지역의 가치를 강조하다

제주도의 농축수산물 양상공모전은 필자의 다큐멘터리 제작에서 중요한 이정표가 됐다. 이 공모전을 통해 필자는 지역의 가치를 발굴하고 이를 전 세계에 알리는 데 기여할 수 있었다. 이 과정에서 제주도 농민들과 어민들의 이야기를 직접 듣고 그들의 열정을 영상으로 담아내며 지속 가능한 발전을 위한 비전을 제시할 수 있었다. 이 프로젝트는 단순한 공모전 참여를 넘어, 필자의 다큐멘터리 작업이 지역 사회에 긍정적인 영향을 미칠 수 있는 기회를 만들어주었다.

[그림10] 제주도 농축수산물 브랜딩, 지속가능발전 위한 신진주 작품

3. AI와의 만남, 혁신적 다큐멘터리 제작의 시작

1) AI의 등장, 다큐멘터리 제작의 패러다임 변화

AI는 필자가 다큐멘터리 제작에서 활용하는 중요한 도구가 됐다. 머신러닝과 데이터 분석 기술은 내가 다루고자 하는 주제에 대한 새로운 시각을 제공하고, 이를 바탕으로 더 깊이 있는 내용을 담아내는 데 도움을 준다. 특히 AI는 방대한 양의 데이터를 빠르게 처리하고 이를 통해 주제와 관련된 통찰을 제공함으로써 필자의 작업을 한층 더 풍부하게 만든다. 물론 AI를 활용해서 자신의 창의성이나 기획력이 부족함에도 영화나 다큐를

만들어 내는 사람을 보면, 이미 뛰어난 기획력과 창의성을 가진 사람이 보면 답답한 노릇일 수도 있다.

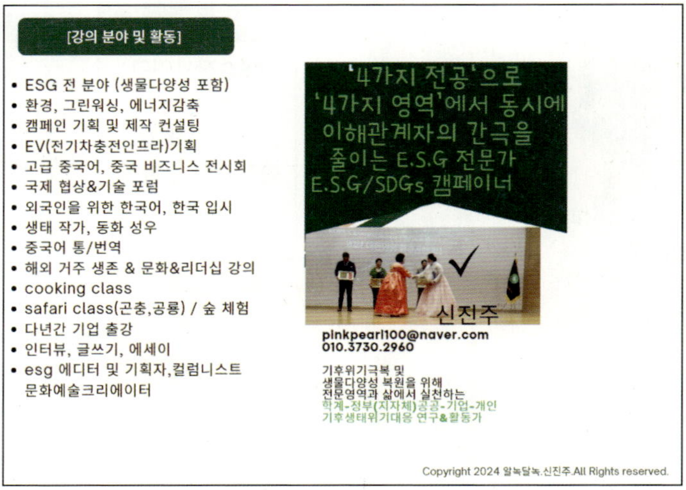

[그림11] 영상의 취지와 명확한 자기소개로 팬덤을 부르는 신진주 감독

"아니 뭐 다 AI기술을 의존해서 별로 능력이 없는 사람인 거 같은데 뭐 저것을 했지?"라고 말할 수도 있다. 그것의 반증은 AI의 쌓인 빅데이터를 활용한다는 것이다. 모든 사람마다의 철학은 다르다, 필자는 좋은 기획력과 현장의 경험과 글로벌 공헌을 위해 다큐멘터리를 만들지만, 어떤 사람은 수익화나 자기만의 명예나 유익을 위해 AI에 의존해서 거기서 모든 것을 해결하려고 하는 사람도 있다. 한 가지 알아야 할 점은 그 선택이 어떠하든지 AI는 계속 발전하고 있으며 활용 여부는 우리의 선택이라는 것이다. 다큐멘터리를 제작할 때 어느 정도 AI를 활용할 것인가의 선택도 역시 감독과 아티스트의 선택과 판단이다.

2) AI의 응용, 나의 첫 AI 기반 다큐멘터리

필자가 제작한 첫 번째 AI 기반 다큐멘터리는 '제주도, 희망의 바다'라는 주제로 진행됐다. 이 다큐멘터리는 제주도의 환경 문제와 주민들의 삶을 조명하는 내용을 담았다. AI는 이 프로젝트에서 대량의 데이터를 분석하고 관련된 사례를 수집해 필자가 접근해야 할 다양한 시각을 제시해주었다. 예를 들어, 주민들이 겪는 환경적 어려움과 그들이 이를 극복하기 위한 노력을 담아내는 데 AI의 도움을 받았다.

물론 티저작으로 현재 이니스프리 모음재단에 그린크리에이터로서 만든 작품을 출품했다. AI 기반은 아니지만, 앞으로의 대작이 일부 현실에서 얻기 어려운 부분이나 소개에서는 AI도 활용할 수 있는 방법도 있다.

[그림12] AI만 의존하지 않고 자신의 기획력을 중시하는 신진주 감독

AI를 활용해 다큐를 위한 다큐를 만드는 것보다는 진정으로 유익이 되는 다큐멘터리를 만들고자 분투한 결과, 유료의 사진이 아닌 인공지능 사진을 활용가능할 수도 있는 세상이 왔다. 다만 저작권과 그리고 그 사진의 진위성과 적합성은 사용자가 판단해야 하기 때문에 사용자가 더욱 똑똑해

져야 하는 세상이 왔다. AI 응용, 필자의 첫 AI 기반 다큐멘터리는 끝난 것이 아니다. 앞으로도 계속 이어지고 보완되고 수정되는 가운데, 큰 장편이 완성될 것이다.

3) AI와의 협업, 양날의 검인 새로운 가능성과 윤리 문제

필자는 지난 7월 디지털융합교육원의 '인공지능 강사 경진대회'에서 '루이스'라는 프로그램을 처음 소개했다. 원래 기획자이며 아이디어가 많은 자로서 4가지 전공과 한국과 외국의 복수학위 뿐만 아니라 학계와 공공, 기업, 기후시민으로서의 폭넓은 시각과 현장체험을 통해 대작을 만들어내고 있으며, 영상의 신선미와 전 세계에 문제점 시사와 인류를 위해 공헌하는 그 엄청난 스케일로 찬사를 받고 있다. 그러나 이 찬사도 보는 눈이 있는 사람에게만 보인다. 따라서 협업을 할 때도 과연 내가 제출할 곳이 어딘가, 나와 함께하는 동료가 무엇을 잘하고 어느 부분이 취약한지를 파악해 서로의 각자 잘하는 부분으로 어필하고 참가하고자 하는 대회의 특성을 안다면 AI와의 협업을 통해 가능성도 열 수 있다.

분석 결과 및 섹터별 정리를 통한 적합한 AI 발견

제 12기 인공지능콘텐츠 강사경진대회 24.07.28

나: ENTP,창작자, 다큐멘터리 제작자, 미래학자,UN미래포럼 준비

공공	기업	개인	학계	전공	적합한 AI
행정관리	AI윤리	공공기관 모니터링	학계 전반적인 사항 F/U	빅데이터	정책도출 가능
공공정책 제안	ESG	정책제안	산업 연구	DX과제	창작 가능
각 부처 사항 F/U	환경과제	의정감시	연구활동	인공지능	대화 가능
중앙과 지방의 균형	기술과제	이해관계자	정책제안	기술경영리더십	여러 이해관계자 등장
지역소멸	DX과제	권리와 의무	전문가 포럼	데이터관리	전문적인 내용

[그림13] 다양한 융합적 인재가 다큐멘터리도 잘 만드는 이유

처음 디지털융합교육원에 인공지능 콘텐츠 경진대회 때 많은 조사와 내공을 들여 '시나리오 프로그램'을 찾아서 7월 28일에 연구한 부분을 발표했는데, 이제는 그 내용을 듣고 그것을 활용해서 AI 영화감독이 된 사람도 있고, 그것을 통해 디지털융합교육원에서는 8월부터 크리에이터 과정과 영화과정을 만들었다. 어렵게 찾은 AI툴이기도 하고 이것의 활용능력을 습득해 강의했는데, 어느 사람은 마치 그것이 자신이 습득한 노하우라며 제일 먼저 이 프로그램을 처음 소개하는 사람인 것처럼 하는 사람도 마주쳤다. 그럴 때면 AI 분야를 하는 사람일수록 윤리적인 문제는 정말 중요하게 여겨야겠다는 생각도 들었다.

정말 좋은 프로그램 소개에 대한 감사를 표현하고 말하는 것도 인공지능 시대에 우리가 잊지 말아야 할 부분이다. '인공지능이 자기만의 수익화만 생각하는 사람에게 가면 안 될텐데'라는 마음이 드는 것은 사실이다. 또한 사실은 기획을 모두 AI에게만 의존해 마치 'AI를 모두 털어보는 방식'의 활용으로 만들어진 것이라는 것을 알기에 아쉬운 마음이 들지만, 그것이 바로 그만큼 AI가 '정보 전쟁'이라는 의미이다. AI를 누가 먼저 활용해서 무엇을 만들어 내느냐가 문제이다. 다만 실력은 어디 사라지지 않는다. '낭중지추'라는 말과 같이 혹시 지금의 기존 영화감독들이 보실 때 'AI, 과연 활용할 것인가' 아니면 '나는 나의 방식을 고수할 것인가'는 정말 선택의 문제이다. 다만 둘 다 활용하는 가운데 좋은 방법을 선택하시라고 하는 것이 필자의 조언이다.

위의 사례에서 보듯이 AI는 그렇다. 알리지 않으면 안 된다. 그래서 더욱 더 무서운 세상이기도 하다. 실력을 가르기가 더욱 어려운 세상이 됐기 때문이다. 그래서 AI협업으로 부족한 실력을 모두 매꾸려는 자가 있고 실력이 있으면 AI를 조금만 활용해야지 하는 사람도 있다. 그러나 추세를 보면 AI를 많이 활용하려고 하는 사람들이 좀 빠르게 가고 자신의 단점을 커버해 가는 사람들도 주위에 많기에 만약 처음 무엇을 만드는 분이라면, AI 툴을 하나하나 사용하면서 맛보기를 권한다.

자신에게 맞고 활용가능성이 있는 AI를 선택해 현장의 사진과 영상에서 구현이 어려운 부분에 대한 작업에 좀 더 미치지 못한 작업의 영역에 도움을 얻길 바란다. 머신러닝과 데이터 분석 기술은 내가 다루고자 하는 주제에 대한 새로운 시각을 제공하고 이를 바탕으로 더 깊이 있는 내용을 담아내는 데 도움을 준다. 특히 AI는 방대한 양의 데이터를 빠르게 처리해 시간의 절약에도 일정 부분을 도움이 된다.

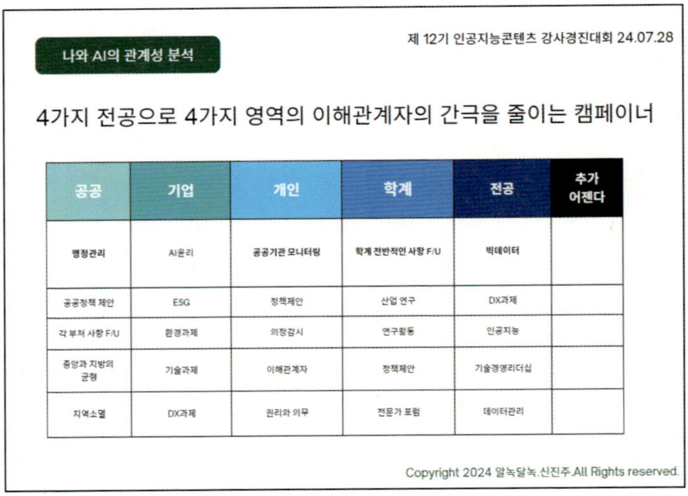

공공	기업	개인	학계	전공	추가 어젠다
행정관리	AI윤리	공공기관 모니터링	학계 전반적인 사항 F/U	빅데이터	
공공정책 제안	ESG	정책제안	산업 연구	DX과제	
각 부처 사항 F/U	환경과제	의정감시	연구활동	인공지능	
중앙과 지방의 균형	기술과제	이해관계자	정책제안	기술경영리더십	
지역소멸	DX과제	권리와 의무	전문가 포럼	데이터관리	

[그림14] 신진주 감독의 아무도 따라올 수 없는 찬란한 세계관[1]

1) 신진주 AI감독의 세계관 및 해당 내용 COPY 금지

4. AI의 진화와 다큐멘터리 제작의 혁신

1) AI 기술의 발전, 다큐멘터리 제작의 새로운 장을 열다

AI 기술의 발전은 다큐멘터리 제작 과정에서 혁신적인 변화를 가져왔다. 머신러닝과 딥러닝 알고리즘을 활용한 데이터 분석은 필자가 다루고자 하는 주제를 더 깊이 이해하고 접근할 수 있는 기회를 제공한다. 특히 '자연어 처리(NLP) 기술'은 대량의 정보를 효율적으로 처리하고 주제에 대한 통찰을 제공하는 데 큰 도움을 준다. 예를 들어, AI를 통해 최신 기후 변화 연구 결과와 보고서를 분석하고 관련된 데이터를 정리해 내 다큐멘터리에 필요한 정보를 한눈에 파악할 수 있다. 이러한 과정은 시간과 자원을 절약하고 더 심층적인 내용을 담을 수 있는 기회를 만든다.

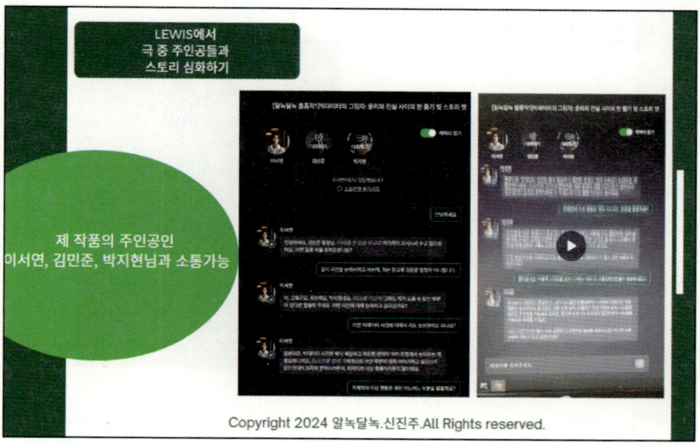

[그림15] 이제는 시나리오의 다양한 캐릭터와 대화하는 세계

2) AI 도구의 활용, 편집과 제작의 효율화

AI 기술은 다큐멘터리 제작의 각 단계에서도 중요한 역할을 한다. AI 기반의 편집 도구는 영상 자료를 자동으로 분석하고 최적의 편집을 제안하는 기능을 제공한다. 이로 인해 나는 더 많은 시간과 에너지를 창의적인 아이디어 구상에 집중할 수 있다. 예를 들어, 필자의 다큐멘터리 프로젝트에서 AI는 특정 주제에 맞는 클립을 자동으로 검색하고, 시청자에게 가장 효과적으로 전달될 수 있는 방식으로 배열해준다. 또한 AI는 시청자 반응 분석을 통해 어떤 장면이 더 많은 관심을 받고 있는지를 파악해, 그에 맞는 콘텐츠를 제작하는 데 기여할 수 있다. 이러한 데이터 기반 접근은 내가 시청자와 소통하는 방식을 혁신적으로 변화시키며 더 많은 사람과의 연결을 이끌어낼 것이다.

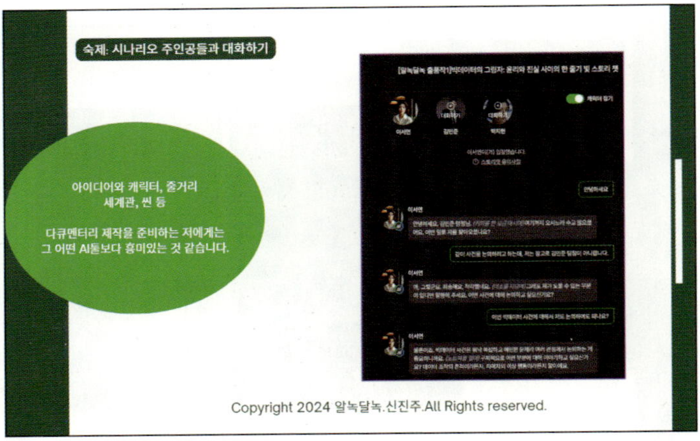

[그림16] 아이디어, 캐릭터, 줄거리, 세계관, 씬을 고려하는 과정

3) AI 도구의 발전과 활용

AI 기술의 발전은 다큐멘터리 제작 과정에서 혁신적인 변화를 가져왔다. 머신러닝과 딥러닝 알고리즘을 활용한 데이터 분석은 필자가 다루고자 하는 주제를 더 깊이 이해하고 접근할 수 있는 기회를 제공한다. 특히 자연어 처리(NLP) 기술은 대량의 정보를 효율적으로 처리하고 주제에 대한 통찰을 제공하는 데 큰 도움을 준다. 예를 들어, AI를 통해 최신 기후 변화 연구 결과와 보고서를 분석하고, 관련된 데이터를 정리해 필자의 다큐멘터리에 필요한 정보를 한눈에 파악할 수 있다. 이러한 과정은 시간과 자원을 절약하고 더 심층적인 내용을 담을 수 있는 기회를 만든다.

4) 미래의 제작 환경, 협업과 커뮤니케이션의 변화

AI는 다큐멘터리 제작자와 다양한 분야의 전문가 간의 협업을 촉진한다. 예를 들어, AI 기술을 활용해 다양한 전문가들과 실시간으로 소통하고 그들의 피드백을 즉각적으로 반영할 수 있다. 이로 인해 프로젝트의 질은 더욱 향상되고 다큐멘터리의 내용은 더 풍부해질 것이다. 필자는 이와 같은 변화를 통해 다양한 분야의 전문가들과 협력해 사회 문제를 더 깊이 있게 다룰 수 있는 콘텐츠를 제작하고자 한다. 이러한 협업은 다양한 시각과 경험을 통합해, 보다 폭 넓은 이야기를 만들어 내는 데 필수적이다. 필자의 다큐멘터리 제작 과정에서 AI는 이러한 '협업의 매개체'로 중요한 역할을 할 것이다.

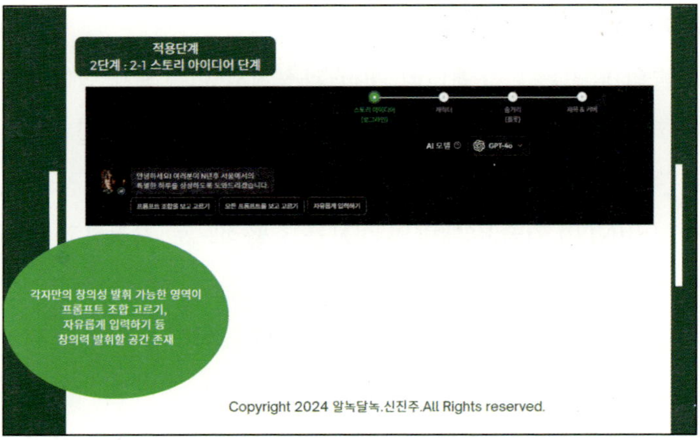

[그림17] 스토리 아이디어도 자유롭게 입력하고 프롬프트 고민하기

5. 나의 다큐멘터리 여정, 사회문제를 향한 끊임없는 탐구

1) 다큐멘터리 제작의 시작, 나의 경험의 융합

필자의 다큐멘터리 여정은 사회 문제를 향한 깊은 관심과 열정으로 시작됐다. 처음 다큐멘터리를 제작할 때, 필자는 단순히 시각적 자료를 제공하는 것이 아닌, 사회가 직면한 문제에 대한 심층적인 이해를 도모하고자 했다. 이를 위해 필자는 다양한 사회적 이슈를 탐구하며 그 이면에 숨겨진 이야기들을 발굴하고자 했다. 필자가 제작한 첫 번째 다큐멘터리는 지역사회에서 발생하는 환경 문제를 다뤘다. 이 프로젝트는 필자에게 많은 도전과 기회를 제공했고, 그 과정에서 나는 다양한 사람들과의 소통을 통해 사회 문제에 대한 이해를 넓혔다. 이러한 경험은 필자의 다큐멘터리 제작에 대한 열정을 더욱 키워주었다.

[그림18] 다양한 스펙과 프로젝트 수행이 AI다큐멘터리로서의 양분

2) 사회문제 탐구, 이슈를 다루는 책임감

필자는 다큐멘터리를 통해 사회 문제를 다루는 것에 큰 책임감을 느끼고 있다. 사회 문제는 복잡하고 다양한 원인으로 인해 발생하며 이를 해결하기 위해서는 다각적인 접근이 필요하다. 필자는 이러한 문제를 다룰 때, 항상 연구와 조사를 바탕으로 심층적인 이해를 돕고자 한다. 예를 들어, 환경 문제를 다룰 때는 단순히 발생한 문제를 나열하는 것이 아니라, 그 배경에 있는 원인과 결과를 면밀히 분석한다.

이 과정에서 나는 전문가들과의 인터뷰를 통해 다양한 시각을 수집하고 이를 바탕으로 보다 풍부한 내용을 담아내고자 한다. 필자의 다큐멘터리는 이러한 과정에서 시청자에게 문제의 심각성을 전달하고 그들이 행동으로 나아가도록 유도하는 데 초점을 두고 있다. 하단은 서울 테크놀에 작품 제출한 빅데이터와 윤리를 다룬 작품이다.

[그림19] 신진주 AI다큐멘터리 감독의 빅데이터 문제와 윤리 문제를 다룬 작품

3) 사람과의 연결, 곧 다큐멘터리의 힘

다큐멘터리 제작 과정에서 가장 중요한 것은 '사람과의 연결'이다. 필자는 다큐멘터리를 통해 다양한 사람들의 이야기를 담아내고 그들의 목소리를 세상에 전하고자 한다. 이를 위해 필자는 지역사회 주민들과의 인터

뷰를 통해 그들의 경험과 감정을 공유하고 이를 다큐멘터리의 중심 메시지로 삼는다. 특히 사회적 약자나 소외된 집단의 이야기를 다룰 때는 그들의 목소리를 직접 전하는 것이 중요하다고 생각한다. 이러한 접근은 다큐멘터리를 보다 진정성 있게 만들고 시청자들에게 더욱 큰 감동을 줄 수 있다. 필자의 목표는 이러한 연결을 통해 사람들의 마음을 움직이고 그들이 직접 변화의 주체가 되도록 하는 것이다.

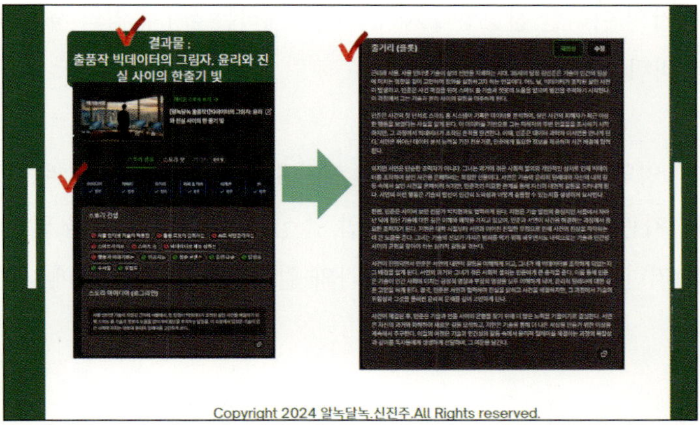

[그림 20] 오랜 고민과 실제적 사회적 이슈해결을 위한 결과물 도출(서울시에 제출)

신진주 AI 다큐멘터리 감독은 기존에 갖고 있고 작품들 중 이제 국제영화제와 국제다큐멘터리 공모에 도전할 예정이다. 나는 수익화가 목적이 아니라, 진정한 글로벌 이슈를 해결하고 브룰란트 보고서에 나오는 내용들로 살아가고자 하는 것이다. 지속가능한 발전은 환경에만 집중하는 것이 아니며 일반적인 정책의 영역인 경제, 환경, 사회를 포함한다.

이를 지지하기 위해 여러 UN 문서, 가장 최근에는 2005년 세계 정상회의 결과문서(World Summit Outcome Document)에서 '상호의존적이고 상호 증진적인 지속 가능한 발전의 기둥'으로의 경제적 발전, 사회적 발전, 환경 보호를 언급했는데, 필자는 이러한 것들에 대한 진정성 있는 행보로써 다큐멘터리를 제작하는 것이다.

이런 말을 적으면 이 말도 그대로 옮겨서 마치 자신이 그러한 생각이 있는 것처럼 복사해 아무런 본질 없이 겉만 치장해서 휘황찬란하게 말하는 사람이 많아서 이러한 나의 세계관을 말하기도 두려우나, 공유 드리는 이유는 필자의 이러한 진정성과 세계관에 함께하는 4가지 영역 사람들이 많아지길 바람 때문이다.

4가지 영역이란 공공영역(정부 및 지자체, 공공기관 등), 학계(학교, 학회, 학술기관 등), 기업(대·중·소기업, 소상공인), 기후 시민을 말한다. 필자의 이러한 간절한 바람이 나비효과와 같이 누군가의 마음에 다가서길 바란다.

6. 인간의 창의성과 AI의 효율성, 기술은 도구

오늘날 우리는 AI가 발전함에 따라 그 영향력이 곳곳에 미치고 있다. 많은 분야에서 AI는 필수적인 도구가 됐고 콘텐츠 제작 과정에서도 효율성을 높이는 역할을 하고 있다. 하지만 중요한 것은 AI가 전부가 아니라는 점이다. AI는 단순한 도구일 뿐, 창의적 비전과 기획력은 인간만이 발휘할 수 있는 고유한 영역이다. 이 6장은 필자가 AI 다큐멘터리 감독으로서 어떻게 AI를 작업 효율성 향상의 도구로 활용하면서도, 인간의 감수성과 기획력이 중심에 있다는 점을 논의하고자 한다.

1) 독특한 기획력이 나의 AI 다큐멘터리 감독으로서의 특징

필자는 항상 영상을 제작할 때, 필자의 감수성과 인간적 시선을 최우선으로 둔다. 다큐멘터리는 단순한 정보나 데이터를 전달하는 것이 아니라, 사람들의 이야기와 그들이 살아가는 환경을 깊이 있게 표현하는 예술이다. AI는 때때로 그 과정에서 시간과 노력을 절약할 수 있는 도구가 될 수 있지만, 작품의 핵심은 결국 필자가 바라보는 시선과 그 시선을 통해 관객에게 전달하고자 하는 메시지다.

제주도와 울릉도, 독도와 같은 도서 지역을 다루는 다큐멘터리에서, AI가 제공하는 데이터 분석이나 영상 편집의 효율성은 그 자체로 가치가 있었지만, 그 이상의 가치는 없었다. 필자가 직접 보고 느낀 자연의 아름다움, 사람들의 생활, 그 안에서 느껴지는 감정은 AI가 제공할 수 없는 요소였다. 필자는 필자의 감수성과 상상력으로 자연과 사람들의 이야기를 재구성하고, 그들을 표현하는 방식에 있어 독창적인 기획력을 발휘했다. 이러한 감성적 접근이야말로 다큐멘터리가 주는 깊이와 감동을 만들어낸다.

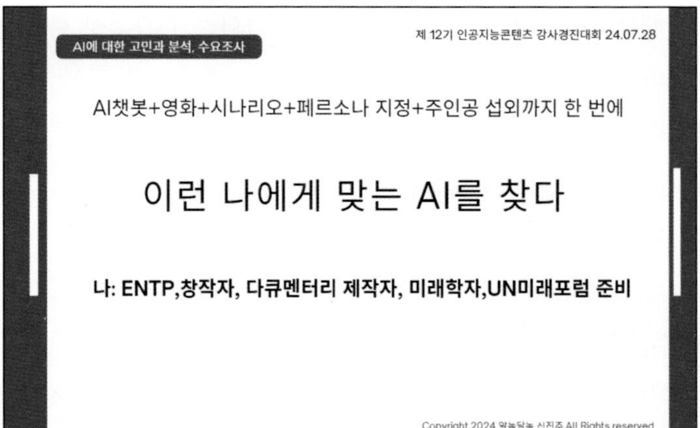

[그림 21] 창의적인 강의안과 깊이있는 강의를 제공하는 신진주AI다큐멘터리 감독

2) 나의 감수성, 다큐멘터리의 핵심은 인간의 시선

AI는 작업을 도와주는 훌륭한 도구이지만, 그것이 필자가 만드는 영상의 본질을 대체할 수는 없다. 다큐멘터리를 제작할 때 가장 중요한 것은 그 안에 담긴 감정과 메시지다. AI가 데이터 정리나 일부 영상 편집 작업을 도와주기는 하지만, 창의적인 기획과 구체적인 스토리 구성은 어디까지나 나의 몫이다.

예를 들어, 필자가 만든 다큐멘터리에서 AI는 영상 분석을 통해 촬영한 장면들을 빠르게 분류하거나, 반복적인 작업을 자동화해주었다. 이러한 부분에서 AI는 효율성을 크게 높여주었지만, 필자가 진정으로 집중했던 것은 그러한 도구들이 아닌, 필자가 전하고자 하는 이야기였다. 필자가 직접 촬영한 영상, 현장에서 느낀 감정, 사람들의 삶과 그 안에 깃든 이야기를 엮어 나가는 과정에서 AI는 보조적인 역할에 그쳤다.

3) 창의력과 기획력이 작품을 만드는 핵심 요소

필자가 만든 다큐멘터리가 많은 사람에게 울림을 준 이유는, AI의 기술적 도움 때문이 아니라 필자만의 창의적인 기획력과 감수성 덕분이었다. 각 장면 마다의 연출, 주제의 선정, 이야기의 흐름을 결정하는 것은 오롯이 필자의 몫이었다. AI가 제공하는 데이터나 기술적인 지원은 필자가 생각한 것을 구체화하는 데 도움을 주었지만, 그것이 작품의 본질을 만들어 준 것은 아니다.

AI가 수많은 데이터를 분석하고 정리해 줄 수는 있어도, 그 데이터를 바탕으로 어떤 이야기를 풀어나갈지, 사람들에게 어떤 감정을 전달할지를 결정하는 것은 인간의 창의력이다. 필자는 자연과 사람 그리고 그들 사이의 관계를 깊이 있게 바라보고, 그 안에서 새로운 이야기를 만들어 내는 과정에서 필자만의 감수성을 발휘했다. 다큐멘터리를 만들 때, 필자는 항상 나의 창의적인 비전과 기획력을 바탕으로 작업을 이끌어나갔다.

[그림22] ESG 분야에서도 뛰어난 실적으로 한국ESG학회에서 24년 3월 발표

4) 인간의 감수성과 AI의 균형

AI는 작업의 효율성을 높이는 데 도움이 되는 훌륭한 도구이지만, 궁극적으로 작품의 완성도는 인간의 창의력과 감수성에 달려 있다. 필자는 작품을 만들 때마다 AI를 적절히 활용하면서도, 인간적인 시선과 감정을 담아내는 것을 가장 중요하게 여긴다. 아무리 AI가 뛰어난 기술적 도움을 주더라도, 인간의 감성과 스토리텔링 능력은 절대로 대체할 수 없는 영역이다.

특히 필자가 제작한 제주도의 농축수산물 공모전 영상과 국회의원 회관에서 발표한 '제주도의 미래, 브랜딩과 지속가능발전'관련 '미소의 가을, 제주'라는 영상은 AI 없이도 오로지 필자의 감수성과 기획력으로 완성됐다. 이러한 프로젝트에서는 기술적 도움보다는 필자의 창의적인 기획력이 주를 이뤘으며 이를 통해 관객들에게 제주도의 지속가능한 발전 가능성을 설득력 있게 전달할 수 있었다.

5) 미래의 비전, AI와 인간의 협력

앞으로 AI는 점점 더 다양한 분야에서 중요한 도구로 자리 잡을 것이다. 그러나 필자는 그 속에서도 인간의 감수성과 창의력이 더욱 빛을 발해야 한다고 믿는다. AI는 효율성을 높여줄 수 있지만, 작품을 만드는 중심에는 항상 인간이 있어야 한다. 특히 ESG 분야에서, 필자는 인간의 감수성을 바탕으로 사회적 사각지대에 놓인 사람들의 이야기를 담아내고 이를 통해 사회에 긍정적인 변화를 일으키고자 한다.

필자는 앞으로도 AI를 보조적인 도구로 활용하면서, 인간적인 시선과 감수성을 중심으로 다큐멘터리를 제작할 것이다. 이를 통해 더 나은 미래를 위한 비전을 제시하고 사회적 가치를 확산시키는 작업을 이어나갈 것이다. 궁극적으로 필자의 목표는 이러한 노력을 통해 노벨 ESG상을 수상할 만큼 사회적 기여를 이루는 것이며, AI와 인간의 협력을 통해 더 나은 세상을 만들어가는 데 기여하고자 한다.

7. 미래 세대를 위한 영상, ESG와 AI의 접목

1) ESG의 개념을 다큐멘터리에 담다

ESG(환경, 사회, 지배구조)는 이제 더 이상 선택이 아닌 필수적인 가치로 자리 잡았다. 필자는 다큐멘터리를 통해 이러한 필수 가치를 전 세계에 알리고 실제 변화를 일으키는 데 기여하고자 했다. 특히 AI를 활용한 영상 제작과 결합함으로써 더 큰 효과를 내는 것은 필자의 중요한 목표 중 하나였다. 7장에서는 필자가 어떻게 AI와 ESG의 가치를 결합해 미래 세대에 중요한 메시지를 전달하는 영상을 만들었는지, 그리고 이러한 작업이 사회에 미친 영향에 대해 논의할 것이다.

ESG는 지속 가능한 경영, 환경 보호, 사회적 책임과 투명한 경영 구조를 말한다. 이러한 개념을 다큐멘터리에 담아내기 위해 필자는 먼저 각각의 주제에 대한 깊이 있는 연구를 진행했다. 한 가지 프로젝트에서는 제주도와 같은 섬 지역의 농업 및 어업 경제와 그것이 지역 사회에 미치는 환경적 영향을 조명했다. 이 프로젝트는 단순한 환경 문제를 넘어 지역 경제와 사회적 문제 그리고 이러한 문제들을 해결할 수 있는 혁신적인 솔루션을 탐구했다.

다큐멘터리를 통해 필자는 제주도 농축수산물의 지속 가능성을 다루면서 브랜딩과 환경 보존의 중요성을 강조했다. 이 주제는 국회의원 회관에서 발표한 '제주도의 미래, 브랜딩과 지속 가능한 발전'에서 구체적으로 다뤄졌다. 이 프로젝트는 단순한 농업과 경제적 발전을 넘어서 환경과 미래 세대를 위한 지속 가능한 모델을 만들기 위한 노력의 일환이었다.

[그림23] 환경부 주최 2024 친환경 대전 대한민국 ESG 포럼 연사로 참여해 꿈을 발표

2) AI와의 결합, 혁신적 영상 제작

AI는 영상 제작에서 중요한 도구로 자리잡고 있으며 이를 통해 더 효율적이고 감각적인 영상 제작이 가능해졌다. 필자는 AI를 사용해 분석, 편집 그리고 영상의 후처리 작업을 자동화하고 시청자에게 더 나은 경험을 제공할 수 있었다. 이 과정을 통해 얻은 시간적 이점과 정확성은 콘텐츠의 품질을 높이고 더 많은 사람에게 ESG의 메시지를 전달하는 데 크게 기여했다.

예를 들어, 제주도의 지속 가능성 관련 다큐멘터리에서는 드론 촬영을 통해 생생한 자연 경관을 담아내었다. AI 분석 기술을 활용해 해당 지역의 생태 변화와 그 영향을 시청자들에게 직관적으로 전달할 수 있었다. AI는 이러한 시각적 데이터를 더 쉽게 분석하고 시청자들이 직관적으로 이해할 수 있도록 그래픽화하는 데 큰 도움을 주었다.

3) 균형 잡힌 시각, IPCC 보고서와의 연계

필자가 추구하는 다큐멘터리 작업은 특정 강대국이나 약소국의 시각에 치우치지 않은 균형 잡힌 정보를 전달하는 것이었다. 필자는 IPCC(기후변화에 관한 정부 간 협의체) 보고서의 중요성을 강조하며, 그 과정에서 국제 사회가 바라보는 환경 문제와 각국의 대응이 어떻게 상호작용하는지를 분석했다. 특히 IPCC 보고서가 강대국의 입장만을 대변하지 않고 소외된 국가와 지역의 시각도 반영되도록 만드는 데 필자가 할 수 있는 역할을 고민하고 실천해왔다.

필자는 다큐멘터리에서 이러한 균형 잡힌 시각을 구현하기 위해 다수의 인터뷰와 지역 현장 조사를 진행했다. 제주도뿐만 아니라 전 세계 도서지역의 환경 변화를 연구하면서, 해당 지역 사람들이 직면한 문제들을 목소리로 담아냈다. 이는 ESG와 AI의 결합이 단순히 기술적 혁신이 아니라, 인류가 처한 위기에 대한 다각적이고 포괄적인 해결책을 모색하는 중요한 도구임을 보여주고자 한 것이다.

[그림 24~25] 신진주의 오랜 기간 고민 중 세운 매년의 지속가능 목표와 노벨상

4) 미래를 위한 노력, '노벨 ESG 상'을 향한 여정

필자의 다큐멘터리 작업은 단순히 사회 문제를 전달하는 데 그치지 않는다. 필자는 지속 가능한 발전을 위해 실제로 변화를 일으킬 수 있는 힘

을 가진 콘텐츠를 만들고자 한다. 이를 위해 AI와 ESG의 접목을 통해 보다 깊이 있고 풍부한 내용을 전달하며, 각 사회의 사각지대에서 소외된 이들의 목소리를 세계에 알리는 것을 목표로 하고 있다. 필자가 목표하는 것은 '노벨 ESG 상'을 수상할 만큼의 큰 사회적 기여이다. 필자는 이러한 목표를 달성하기 위해 끊임없이 연구하고 새로운 기술과 접근 방식을 도입하며 ESG 분야에서의 필자의 공헌을 확장해 나갈 것이다.

이 여정은 단순히 개인의 성취가 아니라, 필자와 함께하는 모든 사람들이 함께 이뤄가는 공동의 노력이다. 필자의 다큐멘터리는 사람들에게 더 나은 미래를 상상하게 하고 그것을 현실로 만들 수 있는 가능성을 제시한다. 그리고 필자는 그 비전 속에서 노벨 ESG상을 수상할 수준 정도로 사각지대에 ESG가 되는 날까지 끊임없이 전진할 것이다.

[그림 26~27] 4가지 전공으로 4가지 영역에서 활동 중인 신진주 AI 다큐멘터리 감독

Epilogue

이 책을 마무리하며 필자의 다큐멘터리 여정은 아직 끝나지 않았음을 강조하고 싶다. 필자는 AI를 활용한 기술과 인간의 창의력을 결합해, 사회 문제 해결에 기여하고자 하는 열망을 품고 있다. 필자가 만든 다큐멘터리는 단순한 영상 이상의 의미를 지니며 그것은 사람들의 마음을 움직이고 변화를 이끌어내는 중요한 도구가 되기를 바란다.

필자와의 상호작용과 세상과 글로벌 속에 있는 각각의 상호작용을 통해, 필자가 얼마나 많은 것을 배우고 성장했는지를 깨닫게 됐다. 제주의 어느 현무암 속에서 오고가는 바람의 향기 속에서서 살아있음을 느꼈고, 철썩이는 파도를 보는 가운데 섬지역의 뜨거운 바닷물과 그 더워지는 물속에서 생물들은 과연 어떻게 살아갈지를 그 힘듬을 느꼈으며, 이 모든 것이 어떻게 하면 공헌할지를 생각해 온 필자의 과거와 현재 그리고 미래이다.

매 순간의 다큐멘터리를 제작하는 필자로서는 사고를 확장하고 새로운 아이디어를 탐구하며 더 좋은 아이디어로 세상에 선한 영향력 있는 삶으로 살고자 했다. 앞으로도 도서지역의 다양한 사람들과의 진정한 소통을 통해 그들의 지혜를 나누고 더 나은 미래를 위한 지속 가능한 해결책을 모색해 나갈 것이다.

궁극적으로, 필자는 다큐멘터리 작업을 통해 ESG 분야에 기여하며 사각지대에 있는 이들의 목소리를 세상에 알리고 싶다. 그것이 연차를 내면서까지 경기도에 살면서 제주도를 위해 국회의원 회관에서 '제주도의 미래, 글로벌 브랜딩과 지속가능발전'이라는 제목으로 발제를 했던 이유이고, 농축수산물 관련 산업에 공헌하고자 좌장으로 그들의 의견도 잘 청취하고 패널에 잘 전달하기 위해 애썼던 것이다.

필자가 이루고자 하는 목표는 단순한 수상이나 명예가 아니라, 인류와 지구를 위한 지속 가능한 미래를 창출하는 것이다. 이 여정에서 필자는 언제나 새로운 도전을 받아들이며 변화의 한 주체로서 나아가겠다. 당신과 나 그리고 우리가 함께 만들어갈 미래에 대한 희망을 담아 이 글을 마친다.

[기타 문의 : 이해관계자의 간극을 줄이는 알녹달녹 까페]

- https://cafe.naver.com/alodallo